CHARLES F. STANLEY

— la —
MARAVILLOSA
VIDA
LLENA DEL ESPÍRITU

GRUPO NELSON
Desde 1798

NASHVILLE   MÉXICO DF.   RÍO DE JANEIRO

GRUPO NELSON
Desde 1798

© 1994 por Grupo Nelson®

Publicado en Nashville, Tennessee, Estados Unidos de América.
Grupo Nelson es una marca registrada de Thomas Nelson.
www.gruponelson.com

Título en inglés: *The Wonderful Spirit Filled Life*
© 1992 por Oliver-Nelson Books, a division of
Thomas Nelson, Inc., Publishers
Publicado por Thomas Nelson Publishers
© 1992 por Charles Stanley

A menos que se indique lo contrario, todas las citas bíblicas han sido tomadas
de la Santa Biblia, Versión Reina-Valera 1960 © 1960 por Sociedades Bíblicas
en América Latina, © renovada 1988 por Sociedades Bíblicas Unidas. Usada
con permiso. Reina-Valera 1960® es una marca registrada de la American Bible
Society y puede ser usada solamente bajo licencia.

Traducción: *Javier A. Quiñones-Ortiz*

ISBN: 978-1-40022-268-1

Impreso en Estados Unidos de América

*Este libro está amorosamente
dedicado a los miembros de la
Primera Iglesia Bautista de
Atlanta, Georgia, EE.UU.*

Contenido

TERCERA PARTE

RECONOCIMIENTOS

*Le estoy agradecido
a mi hijo Andy y a su esposa Sandra
por su asistencia editorial
en la edición original en inglés de esta obra.*

Introducción

La maravillosa vida llena del Espíritu. Al principio no me gustó cómo sonaba este título. Después de todo, la vida no siempre es maravillosa; ni tampoco lo es para aquellos que están llenos del Espíritu. El apóstol Pablo es prueba de ello. Pero la vida llena del Espíritu es maravillosa, especialmente si se la compara con la alternativa.

Conozco muy bien la alternativa. Tuve que luchar mucho en los primeros años de mi vida cristiana. Llámela carnal, llámela mundana o llámela lo que usted quiera. Era cualquier cosa menos maravillosa. A decir verdad, mi experiencia al otro lado de la ecuación me motivó a escribir un libro acerca de la vida llena del Espíritu.

En preparación para este proyecto leí todo lo que tuve a mi alcance en cuanto al Espíritu Santo. Encontrará referencias a varias de estas fuentes por todas partes. Los libros sobre el Espíritu Santo por lo general corresponden a dos categorías: 1) muy testimoniales, con aplicaciones prácticas, o 2) puramente doctrinales, carentes de motivaciones para comenzar los quehaceres los lunes en la mañana.

Esto no es una simple crítica. Estos autores han logrado exactamente lo que se propusieron. ¡Alabado sea Dios por la motivación que obtenemos mediante el testimonio de otros! Y, ¿dónde estaríamos sin las mujeres y los hombres que se detienen en los detalles y laboran diligentemente para descubrir cómo se ajustan todas las piezas?

La maravillosa vida llena del Espíritu es un intento literario de unir la experiencia con la doctrina. Eso no es nada nuevo. Lucas lo hizo cuando escribió Hechos. Allí encontramos la experiencia de la iglesia primitiva apoyada por sermones apostólicos, citas del Salvador y referencias al Antiguo Testamento. Es una lección teológica presentada en forma narrativa.

Notará que algunas de mis conclusiones están un tanto al margen de la corriente del pensamiento evangélico común. He hecho lo mejor posible por apoyar estas conclusiones con textos bíblicos, sin convertir este libro en un comentario.

No estoy seguro qué papel jugará esta obra en su búsqueda de la vida en el Espíritu. Sé que hace muchos años un hombre escribió acerca de esta búsqueda y me impactó. Luego de leer sólo una parte de su testimonio, Dios abrió mis ojos a la realidad de la vida llena del Espíritu. No he sido el mismo desde entonces.

Escribo con la esperanza de que este libro hará por alguien lo que ese libro hizo por mí en 1964. Si ese es el caso, habrá valido la pena el esfuerzo.

Prólogo

La vida cristiana adecuada

Daniel se reía solo mientras leía una calcomanía pegada en el parachoques trasero del auto delante del suyo: EL QUE MUERE CON MÁS JUGUETES GANA. Había visto y escuchado la expresión varias veces y siempre le causaba risa. Sentado allí, mirando fijamente el parachoques del auto frente al suyo, comenzó a percatarse de la situación irónica en que se encontraba. En ningún momento de su vida había aceptado la filosofía que representaba esa popular calcomanía. Al contrario, como cristiano, su manera de pensar era diametralmente opuesta al significado de esa aseveración. Pero si era sincero consigo llegaría a la conclusión de que cualquier persona que simplemente le observara detenidamente reconocería que el objetivo primordial de su vida era la acumulación de los juguetes más nuevos y de la más alta tecnología. Esto no quiere decir que no deseara ser un buen padre y esposo. Pero por alguna razón estos valores ya no eran la fuerza motivadora de su vida, por lo menos no como al principio. A decir verdad, últimamente había notado que ciertas áreas de sus creencias ocupaban un lugar secundario frente a las prioridades del mundo. ¿Qué estaba pasando?

Al salir de la autopista, comenzó a recordar aquella noche en la playa cuando, siendo un estudiante universitario, confió su vida a Cristo como su Salvador. Fue algo tan real y tan significativo. La decisión de esa noche afectó cada faceta de su vida. Recordó la intensidad con que comunicó su nueva fe a sus hermanos de la fraternidad. La asistencia a la iglesia no era sólo un deber en ese entonces, sino un gozo. Era algo que anhelaba cada semana.

Ahora todo era distinto. Su fe no había cambiado y todavía creía las mismas cosas, pero faltaba algo. Toda su experiencia cristiana se podía resumir en el siguiente dicho: «Hago lo mejor que puedo».

Lilian dejó los víveres en la cocina y miró la hora. Eran las 5:15 p.m. Daniel llegaría en 30 minutos y ella ni siquiera había comenzado a preparar la cena. Al agarrar su delantal sintió que algo cayó al suelo. Era un imán decorativo del refrigerador que se había metido en el bolsillo del delantal y decía: SI LA VIDA TE DA LIMONES, HAZ LIMONADA. Sonrió y de nuevo lo pegó en la puerta del refrigerador.

Es verdad que últimamente ha habido muchos limones, pensaba. *Pero tienes que seguir adelante. No puedes permitir que esto te deprima.* Recordaba la discusión sostenida con Daniel la noche anterior. Él siempre las llamaba debates. Para ella no eran más que discusiones. No podía recordar cuál era el asunto ni cómo comenzó todo. *Siempre era algo sin importancia, algo que él pensó que dije y no dije, o algo por el estilo. Parecía que últimamente habían muchas «discusiones». Pero hay que sacarle el mejor provecho a las cosas; tienes que continuar adelante.*

Se volvió hacia el refrigerador y miró al limón plástico. Mientras las lágrimas brotaban de sus ojos, pensó: *Toda mi vida se ha reducido a recibir una cantidad infinita de limones y esforzarme para hacer limonada. ¿Qué sucedió? No se suponía que las cosas salieran así.* Se sentó a la mesa de la cocina con el rostro entre las manos y empezó a llorar de verdad: *No permitiré que esto suceda. Tengo que seguir adelante. Las cosas mejorarán.* Trató de controlarse. Sus ojos se posaron en la Biblia familiar que estaba junto al tostador al final de la mesa. *Seguramente Daniel la dejó allí luego del culto familiar matutino. Cultos familiares, ¡ja, ja! Qué chiste.*

Cuando se casaron, Lilian era lider de un grupo de estudio bíblico en el barrio. Se dedicó a estudiar y a trasmitir a otros lo aprendido. Las Escrituras le parecían vivas en aquellos días, pero eso era en aquel entonces. Su lectura bíblica se había convertido en un árido ritual. Había mañanas en las que algo le venía a la mente, pero ya para la hora de almuerzo sus ideas interiorizadas habían sido borradas por las responsabilidades diarias. *¿Qué me pasa?* pensaba. *¿Dónde está el gozo? ¿Dónde está la paz? ¿Dónde está el amor?*

Justo en ese momento se abrió la puerta.

—Hola, mamá.

—Hola, Yiomari. Papi llegará pronto.

—No voy a quedarme a cenar. Graciela viene a...

Lilian no escuchó el resto ya que Yiomari subió las escaleras, pero no importaba. A los 17 años Yiomari se hallaba en su propio mundo, un mundo donde Daniel y Lilian no eran bienvenidos.

Yiomari cerró la puerta y comenzó a escuchar los mensajes en su grabadora telefónica. «Oye, es Antonio. Todo está listo para el domingo. Ricardo consiguió el bote de su papá, y mis padres dicen que podemos usar la casa del lago. ¿Ya le preguntaste a tus padres? Si no, averigua esta noche y llámame».

Domingo. A mami le va a dar un ataque... pero se le pasará. Además he ido a la iglesia los dos últimos domingos. Eso es mucho más de lo que la mayoría de la gente hace. Mientras se peinaba, Yiomari se detuvo a mirar la tablilla que tenía al lado de su espejo. LOS AMIGOS SON AMIGOS PARA SIEMPRE, decía un botón. Ese fue el lema del campamento de verano de la iglesia. Se emocionó momentáneamente. Recordó la última noche cuando ella y sus amistades rededicaron sus vidas. Le dijeron a todo el grupo que regresarían a sus hogares y a sus escuelas para lograr algo por Cristo. *Gran cosa, pensó. Ya no es nada más que un recuerdo lejano. Buenas intenciones, pero sin consistencia alguna. Así sucedía siempre durante los campamentos.*

Amigos para siempre. *Qué amigos, casi ni hablamos. Después de todo, las cosas de la iglesia ya realmente no me interesan. En verdad a mí nunca nunca me resultó. Ya me cansé de ser siempre buena. Aparte de los campamentos, todo era bastante aburrido. Quizá sea diferente cuando sea más vieja.* Yiomari sacudió la cabeza y continuó peinándose.

El timbre anunciaba la llegada de Graciela. Yiomari bajó las escaleras a saltos y salió por la puerta del frente cuando Daniel llegaba. Miró de reojo al auto de su padre. Se miraron por un breve instante. Y ambos pensaron lo mismo: *justo a tiempo.*

Mire hacia arriba

Mi peregrinaje hacia una vida llena del Espíritu

Invoqué en mi angustia al Señor, y Él me oyó.

—*Jonás 2.2*

CAPÍTULO 1

La maravillosa vida llena del Espíritu

Para la mayoría de los creyentes la vida cristiana se reduce a simplemente hacer el mejor esfuerzo posible. No hay dinámica, no hay poder y no hay un verdadero distintivo que pueda atribuírsele a otra cosa que no sea la disciplina y la determinación. Con frecuencia me encuentro con creyentes cuya doctrina se podría reducir en las dos siguientes frases:

1. Nadie es perfecto.
2. Dios comprende.

Para ellos la vida es una larga lista de alegrías y penas, con la promesa del cielo al final.

Hay a menudo un profundo abismo entre lo que cantan los domingos y lo que hacen el resto de la semana. Serían prontos en argumentar en su defensa que *debería* existir una estrecha relación, que de alguna forma filtrara en sus vidas diarias la verdad que escuchan los domingos. Pero de una manera u otra, los detalles de sus vidas están vacías de lo divino. Después de todo, los negocios son los negocios. Somos como somos. Todo el mundo lo hace. Tenemos que ser realistas. Y así sigue la letanía. Estas lacónicas expresiones son el fundamento de su teología de lunes a sábado.

Para alguien de afuera, frecuentemente hay poca o ninguna diferencia entre la manera de vivir, pensar y comportarse de un cristiano y sus «desinformados» vecinos paganos. Quizás exista un presentimiento de lo que debe decirse y hacerse, pero el cambio suele ser motivado por sentimientos de culpabilidad, y por lo tanto no duran mucho.

El promedio de divorcios entre los cristianos estadounidenses no dista mucho al resto del mundo. El porcentaje de adolescentes cristianos estadounidenses que tienen relaciones sexuales antes del matrimonio rivaliza con quienes dicen no tener fuertes creencias religiosas. Cada día la demanda de servicios de consejeros cristianos aumenta. Y no pasa un mes sin que alguna institución o congregación evangélica de renombre se estremezca con un escándalo moral de algún tipo. Estadísticamente y por observación, parece haber poca diferencia entre la manera de vivir de los «santos» y la de los pecadores.

Una mirada desde el púlpito

Esta realidad es una constante fuente de frustración y preocupación para mí, como pastor. Me empuja el deseo de brindar la verdad a la gente; mientras más personas escuchen, mejor. Nada me entusiasma más que ver mujeres y hombres entender la bondad y la gracia de Dios. Y nada me motiva más que ver que la gente integra los principios de la Palabra de Dios a sus vidas.

Por otra parte, nada es más frustrante que ver a personas escuchando semana tras semana, a menudo tomando notas, para después no hacer nada con lo que escucharon. Los evangélicos estadounidenses son ricos en anotaciones y pobres en su aplicación. Por eso hay poca diferencia entre muchos de nosotros y nuestros vecinos perdidos.

La verdadera tragedia es que hemos perdido la habilidad para desarrollarnos en nuestra sociedad de la manera que Dios lo quiso desde el principio. Fuimos dejados aquí para ser luz al mundo. Como mi amigo Tony Evans acostumbra

a decir, nuestras vidas deben ser como letreros comerciales
del reino venidero. La gente debería mirarnos y saber que
hay algo diferente en nosotros. No en términos de nuestra
ropa y peinado. ¡NOSOTROS! Lo que somos por dentro.

Nuestra manera de hacer negocios debería ser diferente.
Debería haber algo característico en nuestra manera de criar
los hijos. Nuestros matrimonios deberían ser testimonio del
amor de Cristo. Los que eligen permanecer fuera de la iglesia
deber enamorarse de la unidad y el amor que vean entre los
creyentes. Desafortunadamente, esto sucede raras veces.
Como consecuencia, la sociedad tiene una perspectiva atro-
fiada de la persona y la obra de Cristo.

No podemos esperar que acepten un Salvador que no
conocen. Tampoco podemos esperar que se rindan a un Señor
cuyos siervos no se aman entre sí. Como embajadores de
Cristo los creyentes tienen la responsabilidad de vivir de tal
modo que otros vean a Cristo en nosotros. Como Cuerpo de
Cristo, somos sus pies y manos. Somos sus voceros. Perdonen
la comparación, pero somos el único Jesús que mucha gente
habrá de conocer. Dado este caso, no debe sorprendernos que
muchos incrédulos no quieran tener nada que ver con Cristo
o su iglesia. ¡Ya conocen a demasiados cristianos!

Una mirada desde el banco de la iglesia

Para empeorar las cosas, la mayoría de los creyentes están
convencidos de que es responsabilidad del pastor traer personas a la iglesia, así como al Reino de Dios. Nada más lejos de la
verdad. La Escritura es clara en este punto. Dios le dio a la
iglesia pastores que prepararán al pueblo para hacer la obra
(lea Efesios 4.11-12). Los sermones no son el método primario
de Dios para alcanzar a la gente. Las personas son su método
para alcanzar a las personas. ¿Qué tipo de personas? Hombres
y mujeres cuyas vidas han sido profundamente cambiadas por
las verdades de la Biblia, personas que han descubierto la
maravillosa vida llena del Espíritu.

Dios está buscando mujeres y hombres imperfectos que hayan aprendido a caminar en continua dependencia en el Espíritu Santo. Cristianos que hayan enfrentado sus defectos, fracasos y temores. Creyentes que no estén conformes con sólo «existir» y se han dedicado a investigar todo lo que Dios nos ofrece en esta vida.

El método divino para alcanzar esta generación, y cualquier generación, no es mediante predicadores y sermones. Es a través de cristianos cuya manera de vivir ha sido fortalecida y dirigida por el Espíritu Santo. Las estadísticas nos llevan siempre a la misma conclusión. Cerca de 85% de todos los cristianos llegaron a Cristo a través de un amigo o un familiar. ¡La gente es la clave para alcanzar a la gente!

Mi preocupación

Hay momentos cuando mi frustración madura y se convierte en preocupación. Me preocupo por los que han hecho una oración de aceptación del evangelio en el pasado, pero que han llegado a la conclusión de que el cristianismo no sirve. De igual manera me preocupan los creyentes que no se han dado por vencidos, pero cuyas vidas se caracterizan por la derrota y el descontento. Estoy atribulado por las mujeres y los hombres que simplemente hacen las cosas por hábito: ir a la iglesia, leer la Biblia, orar, confesar sus pecados.

Me inquietan las parejas cristianas cuyos matrimonios están llenos de todo, excepto del Espíritu Santo. Relaciones donde hay poca o no hay paz, ni alegría ni amor. Relaciones donde ambos cónyuges han comenzado a buscar en otras partes la satisfacción que pensaron vendría con el matrimonio.

Me preocupan sus hijos. De acuerdo a cómo nos comportamos nuestros hijos sacarán sus propias conclusiones acerca de las posibilidades del cristianismo. Si a mami y papi no le sirve, ¿para qué molestarme? O peor aún: ¡Olvídalo! A mami y papi no les resulta y, sin embargo, quieren convencer a toda la iglesia de que sí sirve.

Adolescentes, estudiantes universitarios y solteros en todo el país luchan cada día para que la vida cristiana les sirva de algo. Viven con la ilusión de que según vayan madurando, salgan de la escuela o se casen, las cosas serán más fáciles. Piensan: S*i resisto, valdrá la pena*. Empero, años más tarde, a medida que las presiones de la vida continúan amontonándose, las batallas internas se intensifican y la determinación e ímpetu juvenil desfallecen, también llegarán a preguntarse si la vida cristiana es todo lo que le prometieron que sería.

Cuando yo era joven, recuerdo que pensaba: S*er cristiano ahora es difícil, pero cuando me independice será más fácil*. ¡Nada tan lejos de ser verdad! Usted y yo sabemos bien que crecer no soluciona nada. Con el tiempo la vida se complica cada vez más. La presión de las responsabilidades que se van agregando hacen que el escapismo sea una verdadera tentación. Todos nosotros, en un momento u otro, hemos anhelado la sencillez de la niñez.

En ocasiones me reúno con adultos solteros que le echan la culpa de su falta de vitalidad espiritual a la soltería. «Cuando me case todas las cosas cambiarán», dicen. Pero cada persona casada sabe que el matrimonio no se formó para solucionar problemas, más bien los aumenta. Además si la vida cristiana dinámica dependiera del matrimonio, entonces Dios le hizo una mala jugarreta a las viudas, los viudos y a los que llamó a la soltería.

Crecer, graduarse o casarse. Ninguna de estas cosas buenas es la clave para la vida abundante que ansiamos. Sin embargo, muchos creyentes, con muy buenas intenciones, han puesto sus esperanzas en esas metas para sanar todas sus dolencias espirituales.

Quizás ahora puede comprender por qué estoy tan preocupado. Quizás se identifique con las situaciones que he descrito. De ser así, ¡continúe leyendo!

Si la vida cristiana consistiera sólo en hacer el mejor esfuerzo, no habría necesidad de que Dios enviara el Espíritu Santo a ayudarnos

Una promesa necesaria

Hay esperanza para los cristianos que se han rendido, así como para aquellos que planean desplegar la bandera blanca. Nuestra esperanza procede de una promesa que Jesús hizo en el momento cuando sus seguidores más cercanos estaban a punto de abandonar sus esperanzas. Él dijo:

No os dejaré huérfanos; vendré a vosotros.

—*Juan 14.18*

Y no mucho después, por extraño que parezca, volvió a su Padre en los cielos. ¿Cómo se entiende eso?

No creo que estaría exagerando al decir que muchos buenos seguidores de Cristo se sintieron como huérfanos abandonados. Yendo de un lado a otro sin dirección, sin motivación, descorazonados y buscando alguna causa a la cual añadirse, éstos simplemente hacen lo mejor que pueden. Empero Jesús promete que este no sería el caso.

Si la vida cristiana es simplemente cuestión de hacer el mejor esfuerzo, no habría necesidad de que Dios enviara el Espíritu Santo a ayudarnos. Después de todo, lo mejor de nosotros es lo mejor de nosotros. ¿Cómo podemos mejorar eso? Ya que Dios lo sabe todo, y nosotros ciertamente creemos esto, resulta obvio que sabe cuándo hemos hecho todo lo que podíamos. ¿Por qué complicar las cosas?

Sin embargo, Jesús hizo saber que Dios quería algo más que *nuestro* mejor esfuerzo. Busca una manera de vivir y una actitud que supere lo mejor de nosotros, manera de vivir y actitud que jamás podremos alcanzar con nuestros esfuerzos. Y por ello dijo:

Pero yo os digo la verdad: Os conviene que yo me vaya; porque si no me fuere, el Consolador [Auxiliador][1] no vendría a vosotros; mas si me fuere, os lo enviaré.

—*Juan 16.7*

[1] **Nota del traductor:** En el texto original en inglés, el autor utiliza una versión de las Escrituras que traduce el término griego paracletos por el inglés: *Helper.* Su argumento en esta sección se basa en el sentido de esta

Piense acerca de esto. Si no necesitamos ayuda alguna, ¿por qué enviar un Auxiliador? La promesa de un Auxiliador presupone que necesitamos ayuda. La promesa de un Auxiliador fue como Jesús nos comunicó una de las más profundas verdades acerca de la vida cristiana: ¡Es imposible! La calidad de vida que Jesús espera de sus seguidores es inalcanzable sin una intervención desde el exterior.

La vida cristiana no es simplemente difícil. No es algo que se hace más fácil con el pasar del tiempo. No es algo en lo cual uno madura. Es imposible. No puede vivirse. Yo no puedo vivirla. Dios no espera que la vivamos. Nadie mejor que Dios sabe que es imposible hacerlo. Jesús sabía que era imposible. Es tiempo de que confrontemos esta verdad liberadora: es imposible llevar la vida cristiana.

«¿Liberadora?», dirá usted. «¿Por qué? A mí me suena deprimente». Es liberadora porque usted puede estar a punto de entender la razón por la cual ha fallado en sus intentos de llevar la vida cristiana. También es liberadora porque ahora ya sabe que no hay nada malo con el sistema tampoco. Constantemente me encuentro con personas que dicen algo así como: «Traté de llevar una vida cristiana, pero eso no funciona».

Le tengo buenas noticias. El cristianismo no es el problema. Lo más probable es que usted ha tratado de vivir la vida cristiana sin la ayuda del Espíritu Santo.

¡Aguarde!

Si alguna vez hubo un grupo que tuvo todas las posibi-

---

palabra y no en el original griego que se presta a numerosas traducciones, como puede notarse si se consultan varias versiones al español. En este caso he utilizado el término «Auxiliador» por aproximarse más al uso y significado que le adjudica el autor a este término anglo, aunque ciertamente podría justificarse el uso de esta palabra dentro de la gama de significados que implica la terminología original griega de este versículo.

lidades de vivir una vida cristiana firme simplemente haciendo el mejor esfuerzo, fueron los apóstoles. Piense en todas sus ventajas. El Maestro los enseñó. Vieron a inválidos andar, a ciegos recobrar la vista y resucitar muertos. Tenían un íntimo conocimiento de la relación entre el Hijo y el Padre. ¡Ellos mismos habían realizado milagros! Nadie podía estar más convencido. Nadie podía estar más motivado. Empero, en su último encuentro con el Salvador, Él les dijo que todavía les faltaba algo.

> Y estando juntos, les mandó que no se fueran de Jerusalén, sino que esperasen la promesa del Padre... Porque Juan ciertamente bautizó con agua, mas vosotros seréis bautizados con el Espíritu Santo dentro de no muchos días... pero recibiréis poder, cuando haya venido sobre vosotros el Espíritu Santo, y me seréis testigos en Jerusalén, en toda Judea, en Samaria, y hasta lo último de la tierra.
>
> —*Hechos 1.4-8*

Después de todo lo que habían visto y experimentado no estaban listos. Faltaba algo, o más bien alguien. Sólo puedo imaginarme lo que algunos de los apóstoles deben haber pensado: *¿Esperar? ¿Esperar? ¿Esperar por qué? Ya hemos sido sus testigos. Hemos hecho milagros. Tenemos el poder. ¿Por qué tenemos que esperar?*

Jesús sabía que aún no estaban listos para realizar la tarea para la cual habían sido llamados. Necesitaban algo más que el espíritu humano para apoyarlos. Para cumplir su tarea necesitarían algo más que una intensa determinación. Lo que habían visto y aprendido no era suficiente. Necesitaban al Espíritu Santo.

Usted ya sabe lo que voy a decir, ¿no es así? Si once hombres que habían conversado y caminado con Jesús necesitaban el Espíritu Santo, ¿cuánto más lo necesitamos nosotros? Si ellos no se atrevían a moverse sin antes asegurarse de tener Su presencia y poder en sus vidas, cuán tontos somos al salir cada mañana del hogar sin pensar en Él. No en balde nuestras vidas se caracterizan por las derrotas en lugar de victorias, tristezas en lugar de gozo, frustración en lugar de paz. Sin el Auxiliador, la vida se reduce a hacer lo mejor que podamos. Y no sé qué usted piensa sobre esto, pero a mí no me parece muy bueno.

¿Qué impide nuestro camino?

Creo que hay dos razones primordiales por las cuales tantos cristianos no se han aprovechado de la ayuda que brinda el Auxiliador. Primero, muchos predicadores ni son un modelo de la vida en el Espíritu ni la enseñan. Lo que sale del púlpito cada semana es: «Haga su mejor esfuerzo y recuerde que Dios comprende». ¡Qué trágico! No en balde tantas iglesias están muertas y sin poder alguno. No nos debe sorprender que en la mayoría de las iglesias se pasen meses sin ver una persona que venga a la fe en Cristo. Cuando los pastores actúan con su propio poder, no logran más que transferir a su pueblo un modelo incompleto e inadecuado de la vida cristiana. Y así, en esas raras ocasiones en que alguien de afuera asoma la cabeza por la puerta de la iglesia para mirar adentro, lo que ven no les motiva.

Por otro lado, las mujeres y los hombres que andan en el Espíritu no pierden el tiempo discutiendo quién va a dirigir este comité o de qué color se va a pintar el departamento de los niños. Están muy ocupados ejercitando sus dones para el bien común de la iglesia. Los creyentes llenos del Espíritu son dados a la oración. Los pastores llenos del Espíritu no usan el púlpito para entretener ni acomodar al pueblo. (A ese tipo de predicación la llamo «sermoncitos para cristianitos»). Instruyen y retan a sus congregaciones a realizar la obra del ministerio. Y enseñan y representan la manera en la que la obra de Dios puede realizarse en Su poder.

La otra razón por la cual muchos creyentes no se apropian de la vida llena del Espíritu tiene que ver con sus primeros días de cristianos. Generalmente, cuando una persona nace de nuevo, su gozo se manifiesta a través de muchas actividades, muestran entusiasmo en cuanto a su nueva vida. Esto es particularmente cierto en gente que se salva en su adolescencia o poco más tarde.

Este ímpetu de energía espiritual hace que sea excitante compartir con nuevos creyentes. Siempre llegan muy temprano a la iglesia. Oran mucho. Asisten a todos los estudios bíblicos. Testifican. Vienen a conferencias. Llevan sus Biblias doquiera van. Es imposible detenerlos. Frecuentemente lo mismo se aplica al verdadero creyente que regresa al Señor luego de tener una experiencia como la del hijo pródigo.

Bueno, todo esto está bien, excepto por un pequeño detalle. La fuente de energía de toda su actividad usualmente es su fortaleza humana, la cual, por supuesto, se nutre del genuino gozo que acompaña la salvación o la restauración. No me malinterpreten. No estoy criticando el celo que acompaña la fe en Cristo. Todos nos beneficiaríamos si pasáramos más tiempo con los nuevos cristianos. El problema es que estos, por lo general, asumen que lo que están experimentando durará para siempre. Si nadie les instruye acerca de cómo caminar en el Espíritu, continuarán dependiendo de su propia fortaleza, haciendo lo mejor que puedan, ¡lo cual por un tiempo es bastante bueno! Sin embargo, al final, se quedan sin vigor alguno. Se cansan de la actividad. Se reduce su energía emocional y entonces se preguntan cuál es el problema. Con la determinación de no retroceder, se afianzan y, adivine: hacen lo mejor que pueden. ¿Y quién puede culparlos? ¿Qué otra alternativa tienen? Después de todo, vale la pena trabajar por cualquier cosa que valga la pena obtener, ¿verdad?

En su libro *The Key to Triumphant Living* [La clave para la vida triunfante], Jack Taylor relata el proceso mental que le llevó a la misma conclusión:

Mi padre era un agricultor muy bueno. Supongo que yo simplemente deduje que si mi padre pudo convertirse en buen agricultor a través de arduo trabajo, yo podría convertirme en un buen cristiano de la misma manera. No recuerdo momento alguno en que no quisiera ser un buen cristiano. Así que salí a *tratar* de llegar a ser lo que ya era. Una granja con terreno arenoso no es exactamente la forma más rápida de convertirse en un millonario, pero mi padre se las arreglaba. Tuvimos unas cuantas inundaciones, tormentas de viento, granizadas, fracasos en la siembra, y de vez en cuando alguna cosecha decente. Así que me dije que eso sería con lo que tendría que conformarme en la vida cristiana. Por lo tanto, por casi dos décadas mi vida cristiana era como la de un agricultor en una finca con terreno arenoso. Simplemente lo toleré porque no sabía que había algo más. Nadie me había hablado acerca de la realidad de la vida cristiana.[2]

Tampoco nadie me había hablado sobre esto por mucho tiempo. Y en el próximo capítulo le contaré acerca de mi peregrinaje hacia la vida llena del Espíritu.

---

[2] Jack Taylor, *The Key to Triumphant Living* [La clave para la vida triunfante], Broadman Press, Nashville, 1971, p. 19.

———— **Para meditar** ————

- ¿Existe alguna diferencia importante entre lo que ha experimentado como creyente nuevo y lo que está experimentando ahora?
- ¿Conoce cristianos que parecen tener o conocer algo que usted no sabe o tiene?
- ¿Qué diferencias hay entre usted y sus amistades incrédulas? ¿Paz, alegría, amor? ¿Cómo pasa usted los domingos en la mañana?
- ¿Qué le atribuye, en su vida actual, al poder del Espíritu Santo?
- Si alguien le preguntara: «¿Qué significa estar lleno del Espíritu Santo?», ¿qué le respondería? ¿Se le hace fácil responder a esta pregunta?

CAPÍTULO 2

Mi primer encuentro

*L*a maravillosa vida llena
del Espíritu. Tenía treinta y dos años cuando escuché esta
expresión por vez primera. Mientras crecía, oía que siempre
se referían al Espíritu Santo como «El fantasma santo».
Cuando niño ese nombre me asustaba; no era algo que
realmente me interesara aprender. Recuerdo que pensaba:
*Dios es mi Padre y Jesús es su Hijo. Puedo relacionarme con
ellos. Pero, ¿qué es Espíritu Santo? Y, ¿quién lo necesita?* Por
mucho tiempo casi llegué a conformarme con dos de los
tres. Había otra razón por la cual sentía timidez en cuanto
al Espíritu Santo. Crecí en una iglesia donde nunca se le
mencionaba. Mi pastor no explicó quién era y ni siquiera
predicaba sermones acerca de Él.

Los cristianos conocidos que hablaban del Espíritu eran
tan extraños que asumí que relacionarse con «El fantasma
santo» significaba tener que ser como ellos. Y eso no me
gustaba. Así que me contenté con adorar al Padre, orarle al
Hijo y dejar que otros se preocuparan por el Espíritu Santo.

No fue hasta que ingresé al Seminario que el Espíritu
Santo llegó a ser un factor reconocible en mi vida. Dije:
«factor reconocible» porque al mirar atrás me resulta claro
que definitivamente siempre estuvo allí. Recuerdo varias

ocasiones cuando el Espíritu Santo me reveló cosas sin saber quién.

El niño predicador

Tenía catorce años cuando sentí el llamado a predicar. No podía ser más claro aunque el mismo ángel Gabriel hubiera aparecido para decírmelo en persona. En mi corazón sabía que iba a predicar. Ese fue el Espíritu Santo. No lo supe en aquel entonces, pero en los próximos capítulos comprenderá por qué estoy tan convencido de que Él estaba obrando.

Desde ese momento, la vida cristiana para mí fue simplemente poner todo mi empeño con la esperanza de que Dios me perdonara cuando arruinara las cosas. Dije «esperanza», porque en aquel entonces no creía en la seguridad eterna (una vez salvo, para siempre salvo). Así que en aquellos días tenía una gran incertidumbre en cuanto a mi posición ante Dios. Estaba seguro de que me amaba, pero no estaba convencido de que yo le gustara mucho.

Dios era muy fiel conmigo. Mi padre murió cuando yo era un bebé. Varios años más tarde mi madre volvió a casarse. Probablemente fue el peor error de su vida. Mi padrastro nos hizo la vida miserable, pero a pesar de eso no me amargué. Aborrecía la forma como trataba a mamá, pero no permití que la ira me consumiera. Sabía que no éramos la causa de su verdadero problema. Estaba enojado con su padre porque lo dejó en la finca impidiéndole ir a la escuela de medicina. Comprenderlo me brindó la libertad para perdonarlo y seguir adelante.

Al recordar esos retadores años, no tengo duda alguna de que el Espíritu Santo estaba obrando en mi vida. Creo que me estaba protegiendo de la amargura que destruye a tanta gente que crece en familias disfuncionales como la mía. Una vez más no reconocí Su presencia, pero allí estaba Él.

La obra tras bastidores

Éste es tan buen momento como cualquier otro para dejarle saber algo. El Espíritu Santo está obrando en su vida en este mismo instante. Quizás no esté consciente de ello, pero así es.

«¿Qué está haciendo?», preguntará usted.

Precisamente de eso trata el resto de este libro. Por ahora es suficiente decir que una gran parte de la vida en la plenitud del Espíritu implica aprender a reconocer «las huellas digitales» del Espíritu Santo. En efecto, *aprender a reconocer el Espíritu Santo es el primer paso al aprender a vivir la vida en la plenitud del Espíritu.* Después de todo, si el Espíritu ha de guiarnos (véase Gálatas 5.18), ¡realmente mucho nos ayudaría reconocerle! Resulta difícil seguir a alguien cuya identidad no conocemos. A cualquiera que le hayan encomendado la tarea de recoger a alguien desconocido en un aeropuerto, sabe lo que digo.

Mientras lee este libro, quizás piense: *¡Ah! Así que fue el Espíritu Santo quien hizo eso. Así que de ahí vinieron esos pensamientos. Así que por eso me sentí raro. Así que Él fue quién me lo recordó.*

El Espíritu Santo no es tan misterioso ni tan escurridizo como muchos creen. El Espíritu Santo es una parte integral de nuestra experiencia cristiana. Pero como no estamos tan familiarizados con Sus métodos, no lo reconocemos. Mientras no lo reconozcamos, no lo podemos seguir. Y, ya adivinó, mientras no lo sigamos no experimentaremos la maravillosa vida en la plenitud del Espíritu.

Para comenzar a pensar correctamente, he anotado algunas de las tareas que el Espíritu Santo procura lograr en su vida diaria. Más adelante las examinaremos detalladamente. Pero ahora tome un minuto para familiarizarse con esta lista. La próxima vez que experimente una de estas cosas, deténgase y déle las gracias al Espíritu Santo. Cuando lo haga, desarrollará una mayor conciencia de Su actividad en su vida. Y aunque corra el riesgo de sonar como un disco rayado, mientras más conciencia tenga, más fácil le será reconocerle y seguirle.

El Espíritu Santo...

- convence (vea Juan 16.8-11)
- ilumina (vea Juan 16.12-15)
- enseña (vea Juan 16.12-15)
- guía (vea Romanos 8.14)
- da seguridad (vea Romanos 8.16)
- intercede (vea Romanos 8.26)
- dirige (vea Hechos 20.22)
- advierte (vea Hechos 20.23)

Mi primera introducción

Otra razón para alguna confusión acerca del Espíritu Santo es que los creyentes no saben quién o qué es. Su identidad sigue siendo un misterio para muchos en los cuales habita. Irónico, ¿verdad? Algunos ven al Espíritu Santo como un poder o una fuerza, algo así como lo que vimos en la serie «Star Wars» [La guerra de las galaxias].

No es raro escuchar a cristianos hablar acerca de «obtener el Espíritu Santo» o «aprovechar el poder del Espíritu Santo». Esas frases dejan la impresión de que el Espíritu Santo es un tipo de fuente de energía divina con la cual los cristianos deben vivir en armonía, para incrementar su capacidad y poder personal.

El Padre envió al Espíritu Santo para ayudarnos en todos los aspectos prácticos de la vida cristiana. Él es nuestro principal Auxiliador.

De igual forma he escuchado a los seguidores de la Nueva Era hablar acerca del Espíritu Santo. Desde su punto de vista, el Espíritu Santo mora en la humanidad. Nuestra responsabilidad es desarrollar ese Espíritu interno y avanzar hacia una mayor comprensión de nuestra deidad personal y nuestra identidad con los demás.

La Biblia, sin embargo, no presenta al Espíritu Santo como una fuerza o un poder impersonal. El Espíritu Santo no es «una cosa», o un «algo». El Espíritu Santo es un ser.

Como mencioné antes, ya estaba en el seminario cuando comencé mi educación formal en los caminos del Espíritu Santo. Estaba sentado en una mesa con varios compañeros y durante la conversación dije algo acerca del Espíritu Santo y me referí a Él como «algo». Lo dije sin pensar. Como me había criado en una iglesia pentecostal de santidad, siempre escuché que se referían al Espíritu Santo o al fantasma santo como «algo».

Cuando nuestra conversación terminó, uno de los muchachos me pidió que lo acompañara a su cuarto. Como era uno de los candidatos al doctorado, me sentí honrado con su invitación. Cuando entré a su cuarto me impresioné con la cantidad de libros que tenía. Cubrían cada centímetro de las paredes y el suelo. Si no me había impresionado antes, ahora sí lo estaba. Luego de unos breves minutos de conversación general, tomó del escritorio su Nuevo Testamento en griego y me lo pasó.

—Noté que esta noche cuando hablábamos sobre el Espíritu Santo te referiste a Él como algo impersonal.

—Sí, así fue —dije—. ¿Por qué?

—El Espíritu Santo no es algo impersonal —replicó.

Entonces procedió a llevarme a través del Nuevo Testamento. Exploramos todas los versículos claves donde se menciona el Espíritu Santo. Para mi sorpresa descubrí que constantemente el Nuevo Testamento siempre lo presenta como una persona y no como una cosa.

Un versículo me llamó la atención fue Juan 16.13:

> «Pero cuando venga el Espíritu de verdad, Él os guiará a toda verdad».

Sabía suficiente griego como para saber que el pronombre personal «él» no se podía traducir de otra manera. Juan indicaba que era un ser y no un objeto. Otros estudios que

El Padre envió al Espíritu Santo para ayudarnos en todos los aspectos prácticos de la vida cristiana.

Él es nuestro principal Auxiliador.

hice me revelaron que Juan se ocupó de enfatizar la forma masculina del pronombre. Me convencí.

La personalidad del Espíritu Santo

La Biblia no sólo se refiere al Espíritu Santo como una persona, sino que también le adjudica los rasgos característicos de una persona. Se describe específicamente al Espíritu Santo como un ser que tiene (1) conocimiento, (2) voluntad y (3) emoción.

El apóstol Pablo ciertamente creía que el Espíritu Santo tenía conocimiento. Escribió:

> Porque, ¿quién de los hombres sabe las cosas del hombre, sino el espíritu del hombre que está en él? Así tampoco nadie conoció las cosas de Dios, sino el Espíritu de Dios. Y nosotros no hemos recibido el espíritu del mundo, sino el Espíritu que proviene de Dios, para que sepamos lo que Dios ha concedido.
>
> *1 Corintios 2.11-12*

El Espíritu Santo *conoce* los pensamientos de Dios, y a la vez imparte *conocimiento* a los creyentes. Entonces, el Espíritu Santo no es sólo una fuerza impersonal. Tiene conocimiento y también el poder de impartirlo.

El Espíritu Santo también tiene voluntad. En su discusión de los dones espirituales, Pablo se refirió a la responsabilidad del Espíritu para distribuir los dones de acuerdo a Su voluntad:

> Pero todas estas cosas las hace uno y el mismo Espíritu, repartiendo a cada uno en particular como Él quiere.
>
> *1 Corintios 12.11*

El Espíritu Santo toma decisiones. No es un poder que se manipule u opere. Tiene mente y voluntad propia. Estar en contacto con el Espíritu Santo no significa aumentar la habilidad de realizar nuestra voluntad. ¡Todo lo contrario! El poder del Espíritu Santo está a disposición sólo de quienes quieren realizar Su voluntad.

Buenas intenciones pero mala teología

Hace varios años una mujer se me acercó luego de una de nuestras reuniones de oración del miércoles por la noche y dijo: «Sólo quiero decirle que estoy orando para que obtenga el Espíritu». Le respondí cuánto lo apreciaba y me olvidé del asunto hasta la siguiente reunión en que me dijo lo mismo. Esto se repitió durante varias semanas. Presentía hasta dónde quería llegar ella, pero nunca tuve la oportunidad de hablarle. Se limitaba a acercarse, decirme que estaba orando y se marchaba.

Pero un miércoles me tomó por sorpresa. Me dijo: «Bueno, ¿recibió el Espíritu esta semana?» Le contesté: «No señora, no recibí el Espíritu del cual usted habla. Pero he sido lleno del Espíritu».

«¿Ha sido bautizado por Él?», preguntó.

En ese momento me percaté de que lo que ella quería saber era si yo había hablado en lenguas; así que le dije: «Mire, ya sé ¿por qué no ora para que el Espíritu me dé los dones que quiera darme y dejamos que sea Él quien decida?»

«Muy bien», contestó. Jamás volví a verla.

Ella había ignorado que el Espíritu Santo tiene voluntad propia. Él, no nosotros, decide quién recibe qué en relación a los dones espirituales. Él no es nuestro siervo. Como veremos más adelante, Él es nuestro guía.

La emoción es un tercer aspecto de la personalidad adjudicada al Espíritu Santo. El Espíritu Santo tiene sentimientos. Pablo instruyó a los creyentes en Éfeso para que no contristaran al Espíritu Santo (véase Efesios 4.30). En su carta a los Romanos mencionó el «amor del Espíritu» (Romanos 15.30). El *amor* y *la pena* son términos asociados con la emoción. La Biblia representa al Espíritu Santo como alguien que tiene todas las características de la personalidad. Entonces es razonable que lo consideremos como una persona.

Las obras del Espíritu

Otra evidencia que señala la personalidad del Espíritu Santo es su obra. A través de la Escritura le encontramos realizando los deberes que normalmente se asociaban con una persona. Por ejemplo, Él *ora* (véase Romanos 8.26). *Escudriña* los misterios de Dios y entonces los *revela* a los santos (véase 1 Corintios 2.10). *Enseña* (véase Juan 14.26). Nos hace *recordar* (véase Juan 14.26). Nos *habla* (véase Hechos 13.2). Y *guía* (véase Juan 16.13).

El Espíritu Santo se ve que no es una fuerza. Es una persona conjuntamente con Dios el Padre y Dios el Hijo para influir en nuestra vida de acuerdo con la voluntad colectiva de la divinidad. Pero es más que una persona. Es parte de esa misteriosa entidad que llamamos la Trinidad que examinaremos más atentamente en el próximo capítulo.

Un cambio en mi paradigma

Descubrir que el Espíritu Santo era una persona y no una cosa me desorientó mucho. No sabía con exactitud qué hacer con esta «nueva» teología. Estaba acostumbrado a hablar con Dios y con Jesús. Recuerdo preguntarme si debía o no dirigirme al Espíritu Santo. La primera vez que lo intenté fue muy incómodo. Sonaba cómico. Pero sentí que debía hacerlo.

Me avergonzaba reconocer que le había tratado como un objeto. Aún más, estaba convencido de que le debía excusas. Después de todo, básicamente le había ignorado durante veinte años. Me tomó un tiempo, pero por fin aprendí a sentirme a gusto al dirigirme al Espíritu Santo como una persona. Cesé de referirme a Él como un «fantasma». No lo es, como tampoco lo son el Padre y el Hijo. La Biblia no nos enseña orarle al Espíritu Santo, pero como tampoco lo prohíbe, pensé que hacerlo no tenía nada de malo.

Mientras aprendí a entender el papel que el Espíritu Santo jugaba en mi vida, comencé a pedirle ayuda. Cuando no sabía cómo orar por algún asunto en particular, le pedía al Espíritu Santo que me ayudara. Cuando necesitaba esclarecimiento de las Escrituras, le pedía que me iluminara. Después de más o menos seis meses, sentí que era natural hablarle. Desde ese entonces ha sido parte significativa de mi experiencia cristiana.

¿Habla usted con el Espíritu Santo o lo ha ignorado? Él es una persona como Jesucristo. La diferencia es que nunca tomó forma humana. Y no murió por nuestros pecados. Pero el Padre lo envió para ayudarle en todos los asuntos prácticos de la vida cristiana. Él es nuestro principal Auxiliador. A la luz de esto, le sugiero que lo conozca. Háblele. Agradézcale.

¿Por qué esto es tan importante? Por lo que mencioné con anterioridad. La vida en la plenitud del Espíritu es una vida que se caracteriza por mantenernos al paso con Él. Será mucho más sencillo seguirle si le conocemos, si nos relacionamos con Él, y si reconocemos sus huellas en los asuntos de nuestro diario vivir.

Tome unos minutos para presentarse al Espíritu Santo. Si se siente incómodo al hablarle, dígaselo. Después de todo, Él ya lo sabe. Si se siente un tanto avergonzado por haberle ignorado durante todo este tiempo, pídale perdón.

Tómese un momento para revisar los versículos que mencioné con anterioridad. Mientras lee cada uno, déle las gracias por cumplir con todas esas responsabilidades en su vida. Pídale que le haga más sensible a Sus indicaciones.

Cuando mi hijo Andy cumplió dieciocho años, compró un Toyota nuevo. Estaba muy orgulloso. Pero un día vino a la casa y con mucho desánimo nos dijo que todo el mundo tenía un auto como el suyo.

—¿Qué quieres decir —le pregunté.

—Por dondequiera que miro, veo Toyotas como el mío.

Por supuesto, lo que sucedió no fue que todo el mundo salió a comprarse un carro como el de Andy. Siempre estuvieron por las calles, pero él no reparó en ello hasta que se compró uno. Lo único que cambió fue su percepción.

El Espíritu Santo está obrando en su vida diariamente. No necesita cambiar nada. Sólo necesita modificar la percepción de su presencia y actividad. Cuando usted sabe *qué* buscar y cuándo buscarlo, le sorprenderá cuán real se convertirá el Espíritu Santo en su vida.

Estos descubrimientos fueron el comienzo para mí. Los cuento con la esperanza que el Espíritu Santo los usará para motivar su deseo de conocerle más. Somos bendecidos por vivir en un día y en una era que no requiere aguardar por el Espíritu Santo. La verdad es que Él está esperando por nosotros.

—————— **Para meditar** ——————

- ¿Se siente culpable de pasar por alto al Espíritu Santo?
- ¿Encuentra difícil relacionarse con el Espíritu Santo como una persona activa, racional y capaz de sentir?
- ¿Tiene dificultad en identificar al Espíritu Santo como una persona más bien que como una cosa?
- ¿Ha sido reacio en reconocer que el Espíritu Santo tiene atributos tales como conocimiento, voluntad y emociones?
- ¿Puede identificar algunas cosas que el Espíritu Santo ha hecho en su vida pasada por las cuales no le ha dado suficiente crédito?

CAPÍTULO 3

El Espíritu morador

No es difícil para mí ser disciplinado. Siempre me ha gustado levantarme temprano en la mañana. Me gusta hacer ejercicios. Me encanta estudiar. Durante años he tenido una dieta apropiada y he tomado vitaminas sistemáticamente. Desde los doce años he mantenido altos valores morales y éticos. Todo esto es para decir que el cristianismo estaba justo a mi medida. Todo lo referente a él me gustaba. Y, a juzgar por mi comportamiento, yo era un gran cristiano. Mi esposa Anna y yo nunca peleábamos. Nos era fácil orar juntos. Todo era una maravilla... por fuera.

Tenía la misma respuesta para todos que llegaban en busca de consejos. No importaba si fueran problemas matrimoniales, morales o espirituales; tenía la respuesta que lo curaba todo: «¡Confiese sus pecados y continúe con el programa!» Después de todo, ¿qué más hay en la vida cristiana? Dios ha hecho claro su plan, ¿verdad? Lo único que tenemos que hacer es ponerlo en práctica. Así que me gradué del seminario en mayo de 1957 y salí al mundo a lograr cosas para Dios (estoy seguro que Él estaba impresionado y muy agradecido).

Una «maravillosa» oportunidad

En agosto de 1956, varios meses antes de mi graduación, fui invitado a predicar dos domingos en la Iglesia Bautista fui invitado a predicar dos domingos en la Iglesia Bautista de Fruitland, en las afueras de Hendersonville, Carolina del Norte. Anna y yo estábamos de vacaciones en esa zona. Después del segundo domingo, un grupo de la iglesia me preguntó si tenía interés en ser su pastor. Muy agradecido les informé que todavía me faltaba completar otro año en el seminario. No quisieron aceptar mi negativa. Al siguiente diciembre se comunicaron conmigo en Fort Worth, Texas, donde me encontraba estudiando. Me dijeron que habían estado orando por este asunto y que yo era la persona indicada. La iglesia estaba dispuesta a esperar que me graduara.

No pueden imaginarse qué bien me sentía sabiendo con tanta anticipación a dónde iría una vez que me graduara. Anna y yo sentimos paz porque sabíamos que esto era de Dios. Nos gustaba el lugar y nos encantaba la iglesia. La situación era ideal. En abril, un mes antes de la graduación, el director del *Fruitland Bible Institute* [Instituto Bíblico de Fruitland] me llamó. Este instituto estaba ubicado exactamente frente a la Iglesia Bautista de Fruitland donde habría de servir como pastor. La escuela se estableció como un centro de preparación de pastores.

«Charles», me dijo, «estamos ansiosos de tenerle en nuestra área. La junta de directores quiso que le llamara para ver si estaba interesado en enseñar en el Instituto Bíblico».

No supe qué decir. Ni siquiera me había graduado de seminario, y ya querían que *yo* diera clases. Conocía bastante la escuela y sabía que estaba llena de hombres que por años habían pastoreado y predicado. No tuvieron la oportunidad de completar su educación, pero sus corazones eran puros como el oro. La mayoría de ellos tenían entre cuarenta o cincuenta años de edad. ¡Algunos habían estado en el ministerio más tiempo del que yo tenía de vida! «¿Qué les iba a enseñar?» me pregunté.

«Necesitamos alguien que enseñe homilética y evangelismo a partir del próximo otoño», me explicó él.

Homilética, pensé. *En toda mi vida sólo he predicado seis* sermones. *Estos hombres han estado predicando por años. Y ¡evangelismo! Probablemente saben más acerca de evangelismo de lo que yo jamás sabré».*

«Necesitamos saber su decisión lo más pronto posible», dijo. «Piénselo y llámenos tan pronto sepa algo».

Bueno, ya sabía algo. Se equivocó de persona. Ni siquiera quería orar por el asunto, por temor a que Dios dijera: «¡HAZLO!» Anna esbozó una sonrisa cuando se lo comenté. «Es una gran oportunidad», dijo ella.

En resumidas cuentas decidí enseñar.

Llegamos a Fruitland en junio de 1957 y comencé a trabajar como pastor. Me gustó. Anna y yo hubiéramos pasado felices el resto de nuestras vidas sirviendo a aquella querida gente. Era un magnífico lugar para iniciar un ministerio. Tenía que hacerlo todo: abrir las puertas, limpiar los baños, imprimir el boletín y sacar la basura. Pero no me molestaba en lo absoluto.

Lo único que me robaba el gozo era saber que el otoño se acercaba. Me sentía completamente incompetente. No hubo un solo día de ese verano que no deseara caminar hasta la escuela y renunciar. La idea de entrar al salón de clases y enfrentar a aquellos pastores me crispaba los nervios. Estaba más allá de mí, completamente fuera de lo mío.

Subconscientemente (muy, pero muy adentro de mi subconsciencia) sabía que si enseñar era de Dios, Él me daría las fuerzas y el conocimiento que necesitaba. Mi problema era que no tenía idea alguna de cómo aprovechar Su fortaleza. Me sentía bien como pastor, pero no como maestro. Algo me faltaba.

A finales del verano adquirí el libro de R.A. Torrey acerca del Espíritu Santo.[1] Ya lo había leído cuando estudiaba en el seminario. Recuerdo cuánto me frustró. Cuando Torrey hablaba de ser disciplinado y fortalecido por el Espíritu Santo, me parecía muy simple, demasiado simple.

[1] R.A. Torrey, *The Holy Spirit* [El Espíritu Santo], Revell, Old Tappan, New Jersey, 1927.

Estaba convencido de que debía *hacer* algo para recibir el poder del Espíritu Santo. Durante los últimos dos años había hecho de todo, desde ayunar hasta rogar. Sabía que había algo más, pero no sabía cómo obtenerlo. Creía que existía algún tipo de secreto que necesitaba descubrir. Hasta ese entonces había sido muy despreocupado en mi búsqueda del Espíritu Santo. Pero ya estaba desesperado. Era agosto y septiembre se aproximaba como una locomotora. Así que devoré el libro con la esperanza de que en alguna de sus páginas encontraría el secreto. Al mirar atrás, sé que Dios claramente manejó las circunstancias de manera tal que me sintiera al borde de la desesperación. Era tiempo para otra gran lección.

De vuelta a la escuela

Si alguien me hubiera preguntado durante ese tiempo si creía que el Espíritu Santo era Dios, le hubiera contestado afirmativamente sin duda alguna. Si me hubiera preguntado si creía que el Espíritu Santo vivía en mí, hubiera asentido y le hubiera citado un versículo para probarlo:

> ¿O ignoráis que vuestro cuerpo es templo del Espíritu
> Santo, el cual está en vosotros, el cual tenéis de Dios,
> y que no sois vuestros?
> —*1 Corintios 6.19*

Pero si me hubiera preguntado qué diferencia debe hacer todo eso en la vida diaria, me habría puesto contra la pared. Le hubiera dicho algo, pero nada definitivo.

Allí me hallaba pastoreando una iglesia y las transformadoras implicaciones de esas dos verdades todavía no habían penetrado en mí. *El Espíritu Santo es Dios. El Espíritu Santo vive en mí.* En un par de semanas esas dos aseveraciones cobraron un increíble significado en mi vida. Le diré más sobre esto después. Por ahora, examinemos esas dos afirmaciones más de cerca.

El Espíritu Santo es Dios

La idea de la Trinidad ha sido un punto de confusión para mucha gente a través de la historia de la iglesia. La Escritura claramente enseña que hay un solo Dios. Empero, Dios se presenta en forma de tres personas distintas: Dios el Padre, Dios el Hijo y Dios el Espíritu Santo. La fórmula adoptada por la iglesia primitiva es la siguiente: una esencia, tres personas.

Para mucha gente esta distinción no ayuda en lo más mínimo. Está bien, mientras nuestra inhabilidad para comprender toda la extensión de esta maravillosa verdad no impida la disposición a tener fe en ella.

«Pero, espere un momento», dirá usted. «¿Cómo puede esperar que confíe en algo que no entiendo bien? ¿Es el intelecto enemigo de la fe?» ¡Absolutamente no! Dios ha provisto amplia información para apoyar nuestra fe. Sin embargo, hay algunas cosas que siempre serán un misterio para nosotros en este lado de la eternidad (véase 1 Corintios 13.12).

Con frecuencia, ponemos nuestra fe en cosas que no entendemos. Cada vez que viajo en avión pongo mi vida en manos de personas desconocidas y estoy a merced de una máquina que no entiendo. Eso no significa que nadie la entiende. Simplemente, el hecho de que *yo* no tenga una explicación acerca de cómo trabaja, no quiere decir que no exista esa explicación.

De la misma manera, el que la idea de la Trinidad confunda no quiere decir que no tenga sentido. Sólo significa que no lo tiene para nosotros.

El Espíritu Santo y la Trinidad

La Biblia enseña que el Espíritu Santo es parte de la Trinidad. La primera referencia a esta relación se encuentra en el relato de la creación:

*El Espíritu Santo
mora en los
creyentes para
siempre.*

*No sólo está de
pasada.*

*Hace de nosotros
su hogar. Llega
para quedarse.*

> En el principio creó Dios los cielos y la tierra. Y la
> tierra estaba desordenada y vacía, y las tinieblas
> estaban sobre la faz del abismo, y *el Espíritu de Dios*
> se movía sobre la faz de las aguas. Y dijo Dios: Sea la
> luz; y fue la luz.
>
> —*Génesis 1.1-3, énfasis añadido*

Note cómo el autor se refiere a Dios y al Espíritu de Dios sin
hacer distinción alguna entre ellos. ¡No hace falta explicación alguna, ambos son uno! El Dios creador de los cielos y
la tierra es el mismo que el Espíritu que se movía sobre las
aguas. Si dos Dioses o fuerzas distintas hubieran estado
trabajando, existiría alguna transición entre los versículos
dos y tres. Pero no la hay. El autor libremente utiliza «Dios»
y «Espíritu de Dios» de manera indistinta.

La participación del Espíritu Santo en la creación también lo une con la segunda persona de la Trinidad. En
Colosenses, el apóstol Pablo se refiere a Cristo como el
creador de todas las cosas:

> El cual [Dios el Padre] nos ha librado de la potestad
> de las tinieblas, y trasladado al reino de su amado
> Hijo, en quien tenemos redención por su sangre, el
> perdón de pecados. Él es la imagen del Dios invisible,
> el primogénito de toda creación. Porque en Él [el
> Hijo] fueron creadas todas las cosas, las que hay en
> los cielos y las que hay en la tierra, visibles e invisi-
> bles[...] todo fue creado por medio de Él y para Él.
>
> —*Colosenses 1.13-16*

Pablo, uno de los mayores líderes religiosos de su época,
conocía muy bien el Antiguo Testamento. Es posible que
hubiera memorizado el relato de la creación cuando niño.
Como cristiano, Pablo continuó con su creencia de que el
Antiguo Testamento era de Dios. Empero, sin explicación
alguna, le acreditó a Cristo la obra de la creación. Pablo no
tenía problema alguno con aceptar la idea de la Trinidad. Y
tampoco sintió la necesidad de explicarla.

«Hagamos al hombre»

Más adelante, en el relato de la creación, encontramos otra referencia a la Trinidad:

> Entonces dijo Dios: Hagamos al hombre a nuestra imagen, conforme a nuestra semejanza.
>
> —*Génesis 1.26*

¿A quién le hablaba Dios? ¿Por qué el uso del plural? No importa a quién se refiriera, claramente era parte del proceso de la creación.

En el próximo versículo, Dios aclara exactamente a cuál imagen se refería:

> Y creó Dios al hombre a su imagen, a imagen de Dios lo creó; varón y hembra los creó.
>
> —*Génesis 1.27*

Adán y Eva no fueron creados a imagen y semejanza de animales o ángeles. Fueron creados a imagen de Dios. El plural en Génesis 1.26 debe referirse sólo a Dios: Dios el Padre, Dios el Hijo y Dios el Espíritu.

Hay varios citas donde se menciona al Espíritu Santo y a Dios de manera indistinta. Uno de estos se encuentra en Hechos 5:

> Pero cierto hombre llamado Ananías, con Safira su mujer, vendió una heredad, y substrajo del precio, sabiéndolo también su mujer; y trayendo sólo una parte, la puso a los pies de los apóstoles. Y dijo Pedro: Ananías, ¿por qué llenó Satanás tu corazón para que *mintieses al Espíritu Santo*, y substrajeses del precio de la heredad?[...] ¿Por qué pusiste esto en tu corazón? *No has mentido a los hombres sino a Dios.*
>
> —*Hechos 5.1-4, énfasis añadido.*

Pedro veía a Dios y al Espíritu Santo como iguales. Desde su perspectiva, mentirle a uno era mentirle al otro. Cada uno merecía la misma reverencia y respeto. Aparentemente, Dios pensaba así, porque tanto Ananías como su esposa Safira perdieron la vida como resultado de su engaño.

Los autores del Antiguo como del Nuevo Testamentos no tuvieron problema alguno en alternar los términos Dios y Espíritu Santo. Hablar de uno era hablar del otro. Las acciones y atributos de uno eran los del otro. Eran percibidos como uno en poder, omnisciencia, sabiduría, y eternidad (Hebreos 9.14). No se hace distinción alguna porque no hace falta. Ahora, examinemos la segunda aseveración.

El Espíritu Santo mora dentro del creyente

Como dije antes, por mucho tiempo la deidad del Espíritu Santo era nada más que teología ortodoxa para mí. Es decir, hasta que comencé a pensar en el hecho de que habitaba en mí.

Hay varias teorías populares acerca de la obra del Espíritu Santo como morador nuestro. Lo que causa confusión es que se utiliza la Biblia para apoyar cada una de ellas. Algunos dicen que el Espíritu Santo mora en el creyente desde el momento de la salvación. Otros enseñan que sucede en algún momento después de la salvación. Un par de grupos creen que el Espíritu Santo viene y se va: algunos días está con usted y otros no.

La confusión procede principalmente de dos fuentes. La primera es la llegada del Espíritu Santo en el libro de Hechos. Muchos cristianos consideran esto como un patrón normativo para cada generación. En Hechos encontramos al Espíritu Santo que entra a morar en las personas que habían sido creyentes por espacio de dos o tres años. Algunos consideran esto como una fuerte evidencia de que el Espíritu Santo no es necesariamente dado en el momento en que la persona nace de nuevo.

Una segunda fuente de confusión se origina en aquellos que no sostienen la doctrina de la seguridad eterna (una vez salvo, para siempre salvo). Los cristianos que opinan que pueden perder su salvación están forzados a creer que el Espíritu Santo viene y va según la salvación viene y va. Como he escrito un libro entero acerca de este tema, no trataré de manejar este asunto aquí. Empero, si ese es un asunto que le preocupa le recomiendo que adquiera *Seguridad eterna*, Editorial Caribe, Miami, FL, 1994.

En cuanto a los problemas creados por el libro de Hechos, he dedicado un capítulo a examinar las peculiaridades de ese maravilloso, pero con frecuencia mal entendido libro. Por ahora quiero concentrarme en lo que todos estamos de acuerdo. Suceda cuando suceda y como suceda: que el Espíritu Santo mora en el creyente.

Varias descripciones

Los autores de la Biblia utilizan varios términos para describir la relación entre el creyente y el Espíritu Santo. Jesús lo explicó de distintas maneras en varias ocasiones. A los apóstoles les dijo: «Recibid el Espíritu Santo» (Juan 20.22). A la multitud que estuvo junto a Él antes de la ascensión dijo: «Recibiréis poder, cuando haya *venido sobre vosotros* el Espíritu Santo» (Hechos 1.8, énfasis añadido).

El apóstol Juan se refiere al Espíritu Santo como dado al creyente (véase 1 Juan 3.24; busque también 1 Tesalonicenses 4.8). Pedro habla acerca del Espíritu Santo en los creyentes (véase 1 Pedro 1.11). Pablo dice: «Dios envió a vuestros corazones el Espíritu» (Gálatas 4.6), y en otro lugar habla del creyente como templo del Espíritu Santo (busque 1 Corintios 3.16-17).

Todos estos términos nos llevan a la misma dirección. El Espíritu Santo reside en el creyente. El verbo que con más frecuencia se utiliza para describir esta singular relación viene de la palabra griega oikeo. En las versiones castellanas se traduce: «morar», «habitar», «vivir». Oikeo viene de la palabra griega para casa: oikos. Esta significa «morar, residir, o habitar».

Oikeo se emplea cuatro veces para describir la relación del creyente con el Espíritu Santo (véase Romanos 8.9, 11; 1 Corintios 3.16; 2 Timoteo 1.14). La forma más descriptiva de las cuatro se encuentra en 1 Corintios:

¿No sabéis que sois templo de Dios, y que el Espíritu de Dios mora en vosotros?

Un escritor ha resumido hermosamente los pensamientos paulinos al escribir:

Resulta claro que, para Pablo, el ser habitado por el Espíritu Santo significa ser habitado por Dios. Pablo está claro en cuanto a que el Espíritu Santo es Dios; esto se muestra al igualar la frase «templo de Dios» con la frase «templo del Espíritu Santo».[2]

Lo importante del término *oikeo* es que *implica permanencia.* La idea es que el Espíritu Santo hace morada en los creyentes para siempre. No sólo está de pasada. Hace de nosotros su hogar. Viene a quedarse.

La referencia paulina a los creyentes como templos enfatiza este punto. Pablo, quien creció como judío devoto, tenía mucho respeto por el templo. Para la nación de Israel representaba la presencia de Dios entre su pueblo.

Cuando Cristo fue crucificado, ya no había más necesidad del templo. A Dios ya no le hacía falta. Tenía libertad de establecer residencia en el corazón humano. La barrera del pecado había sido removida. La relación humana con Dios había sido restaurada. Para simbolizar el cambio, Dios rasgó el velo del templo de arriba a abajo (véase Marcos 15.38). El velo era una gruesa cortina que separaba el lugar santísimo del resto del templo. El hecho de que fue rasgado de arriba a abajo significaba que Dios, y no el ser humano, había iniciado el cambio.

Al referirse a los creyentes como templos, Pablo anunciaba que Dios se había trasladado permanentemente. Había abandonado el templo en Jerusalén y, por medio del Espíritu Santo, se había mudado al corazón de su pueblo.

---

[2] Millard J. Erikson, *Christian Theology* [Teología Cristiana], Baker, Grand Rapids, Michigan, 1986, 3:85.

Sellados por el Espíritu

Otra función del Espíritu Santo en nuestras vidas prueba el carácter definitivo de su relocalización. La Biblia dice que Él nos ha sido dado como *garantía*:

> En Él [Cristo] también vosotros, habiendo oído la palabra de verdad, el evangelio de vuestra salvación, y habiendo creído en Él, fuisteis sellados con el Espíritu Santo de la promesa, que es *las arras* de nuestra herencia hasta la redención de la posesión adquirida, para alabanza de su gloria.
>
> —*Efesios 1.13-14, énfasis añadido*

Cuando usted se convirtió en cristiano fue sellado en Cristo. El término sellado se utiliza de varias formas a través del Nuevo Testamento. En Mateo leemos que la tumba de Jesús fue sellada (véase Mateo 27.66). En Apocalipsis se nos dice que Satanás será sellado en el abismo por mil años (véase el capítulo 20). Durante la tribulación Dios sellará 144.000 personas de las tribus de Israel (véase Apocalipsis 7).

En cada caso, el término sellar implica seguridad y protección. Sellar algo significaba apartarlo de interferencias e influencias externas. Hoy día empleamos el término de forma similar. Sellamos las ventanas y las puertas para que no entre el aire. Sellamos la correspondencia. Sellamos los sótanos para que el agua no penetre. Y hasta sellamos los muebles para que el polvo no dañe la madera.

En la cultura occidental normalmente no pensamos en sellar a la gente. A raíz de esto, nos resulta difícil comprender el significado de ser sellados por Dios. Por fortuna, la Escritura nos ayuda con una ilustración.

Durante la tribulación, Dios sellará 144.000 judíos (véase Apocalipsis 7.4-8). El sello aparentemente será una marca visible en la frente. Mientras la Gran Tribulación progresa, resultará evidente que a los miembros de este grupo, que lleva el sello divino, se les ha concedido protección sobrenatural del caos que les rodea. Al final de la tribulación el grupo entero reaparece intacto para darle la bienvenida al Rey (véase Apocalipsis 14.1-5).

Este hecho futuro clarifica las implicaciones del sello divino en el creyente. El beneficio primario del sello es la protección. Este protegerá a los 144.000 durante el período más peligroso de la historia humana. Nada podrá sobreponerse a su poder protector, ni siquiera el anticristo mismo podrá hacerlo.

A diferencia de los 144.000, nuestro sello no es visible para nosotros. Nuestro sello es espiritual. En lugar de recibir una marca en la frente, se nos ha concedido al Espíritu Santo como garantía de las intenciones divinas de preservarnos para su regreso:

> Y no contristéis al Espíritu Santo de Dios, con el cual fuisteis sellados para el día de la redención.
> —*Efesios 4.30*

Cuando Dios nos mira, ve al Espíritu Santo en nosotros. La presencia del Espíritu Santo es un recordatorio espiritual de la promesa divina de completar la obra que ha comenzado en nosotros. Es una señal al mundo espiritual de que le pertenecemos a Otro. Y como pertenecemos al Padre, el Espíritu Santo estará aquí, en nosotros, para demostrar que le pertenecemos. Cuando entró, entró para quedarse. ¡No se irá a ninguna otra parte!

¡Así que haz algo!

Durante las dos semanas antes del Día D (el primer día de clases), medité en dos pensamientos: *El Espíritu Santo es Dios. El Espíritu Santo vive en mí permanentemente*. Sabía que en algún lugar dentro de esas dos ideas estaba la respuesta que buscaba.

Recuerdo haber pensado: *¡Bueno, si estás ahí adentro, haz algo!* Estaba convencido de que si Dios, a través del Espíritu Santo, moraba en mí, yo poseía un nuevo potencial. Debía tener capacidad para hacer cualquier cosa a la que fuera llamado. Por lo tanto, no debía temer enseñar un par de cursos. Al leer el libro de Torrey, encontré un pasaje que me confrontó directamente. Describía mi dilema perfectamente:

> Así que es claro que toda persona regenerada tiene el Espíritu Santo. Pero en muchos creyentes el Espíritu Santo mora muy atrás, en algún santuario escondido de la persona, bastante alejado de su experiencia consciente. Una cosa es tener un huésped alojado en un apartado cuarto de la casa donde usted apenas se acuerda de su existencia y otra es permitir al huésped tomar completa posesión de la casa. Lo mismo sucede con el Espíritu Santo. No es lo mismo permitirle que more allá atrás, en algún santuario escondido de nuestro ser, que dejarlo tomar total posesión de la casa. En otras palabras, una cosa es tener al Espíritu Santo simplemente morando en nosotros, pero sin estar conscientes de su ubicación, y otra cosa es estar llenos o bautizados con el Espíritu Santo. Indudablemente podemos expresar esto con exactitud: cada persona regenerada tiene el Espíritu Santo, pero no toda persona regenerada tiene lo que la Biblia llama «el don del Espíritu Santo», «el bautismo del Espíritu Santo», o «la promesa del Padre».[3]

No importa cómo se llame, yo no lo tenía. Tenía sólo el Espíritu Santo, pero por alguna razón no notaba la diferencia. Es como si estuvieran en hibernación. Como decía Torrey, era como si morara «en algún santuario escondido» de mi ser.

[3] Torrey, *op. cit.*, p. 115. Torrey creía que todas estas frases «lleno del Espíritu», «bautizado por el Espíritu», «el don del Espíritu», «el Espíritu descendió sobre ellos», y «fueron fortalecidos con poder de lo alto», se referían a la misma experiencia que generalmente ocurre luego de la salvación (véase la página 107).

Yo creo que hay una definitiva distinción entre ser bautizado por el Espíritu y ser llenos con el Espíritu. El bautismo del Espíritu ocurre en la salvación (véase 1 Corintios 12.13). Ser llenos del Espíritu es algo que sucede de acuerdo con nuestro deseo de rendirnos a la influencia del Espíritu (véase Efesios 5.18).

Me sentí mejor al saber que alguien entendía mi dilema. Pero entenderlo mejor no era la solución. Quería saber por qué nada cambiaba. Quería saber cómo sacar al Espíritu Santo de su «santuario escondido» y que participara en mis actividades diarias. En específico, quería que me fortaleciera para enseñar a esos pastores. Esta crisis inminente pavimentó a la larga el camino para mi próximo paso en la jornada. En ese entonces, yo no lo sabía, pero estaba sólo a unas horas de descubrir cómo ser lleno del Espíritu.

¡No cambie de canal!

Sé lo que piensa: *¡al grano!* Así mismo me sentía. Pero recuerde que el crecimiento espiritual es un proceso. Hay un orden. Hay lecciones que aprender antes de que otras lecciones puedan ser asimiladas. No puedo garantizarle que la lectura de los próximos capítulos causará que sea lleno del Espíritu Santo. Ciertamente espero que así sea. Pero lo más seguro es que este libro sólo le llevará un paso más adelante hacia la realidad de la vida llena del Espíritu.

Debo haber leído aproximadamente unos veinte libros acerca de este tema antes de reconocer y experimentar la plenitud del Espíritu. Cada uno jugó un papel en lo que Dios estaba haciendo, unos más que otros. No estaba preparado para mucho de lo que leí. Algunas veces tuve que esperar a mi segundo o tercer viaje a través del libro para que Dios me hablara.

No sé dónde se encuentra usted en este proceso, pero Dios sí lo sabe. Él está moldeando las circunstancias con un resultado definitivo en mente. Parte de su plan es llevarle al borde mismo, a un punto de desesperación donde se sienta tan mal con usted mismo y de su inhabilidad de cambiar que alce los brazos y se rinda. Cuando eso suceda, estará más cerca que nunca de conocer el gozo de la vida en el Espíritu. Por lo tanto, relájese. No hay prisa alguna. Dios tiene dominio de la situación. Después de todo, Él quiere esto para usted más de lo que usted mismo lo desea.

———— **Para meditar** ————

Tome un minuto para meditar en los dos puntos principales de este capítulo:

El Espíritu Santo es Dios.
El Espíritu Santo mora en mí.

No sería mala idea tomar un lapicero y papel para que
escriba algunas implicaciones de estas dos aseveraciones.

• ¿Cómo se aplica la verdad de estas dos declaraciones
  a su vida personal?
• ¿Qué dice eso acerca de su potencial?
• ¿Qué implican acerca de su carácter, su habilidad
  como madre o padre, y su matrimonio?
• Invierta algún tiempo en pensar acerca de ello, porque
  ahí yace la clave para experimentar la vida llena del
  Espíritu.

CAPÍTULO 4

El Día D

Eran las cuatro de la tarde de un viernes. Mi primera clase comenzaba el lunes siguiente. Había hecho todo lo que sabía. Había leído, memorizado, ayunado, orado, rogado, suplicado, negociado y hasta en un par de ocasiones estuve a punto de utilizar amenazas. Nada había cambiado. Desde mi punto de vista, tirado en el suelo de nuestro cuarto de estudio, estaba tan distante de entender la vida llena del Espíritu como antes. Pero en realidad sólo estaba a unos momentos de entenderla.

Había orado casi una hora. Leía y meditaba en dos versículos de 1 Juan:

> Y esta es la confianza que tenemos en Él, que si pedimos alguna cosa conforme a su voluntad, Él nos oye. Y si sabemos que Él nos oye en cualquiera cosa que pidamos, sabemos que tenemos las peticiones que le hayamos hecho.
>
> —*1 Juan 5.14-15*

Ya había llegado al límite de mis emociones. Miré el reloj y enterré mi rostro en mis manos. «Señor», oré, «tú prometiste que si pedía cualquier cosa de acuerdo con tu voluntad, me escucharías. Sé que no es tu voluntad que esté frustrado y abrumado con estos sentimientos de ineptitud. Creo que es tu voluntad que experimente el poder del Espíritu Santo. He hecho todo lo que sé hacer y nada ha dado resultado. Sé que no quieres que vaya allí el lunes sin estar preparado. Y sé que no quieres que me rinda. Así que voy a confiar en ti porque no sé qué otra cosa puedo hacer».

De inmediato me sentí inundado de un extraordinario sentimiento de seguridad y confianza. Era un sentimiento. Pero contrastaba de manera tal con lo que había estado experimentando en los últimos tres meses, que sabía que algo había sucedido. Mi temor se había marchado. Se había desvanecido por completo.

No vi las estrellas ni escuché una voz. No hablé en lenguas. Y ese era precisamente el asunto. No *hice* nada, excepto confiar en Él. Entonces me di cuenta. Me había consumido en esfuerzos por *hacer* algo, por ganarme de alguna forma el Espíritu Santo. Había tratado de convencer a Dios con mi sinceridad. Además había buscado algún tipo de manifestación física para confirmar lo que Él había hecho, o estaba haciendo. Quería ver algo.

Mientras sentado allí pensaba en todo esto, dos versículos me llegaron a la mente: «Por fe andamos y no por vista» (2 Corintios 5.7) y «Bienaventurados los que no vieron y creyeron» (Juan 20.29). La vida llena del Espíritu es la vida de fe. No me percaté de lo obvio. Había buscado por doquiera algo que estaba delante de mí. No necesitaba rogar. Dios lo quería más que yo mismo. Todo lo que necesitaba era creer y seguir adelante en fe.

Lunes por la mañana

Me levanté temprano el lunes en la mañana. Estaba impaciente por el comienzo de la primera clase. Mientras los pastores entraban, el diablo me susurró al oído: «Charles, ¿qué piensas poder enseñar a estos hombres? ¡Eres el más joven en el salón!» Respondí: «Quizás, pero estoy lleno del Espíritu de verdad y Él puede manejar cualquier cosa que estos hombres le lancen».

Este primer encuentro con el Espíritu Santo resultó primordial en un mayor sentido de confianza. Cuando los sentimientos de inseguridad y temor aparecían, recordaba que Dios, a través del Espíritu Santo, estaba viviendo en mí. Él era suficiente para enfrentar cualquier cosa. A veces oraba durante el día: «Espíritu Santo, yo no puedo, pero tú sí. Lléname para la obra a la cual me has llamado». Y así hizo. Esto era evidente en el salón de clases y en el púlpito. Prediqué con mayor atrevimiento y autoridad. Como pastor y miembro de la facultad dirigí con pasión. Lo irónico del caso fue que estaba más consciente que nunca de mi ineptitud. Pero ya no era un obstáculo. El Espíritu Santo más que lo compensaba.

De vuelta a lo básico

La vida cristiana es una vida de fe. Usualmente no tenemos mucho problema en aceptar ese hecho en relación con nuestra salvación. Pero cuando hablamos de nuestra rutina diaria, la fe algunas veces está conspicuamente ausente. Tenemos la tendencia a tomar las cosas por nuestra cuenta y hacer lo mejor que podamos. En otras palabras, andamos por vista. Si no lo veo, ni lo siento, no es cierto. Si no *siento* la presencia de Dios, entonces no debe estar conmigo. Si no *veo* una manifestación del Espíritu Santo, no debe estar en los alrededores. En las semanas que siguieron a mi *alumbramiento* me fijé en todo pasaje de la Escritura relacionado con el Espíritu Santo. Durante este tiempo, descubrí varias cosas que revolucionaron mi perspectiva de lo que significaba estar lleno del Espíritu Santo.

¡Terminó la espera!

Por años pensé que era responsabilidad mía esperar a que el Espíritu Santo me llenara. Me parece que en algún momento me cansé de hacerlo y traté de ganármelo o convencerlo de que me llenara. De ahí, todas las oraciones, ayunos y ruegos. Pero como dijo Billy Graham tan perfectamente: «Estas son las buenas nuevas: ya no estamos esperando por el Espíritu Santo: Él nos espera. Ya no vivimos en la era de la promesa sino en los días del cumplimiento».[1]

Al mirar atrás pienso que mi confusión provino de dos cosas. Primero, había asistido a iglesias donde se enseñaba eso. Al final del servicio o reunión la gente pasaba al frente y el pastor o el anciano le ponían las manos y la gente supuestamente era llena del Espíritu. Digo «supuestamente» porque es indudable que algo sucedía. Pero creo que al examinar su manera de vivir más en detalle me parece que lo sucedido no tenía nada que ver con el Espíritu Santo. Diré más sobre esto después.

Algunas veces esas personas pasaban por grandes tribulaciones antes de que el Espíritu Santo «cayera». Otros regresaban noche tras noche buscando ser llenos del Espíritu. El asunto es que por años, las únicas personas que escuché hablar del Espíritu Santo lo hacían en términos de recibirle después de un período de espera y clamor para que los llenara.

La otra cosa que me llevó a creer que debía esperar a que el Espíritu Santo me llenara, fueron ciertos pasajes en el libro de Hechos. El más importante fue Hechos 1.4. Es claro que los discípulos de Jesús eran «creyentes». No hay duda alguna de que se hubieran ido al cielo de haber muerto antes del día de Pentecostés. Empero, no fueron bautizados con el Espíritu hasta después que Jesús terminó su ministerio terrenal y regresó al Padre. Jesús les dijo que *esperaran* en Jerusalén. Así que regresaron y esperaron por el Espíritu Santo.

---

1 Billy Graham, El Espíritu Santo, Casa Bautista de Publicaciones, El Paso, Texas, 1980.

En Hechos 19 leemos de otro grupo de personas que eran creyentes, pero que no habían sido llenados con el Espíritu Santo (véase Hechos 19.2). Sin embargo, después que Pablo puso sus manos sobre ellos se nos dice que «vino sobre ellos el Espíritu Santo; y hablaban en lenguas, y profetizaban» (Hechos 19.6). Una vez más, había una brecha entre la experiencia de la salvación y la de ser lleno del Espíritu Santo. Estas personas fueron forzadas a esperar. Es como si hubiera existido un tiempo preordenado para que recibieran al Espíritu Santo.

De estos dos pasajes en Hechos deduje incorrectamente que cada creyente está forzado a esperar por ese momento especial cuando el Espíritu Santo decida congraciarlo con su presencia. Pero esta idea no se expresa ni siquiera se implica en parte alguna de la Biblia.

Tirado en el suelo en Fruitland, Carolina del Norte, me percaté de que había complicado demasiado la vida llena del Espíritu. Como todo otro aspecto de la vida cristiana, la vida llena del Espíritu es una vida de fe. Me había acercado a ella como si fuera una fórmula. Pero la vida llena del Espíritu no es una fórmula, es una relación, una relación personal con el Espíritu Santo.

Un descubrimiento chocante

Como mencioné antes, mi encuentro con el Espíritu Santo en el piso de mi residencia en Fruitland me dejó con una sed insaciable de descubrir más. Comencé a buscar en las Escrituras cualquier cosa relacionada con el Espíritu Santo. Me percaté de cuán ignorante era. Al mismo tiempo, en definitiva algo me había sucedido y quería una explicación.

Mi primer descubrimiento fue con probabilidad el más impactante de todos. La frase «lleno del Espíritu» aparece sólo diez veces en el Nuevo Testamento: tres veces en Lucas, seis en Hechos, y una vez en Efesios.[2] ¡Ni siquiera se

---

2 Hay otras seis referencias a personas «llenas del Espíritu Santo».

La dependencia y la entrega van mano a mano. No podemos someter nuestra voluntad por completo mientras no estemos convencidos de estar en una situación sin esperanza.

Mientras podamos ver alguna otra alternativa, generalmente optaremos por ella.

menciona en 24 de los 27 libros del Nuevo Testamento! ¿Cómo es posible? ¿Cómo algo de tanta importancia puede ser tan subestimado? Al estudiar más descubrí algunos aspectos interesantes acerca de la experiencia de ser lleno del Espíritu. Uno de los más notables es que hay una obvia diferencia entre el uso de la frase «lleno del Espíritu» en Lucas y Hechos y su utilización en Efesios.

En nueve de las diez ocasiones en que la frase «lleno con el Espíritu Santo» o «lleno del Espíritu» se menciona, las preposiciones no aparecen en el griego. Los traductores las añadieron, correctamente, porque la forma de substantivo griego *pneuma* (Espíritu) expresa contenido y por lo tanto se debe añadir alguna preposición.[3] Los lenguajes occidentales no son tan precisos como el griego así que nos vemos forzados a utilizar varias palabras para expresar lo que ellos podían decir con una.

El significado de estos nueve versículos es claro: las personas en cuestión fueron llenas con el Espíritu. Es decir, el Espíritu Santo llegó a residir dentro de ellos. El ejemplo clásico se encuentra en Hechos 2 cuando los discípulos fueron llenos con el Espíritu Santo (véase también Lucas 1.41, 67). Ellos entraron en el aposento alto sin Él, pero salieron del aposento alto llenos de Él.

De los nueve versículos en cuestión, tres utilizan la frase «lleno del Espíritu» de manera descriptiva.[4] Por ejemplo,

---

Todas aparecen en Lucas y Hechos. Para mayor información véase la nota cuatro.

[3] En Hechos 13.52 Lucas escribe que «los discípulos estaban llenos de gozo y del Espíritu Santo». *Gozo* y *Espíritu* son conceptos paralelos en este versículo. Así como estaban llenos *de* gozo también estaban llenos *del* Espíritu Santo. Esto apoya la interpretación del uso de las preposiciones con contenido.

[4] Hay seis referencias a personas descritas como «llenas del Espíritu» (Lucas 4.1; 10.21; Hechos 6.3, 5; 7.55; 11.24).

Los pasajes en Lucas hablan de Jesús como «lleno del Espíritu Santo». El contexto de Lucas 4 sigue al bautismo de Jesús

Hechos 4.8 registra lo siguiente: «Entonces Pedro, lleno del Espíritu Santo, les dijo...». El autor de Hechos decía simplemente que Pedro era uno de esos que había sido llenado por el Espíritu Santo. No comentaba sobre el control ni la influencia que el Espíritu Santo tenía en la vida de Pedro en ese momento. Él se distinguía por ser un hombre que había sido lleno del Espíritu (véase Hechos 13.9, 52).[5]

Tendencias en el libro de los Hechos

Al estudiar los pasajes en Hechos que se refieren específicamente a la experiencia de ser lleno del Espíritu, noté un par de cosas que todos tenían en común. Primero, en cada ocasión el Espíritu Santo inició el proceso. El recipiente siempre fue, en cierta medida, tomado por sorpresa. Aún los que estaban en el aposento alto no sabían con exactitud cuándo tomaría lugar el derramamiento del Espíritu. Simplemente sucedió.

Otro buen ejemplo del mismo fenómeno se encuentra en Hechos 10.44 (véase también Hechos 19.1-7). Pedro estaba predicando y de súbito, y sin advertencia alguna, el Espíritu Santo interrumpió el sermón y descendió sobre la audiencia. La palabra *llenar* no se utiliza, pero Pedro dijo que era como lo que le había sucedido a él y al resto de los reunidos

---

cuando el Espíritu Santo descendió sobre él de manera corporal. Cuando Lucas menciona a Jesús como Aquel que estaba lleno del Espíritu Santo, se refería a la presencia inmanente del Espíritu Santo. Esta definición se ajusta a los otros usos de esta frase en el Nuevo Testamento.

[5] Describir a Pedro y Pablo como hombres llenos del Espíritu Santo era una manera de poner un sello divino sobre la autoridad con la cual ellos hablaban. Pablo en particular, ya que era un novicio, necesitaba algo para legitimar su autoridad en la iglesia.

A Pablo se le concedió igual autoridad que a Pedro, lo cual legitimó el apostolado paulino.

el día del Pentecostés (véase Hechos 10.47). En cada instancia el Espíritu Santo inició el proceso.

La segunda cosa que noté en Hechos, acerca de las referencias a ser llenos por el Espíritu, fue que parecía ser permanente. No había evidencia de que luego del Pentecostés alguien se sintiera vacío en el sentido de que el Espíritu Santo se apartara de la tal persona. Y no hay ejemplos de fieles que vuelven a ser llenos del Espíritu Santo. Todo lo contrario, Lucas se esfuerza en recordarnos que Pedro y Pablo todavía estaban llenos después de su experiencia inicial.

Repaso

Vamos a resumir toda esta información antes de continuar adelante.

1. Jesús prometió la llegada del Espíritu. Dijo que aquellos que aguardaran serían *bautizados* con el Espíritu Santo.
2. Cuando el Espíritu llegó finalmente, Lucas dijo que todos fueron «llenos del Espíritu». Es decir, el Espíritu entró en ellos.
3. Pablo fue lleno con el Espíritu por vez primera (busque Hechos 9.17).
4. Un grupo en la casa de Cornelio fue lleno con el Espíritu por vez primera (véase Hechos 10.44).
5. Un grupo de discípulos de Juan el Bautista recibió el Espíritu Santo por primera vez (busque Hechos 19.6).[6]

Debido a todo esto concluí que la experiencia de ser lleno con el Espíritu, tal y como se describe en Hechos, se refiere a la singular llegada del Espíritu Santo en el mundo luego de la resurrección de Jesucristo, así como en la vida de

---

[6] El término *llenar* no se utiliza aquí, pero los hechos relacionados con el incidente son sumamente cercanos a los del episodio en la casa de Cornelio.

algunos creyentes. Jesús prometió tal llegada (busque Hechos 1.8). Y el resto del libro de Hechos utiliza el término *llenar* para describir ese suceso.

Quizás ahora usted se pregunte: «¿Pero y qué pasó cuando Pablo le encomendó a los creyentes efesios que fueran llenos del Espíritu?» Ya llegaremos allá. Pero quiero que vea cómo el libro de Hechos utiliza esta frase de manera uniforme para narrar el cumplimiento de la promesa de Cristo: la llegada de un Auxiliador que viviría en los creyentes (véase Juan 16.7). Ahora vámonos a Efesios.

«Mas sed llenos del Espíritu»

Durante mi búsqueda del *secreto* de la vida llena del Espíritu retorné una y otra vez a la consabida instrucción de Pablo a los creyentes en Efeso:

> No os embriaguéis con vino, en lo cual hay disolución; antes bien sed llenos del Espíritu.
>
> —*Efesios 5.18*

Este versículo me irritaba. Decía, «muy bien, pero, ¿cómo? ¿Cómo lo voy a hacer? ¿Qué hago? ¿Dónde comenzar?» Mi problema no era la falta de deseos. Simplemente no sabía cómo ser lleno. Y desafortunadamente para todos nosotros, Pablo no incluyó instrucciones detalladas.

Mientras examinaba más de cerca este versículo, varias cosas saltaron a la vista, algunas que le separaban de los otros vinculados con la experiencia de la plenitud con el Espíritu. Esa distinción revolucionó mi entendimiento de la vida llena del Espíritu. Fue a través de la verdad de Efesios 5.18 que finalmente comprendí lo que me había sucedido esa tarde en el suelo de mi hogar en Fruitland.

Mi confusión se centraba en el ejemplo utilizado por Pablo en cuanto a emborracharse con vino. Siempre pensé que este pasaje decía: «No se llenen con vino para emborracharse, más bien llénense con el Espíritu Santo». Pensé que las ideas paralelas eran *vino* y *Espíritu*. A raíz de esto traté de indagar cómo hacer que el Espíritu me llenara. Sabía cómo una persona podía llenarse con vino. Pero su ilustración me dejó sin idea alguna en cuanto a cómo llenarme del Espíritu Santo.

¡Ajá!

Entonces noté una cosa interesante acerca de este versículo. Como recordará, señalé que en Hechos no había ninguna preposición antes de la palabra *Espíritu*. Los traductores las añaden porque la forma griega del término *pneuma* (Espíritu) así lo exige. Las preposiciones comunican la idea de contenido. Los creyentes eran llenos del Espíritu.

Pero en Efesios 5.18 sí aparece una preposición en el griego. Pablo insertó una antes de la palabra griega que se traduce Espíritu. Aunque la preposición se traduce como *del* en la mayoría de las versiones al castellano, esta no implica el sentido de *contenido* (lo que llenará al creyente). Infiere la idea de *agencia*: quién es el que llena. Pablo amonestaba a su audiencia para que fueran llenados *por* el Espíritu más bien que *del* Espíritu.

Imagine por un momento que alguien le pidiera una taza de agua. Usted sería el agente (el que llena la taza) y el agua serviría de contenido. Pablo se refirió al Espíritu como el que llena; en otras palabras, «Permita que el Espíritu le llene». Entonces la pregunta obvia sería: «¿llenarme con qué?» Aquí es donde la ilustración del vino ayuda.

La plenitud del Espíritu en Hechos y en Efesios

Hechos	Efesios 5.18
• A los apóstoles y a los creyentes se les dijo que esperaran.	• A los creyentes se les dijo que actuaran.
• El Espíritu Santo inició el proceso.	• A los creyentes se les encomendó que fueran llenos.

• El término *Espíritu* no está precedido por una preposición; la forma substantiva implica la idea de *contenido*. • La experiencia es permanente.	• El término *Espíritu* está precedido por una preposición que implica *agencia*. • El hecho de que es un mandamiento general a un grupo de personas significa que ese tipo de experiencia es repetible.

Pablo usó el término *llenar* junto con *emborracharse*. Embriagarse quiere decir tomar más de un trago. Es más que llenarse. Estar borracho es estar bajo el control del alcohol, rendir el cuerpo, la mente y el espíritu a su influencia. *Estar lleno del Espíritu, en este caso en particular, implica ponerse voluntariamente bajo la influencia del Espíritu Santo.* J. Oswald Sanders lo explica de esta manera:

> En base a los contrastantes mandamientos de no embriagarse «con vino, en lo cual hay disolución» y «sed llenos del Espíritu», estaríamos justificados en concluir que la persona llena del Espíritu estará dominada y controlada por el Espíritu Santo así como un borracho esta dominado y controlado por el intoxicante vino.[7]

Es importante entender la distinción entre este importante pasaje y lo que estaba sucediendo en el libro de Hechos. De otra manera, tal como me pasó a mí, se encontrará atrapado entre el mandamiento de Pablo por hacer algo y un fenómeno sobre el cual usted no tiene control alguno.

Cuando Pablo dijo «sed llenos del Espíritu», él no nos ordenaba a sentarnos pasivamente y esperar que algo se derramara sobre nosotros. El Espíritu Santo ya ha sido derramado. Si es creyente, usted ya ha sido lleno *del* Espíritu Santo de la misma forma en que lo fueron las mujeres

[7] J. Oswald Sanders, *The Holy Spirit and His Gifts*, [El Espíritu Santo y sus dones], Zondervan, Grand Rapids, Michigan, 1940, p. 138.

y los hombres en Hechos. Él ha establecido residencia permanente en su corazón. Usted tiene todo lo que va a tener. La pregunta es, ¿cúanto tiene Él de usted?

Ese es el punto de Pablo en Efesios 5.18. Allí hacía un llamado a rendirse totalmente a las bondadosas, pero firmes, amonestaciones del Espíritu Santo. Llenarse de esta manera es parecido a estarlo de temor o pena. Cuando estamos así, la emoción alcanza tal preeminencia en nuestras vidas que todo otro sentimiento o pensamiento es dejado de lado.

Un viaje que nunca olvidaré

En 1971 volé a Seattle, en el estado de Washington, EE.UU., para predicar en una campaña dirigida por un amigo. Cuando comenzamos a aterrizar, el capitán nos informó que tenían algunos problemas. El avión se elevó de nuevo y nos dijeron que la luz que indicaba que la parte delantera del tren de aterrizaje funcionaba, no se había encendido. Eso significaba que los pilotos no tenían manera de saber si la parte delantera del tren de aterrizaje trabajaba correctamente. Luego de unos minutos el capitán nos explicó que daríamos varias vueltas al aeropuerto para gastar la mayor cantidad de combustible posible y luego intentaríamos un aterrizaje forzoso.

Podía observar a los vehículos de emergencia alineándose a los lados de la pista. Todos nos agachamos, con la cabeza entre las piernas, mientras el capitán contaba los segundos para tocar tierra.

Si hubiéramos podido mirar dentro de la mente de los pasajeros, habríamos encontrado que estaban llenas de una emoción que tomó tal importancia en sus vidas que ningún otro pensamiento o sentimiento lo desplazaba. Estaban dominados por lo que colmaba sus corazones en esos instantes de ansiedad.

De la misma manera debemos permitirle al Espíritu Santo tener dominio completo de nuestros corazones. Estar llenos de Él es permitir que su influencia invada cada ranura y hendidura de nuestro ser: nuestros pensamientos, motivaciones, relaciones y sueños.

> En el corazón del creyente que está lleno del Espíritu, Él reina supremo sobre la voluntad, las emociones, la inteligencia, pero con su pleno consentimiento y cooperación. La palabra [llenar] infiere la idea de colmar hasta saturarse, con una plenitud que no deja nada que desear... Así que estar lleno del Espíritu Santo significa la habitual experiencia de tener al Espíritu Santo en el libre y no impedido ejercicio de todos sus atributos —conocimiento, poder, santidad, paz, y el gozo— para ejercitar su dirección y dominio en todo aspecto de la vida.[8]

Ah, de vuelta a mi relato. El capitán contó los segundos. Todo el mundo estaba callado. Cuando el avión aterrizó la parte delantera del tren de aterrizaje funcionó bien.

De vuelta a Fruitland

En los días posteriores a mi reavivamiento personal comencé a analizar lo sucedido. Quería compartir mi nuevo tesoro con otros. Pero deseaba asegurarme de que lo que mostraba estaba acorde con lo que la Biblia enseña. Mientras pensaba en el proceso por el cual Dios me había llevado, y mientras estudiaba los versículos relacionados con el ministerio del Espíritu Santo, la cosas finalmente comenzaron a caer en su lugar.

En mi opinión, Dios utilizó toda esa serie de hechos para lograr dos cosas en mi vida. Estas dos cosas son esenciales para entender y entrar en la maravillosa vida llena del Espíritu. En palabras sencillas, Dios me llevó a una *completa dependencia* y a *rendirme por completo*.

---

[8] *Ibid.*, p. 139.

1. Dependencia total

La vida en el Espíritu comienza una vez que estamos total y completamente convencidos de no poder hacer nada sin la fortaleza del Espíritu Santo morando en nosotros. Nótese que no dije que se inicia cuando *decimos* estar convencidos. Comienza cuando *estamos* convencidos. Y algunos de nosotros somos más difíciles de convencer que otros.

La vida llena del Espíritu (o dominada por el Espíritu) comienza con la abrumadora percepción de que estamos absolutamente indefensos y sin esperanza alguna fuera del fortalecimiento del Espíritu Santo. Mientras esa simple verdad no alcance el mismo centro de nuestro ser, no experimentaremos el pleno poder del Espíritu Santo. ¿Por qué? Porque siempre estaremos por ahí haciendo cosas *para* Dios con nuestras propias fuerzas. Y cuando fallemos, prometeremos hacerlo mejor la próxima vez.

Sin quererlo, muchos cristianos viven independientes del Espíritu Santo todos los días. Nunca piensan en Él. Es sólo una categoría teológica. Tienen sus tareas. Saben amar al prójimo, no robar, no cometer adulterio, y cosas por el estilo. Hacen el mejor papel posible.

Al hablar de mi experiencia a través de los años, he hallado que muchas personas tienen relatos similares. Algunos le llaman quebrantamiento. Otros, plena desesperación. Cuando el proceso se completa, lo que queda es una mujer o un hombre que entiende su necesidad de Dios.

Los valles mentales, físicos y emocionales a menudo tienen el terreno más fértil en lo que se refiere al crecimiento espiritual. Más gente descubre la maravillosa vida llena del Espíritu en el valle que en cualquier otro lugar. Dios utiliza las enfermedades, las presiones financieras, el apetito, los hábitos, los niños, el trabajo, lo que sea necesario. Porque una vez que le prestamos atención, Él sabe que nos espera lo mejor.

Dios es un experto en ingeniárselas para que por fin, de

donde quiera que nos encontremos, regresemos a Él. Sabe cómo llevarnos al punto donde nos sentimos fuera de control. En su sabiduría conoce que algunos de nosotros tenemos que ser llevados al borde del desastre antes de llegar al lugar mental, físico, emocional y espiritual donde tiremos la toalla y nos confiemos plenamente al Dios que nos creó.

2. Rendirse totalmente

La segunda cosa que Dios logró a través de mi tarea de dar clases fue que me llevó a rendirme por completo. No me percaté de lo que pasaba en ese entonces. Pero al ser puesto en un trabajo donde estaba obligado a hacer algo para lo cual me sentía completamente inadecuado, estuve dispuesto a hacer cualquier cosa con tal de que Dios me ayudara. Él arregló las circunstancias de tal forma que me arrinconó. Era una situación de vida o muerte. ¡O Él hacía algo o yo me moría! No había otra salida. Tenía que enfrentar a esos hombres, estuviera preparado o no.

Estaba desesperado. Y cuando nos desesperamos, no podemos hacer nada, pero estamos dispuestos a *hacer* cualquier cosa. Y allí era exactamente donde Dios me quería. Allí es donde Dios también quiere que usted esté.

La dependencia y la rendición van mano a mano. No podemos rendir completamente nuestra voluntad hasta que estemos convencidos de que nuestra situación es desesperada. Mientras encontremos una salida, por lo general optaremos por ella.

En los cursos de seguridad para nadadores, una de las reglas cardinales es que no se debe nadar hacia una persona que se ahoga ni tratar de ayudarla mientras esté desesperada. Hacer esto es suicida. Mientras el que se ahoga piense que puede ayudarse a sí mismo, resulta peligroso para quien trate de ayudarlo: tiende a agarrar a quien lo socorre y al forcejear ambos terminan ahogados. El procedimiento correcto es mantenerse lo más alejado posible para que no pueda agarrarle. Luego se debe esperar. Cuando por fin se cansa, se le puede ayudar. En ese momento, se someterá. No luchará con usted. Le permitirá que la ayude.

El mismo principio se aplica a nuestra relación con el Espíritu Santo. No estaremos en posición de ser ayudados mientras no nos rindamos. Lucharemos en contra de Él en vez de ayudarle. Rendirnos a Su voluntad viene como resultado de haber rendido la nuestra. Cuando reconocemos que no podemos lograrlo, nos parecemos a la persona que mientras se ahoga se rinde a la persona que viene a su rescate.

Es más fácil decirlo...

El tiempo que toma alcanzar este tipo de relación depende de nosotros y no de Dios. Mientras más dispuestos estemos a confesar nuestra ineptitud, más fácil nos será rendirnos plenamente a su voluntad para nuestras vidas. Admitámoslo. Todos hemos hecho tremendas promesas de vez en cuando. Con una debida combinación de música y predicación podemos ser persuadidos a prometerle a Dios prácticamente cualquier cosa. A eso no es a lo que me refiero aquí. Es más, es exactamente lo opuesto de lo que digo.

Esto no es asunto de rededicación. Por lo general, la rededicación es decirle a Dios cuánto mejor haremos las cosas la próxima vez. Parte de la razón por la cual este tipo de propósito es de poca duración es que no está precedido de quebrantamiento. No se hace en el contexto de la noción de que sin Él, no podemos hacer absolutamente nada. Rendirse y rededicarse son dos cosas por completo distintas. Para empezar, uno sólo puede rededicarse a hacer algo de lo cual es capaz. Rendirnos es el reconocimiento de que no podemos hacer algo y que necesitamos ayuda.

Durante la Guerra del Golfo vimos una nueva perspectiva de lo que significa rendirse. ¿Recuerda los rostros de los soldados de Irak cuando se rindieron durante los primeros días de batalla? No salieron de las trincheras con un espíritu de rededicación. No abandonaron sus cuevas prometiendo a los soldados de la coalición lo que harían o no habrían de hacer. Simplemente se rindieron. Levantaron las manos para indicar su disposición a acatar cualquier orden.

En su clásica obra intitulada *The Christian's Secret of a Happy Life* [El secreto cristiano de una vida feliz], Hannah Whitall Smith da una excelente ilustración de lo que significa rendirse o, de acuerdo a su terminología, consagrarse:

> Una vez trataba de explicarle a un médico, a cargo de un gran hospital, la necesidad y el significado de la consagración, pero parecía incapaz de entenderme. Por fin le dije: «Suponga que en las visitas a sus pacientes se encuentra con un hombre que le ruega encarecidamente tomar su caso con especial cuidado para que lo cure, pero que al mismo tiempo rehúsa decirle todos sus síntomas y tomar los remedios prescritos, y le dice: "Estoy dispuesto a seguir sus instrucciones en relación con ciertas cosas, porque éstas me parecen buenas, pero en cuanto a otras, prefiero juzgar por mí mismo y seguir mis propias indicaciones". ¿Qué haría en ese caso?, le pregunté. «¡Qué haría!», replicó con indignación: «¡Qué haría! Dejaría que se curara a sí mismo. Porque por supuesto, —añadió— no podría hacer nada por él a menos que entregara todo su caso en mis manos sin reservas y que obedeciera mis instrucciones sin reservas». «Entonces es necesario», dije yo, «obedecer a doctores si han de tener oportunidad alguna de curar a sus pacientes». «¡*Incondicionalmente obedecidos!*», fue su enfática respuesta. «Y eso es la consagración», continué. «Dios debe tener todo su caso en sus manos sin reserva alguna y sus direcciones deben ser seguidas incondicionalmente».[9]

---

[9] Hannah Whitall Smith, *The Christian's Secret of a Happy Life*, [El secreto cristiano de una vida feliz], Revell, Old Tappan, New

Pongamos el fundamento

Rendirse es esencial porque la vida llena del Espíritu es una relación. No es una misión militar donde se nos da una tarea a realizar y se espera que la logremos. La vida llena del Espíritu es una relación paso a paso caracterizada por la dependencia en el Espíritu Santo. Y rendirse es el fundamento sobre el cual esa singular relación se edifica y se mantiene.

Como la salvación, la vida llena del Espíritu está disponible para todos. Pero el camino es estrecho, y no hay atajos. Cada cónyuge podría disfrutar de un matrimonio lleno del Espíritu, caracterizado por el gozo, la paz y el amor. Pero hay un precio a pagar, tan alto que muchos simulan para tratar de imitar aquellas cosas que caracterizan una vida genuinamente controlada por el Espíritu.

En un intento por tener lo mejor de dos mundos (el autodominio y los beneficios de una vida rendida), tratan de producir el fruto del Espíritu mediante el esfuerzo propio. El resultado es una imitación barata muy poco duradera. Luego de años de lucha, muchos cristianos llegan a la conclusión de que no hay nada en la vida cristiana: «lo intenté y simplemente no me dio resultado».

La sincronización lo es todo

La sincronización es muy importante. Y si nos parecemos usted y yo, su calendario es un tanto distinto al de Dios. No se puede apresurar esta lección. No es puramente académica. No es sólo entender unos cuantos versículos y orar alguna oración mágica. Todo depende de dónde está cada uno de nosotros en nuestro peregrinar con Cristo.

Algunas personas leerán este libro y sacarán tanto de él que saldrán y comprarán una docena para regalarlos. Pero habrá otros que no pasarán de los primeros capítulos.

Jersey, págs. 47-48.

Mientras piensa acerca de su vida y experiencias como cristiano, ¿qué opina de todo esto? ¿Siente como si ya ha tocado fondo y no puede sino mirar hacia arriba? ¿Le asusta la idea de rendirse por completo? ¿Es usted como la persona que se está ahogando y sigue luchando por mantener la cabeza fuera del agua?

No le hago estas preguntas porque no tenga una mejor manera de concluir este capítulo. Su respuesta, su posición en este plano espiritual, determinará cuánto podrá ayudarle este libro y cuán significativo será el resto del mismo para usted.

Las impresionantes cosas que Dios hizo en público en mi salón de clases en Fruitland, Carolina del Norte, no pudieron lograrse sin la obra de Dios en mi corazón. En realidad no sabía lo que pasaba en aquel entonces. Me sentía abandonado. Pero Dios estaba moviéndome en todo momento a una posición de *dependencia total*. Por eso fue fácil *rendirme completamente*.

Pensé que tenía que hacer o recibir algo. Dios sabía más que eso y de forma bondadosa me llevó hasta los límites de mis esfuerzos. Entonces fue cuando vi el gran panorama. La obra estaba hecha. No necesitaba nada más. Podía avanzar confiado en que aquel que había comenzado la buena obra en mí la finalizaría por medio de mí mientras realizaba mis responsabilidades diarias.

El incidente en Fruitland no fue la última vez que me vi en lo que parecía ser una situación desesperada. Muchos años más tarde estaba arrinconado otra vez. Allí aprendí otra maravillosa lección acerca de la vida llena del Espíritu. En el próximo capítulo habré de contarla con más detalle.

—————— **Para meditar** ——————

* ¿Se ha encontrado alguna vez negociando, rogando y suplicándole a Dios por algún tipo de cambio espiritual en su vida?

* Mejor aún, ¿ha trabajado arduamente para complacer a Dios para que ceda a su petición?

* ¿Ha habido momentos donde sintió que era responsabilidad suya aguardar por Dios para que le llenara con su Espíritu?

* ¿Ha experimentado alguna vez la frustración de desear ser lleno del Espíritu, pero no saben qué hacer en cuanto a ello?

* ¿Ha llegado al punto en su vida donde ha experimentado una dependencia total que le lleve a rendirse completamente a Dios, al hacer posible que el Espíritu Santo engrandezca su obra en su vida?

CAPÍTULO 5

Mi vida como una rama

Salí de mi prueba en Fruitland con un nuevo sentido de confianza y valor. Los cambios ocurridos en mí se manifestaron más obviamente en mi ministerio público. Pero el ministerio no lo es todo en la vida. Así que Dios comenzó a prepararme para la próxima gran lección.

Salimos de Carolina del Norte en 1959 y nos mudamos a Fairborn, Ohio. Después de pastorear allí por cuatro años, acepté un llamado para servir en la Primera Iglesia Bautista de Miami. Creía haber muerto y llegado al cielo, especialmente luego de esos fríos inviernos en Ohio.

Las cosas marchaban bien en la iglesia. Muchas personas se añadían a la iglesia y muchos eran bautizados. Todos parecían quererme. Mi familia se ajustó rápido al cambio. Pero a comienzos de la primavera de 1964 comencé a ver una tendencia en nuestros servicios que me perturbó.

Un grupo de miembros de la iglesia pasó varias veces al frente durante el llamado. Cada vez que lo hacían confesaban los mismos pecados. Orábamos juntos frente al altar y los devolvía a sus asientos. Pero en unas semanas regresaban con los mismos problemas. La situación en realidad me molestaba. Recuerdo haber pensado: ¿No estoy *ayudando a esta gente*? ¿Es que hay algo que no les estoy diciendo?

Ellos no eran los únicos

Un día se me ocurrió que yo estaba luchando con algunas de las mismas cosas con las que ellos luchaban. Y no tenía soluciones. Lo irónico era que continuaba sintiendo la presencia del Espíritu Santo en mi preparación y en mis presentaciones públicas. Pero estaba evidentemente ausente en mi vida privada.

Creía que el Espíritu Santo debía jugar un papel preponderante en cada faceta de mi vida. Pero no podía hacer la conexión. No sabía cómo lograr que funcionara en mí.

Por mucho tiempo tuve el presentimiento de que faltaba algo en mi vida. Pero no sabía qué era. Tenía la molesta sospecha de que había algo más en la vida cristiana de lo que yo experimentaba. Pero no sabía dónde acudir para recibir la respuesta.

Por lo general hacía todas las cosas correctas y me esforzaba por vivir una buena vida. Pero era como si sirviera a un rey distante. Dios estaba por allá, en alguna otra parte. Observando. Quizás tomando notas. No había calor humano ni intimidad en mi relación con Él.

Sin embargo, lo que en realidad me llamó la atención fueron ciertos pecados secretos en mi vida. Cosas que nadie conocía. Nada fuera de lo común; pero cosas que sabía que desagradaban a Dios. Hacía lo posible por cambiar, pero no experimentaba una victoria consistente. Me escondía tras la vieja excusa de que nadie es perfecto.

Sabía en mi corazón que eso no caminaba con Dios. Entonces me sentía todavía más culpable. Prometía, oraba y hasta ayunaba en ocasiones. Pero no había cambio. Llegué a la conclusión de que la Biblia no tenía un mensaje adecuado para mi vida personal o que obviaba algo. Al mirar atrás, puedo ver que Dios me preparaba para otra maravillosa lección.

¿El fruto del qué?

Al mismo tiempo que luchaba con todo esto, predicaba sobre temas del libro de Gálatas los domingos en la noche. Todo iba bien. Nuestra gente tomaba notas e invitaba a sus vecinos. Uno podía sentir el entusiasmo en nuestros servicios mientras avanzábamos versículo por versículo a través del libro.

Había sólo un problema. Mientras examinaba el capítulo cinco me percaté de que en unas semanas llegaríamos al pasaje que describía el fruto del Espíritu. ¿Cómo puedo predicar acerca del fruto del Espíritu cuando no veo mucho de ello en mi vida?, pensé. Para complicar las cosas, antes de esa sección estaban los versículos que hablan acerca del caminar en el Espíritu, otro asunto del cual no sabía nada.

Una vez más me encontré contra la pared. Sería un tanto extraño si saltáramos el quinto capítulo. Y mi conciencia no me permitiría llegar allí y pretender que sabía acerca de algo, de lo cual no conocía nada. Así que comencé a orar urgentemente: «Señor, por favor abre mis ojos a la verdad a la cual se refiere Pablo en estos versículos».

Lo reconozco, mi motivación era un tanto egoísta: no quería parecer un tonto. Pero al mismo tiempo sabía que me hacía falta con desesperación (he ahí las mismas palabras) un cambio en mi vida. Y estaba seguro de que la verdad que necesitaba estaba en el quinto capítulo de Gálatas. Si el Espíritu Santo podía producir paciencia, bondad y dominio propio, yo quería participar de ello.

Justo a tiempo

Un sábado por la tarde, el 6 de junio para ser exactos, me dirigía hacia la puerta trasera de la casa para llegar hasta mi estudio. En la mesa del comedor había un libro que mi esposa había comprado semanas atrás para leerlo en un viaje en tren. Ella me había dicho en varias ocasiones que debía leerlo. Pero por alguna razón, ni siquiera lo había mirado.

Sin pensarlo mucho tomé el libro y seguí hacia el estudio. Faltaban dos semanas para comenzar con Gálatas 5. Recuerdo cuán desanimado estaba. Estas son algunas reflexiones que escribí en mi diario personal ese día:

DIARIO 6 de junio de 1964

Por meses he tenido una experiencia después de otra en las que mi corazón anhela un andar más profundo con Dios. He tenido momentos de victoria, pero he sufrido más derrotas. Mi comunión privada con Jesús ha sido inconsistente.

Hay momentos de inspiración que pronto se reducen a la nada. He orado, rogado, suplicado, me he esforzado, obrado, y hecho todo lo posible por alcanzar la victoria en mis devociones personales. Satanás me ha derrotado continuamente.

Hay algo que debo tener que no he obtenido todavía. Mi experiencia actual con Cristo no es verdadera: sólo son palabras. Mi corazón está adolorido hasta el quebrantamiento. Oh, Dios, por favor te ruego que me des la victoria esta noche. Has dicho en tu palabra: «¿cuánto más vuestro Padre celestial dará el Espíritu Santo a los que se lo pidan?»

No siento que pueda orar o predicar de nuevo públicamente hasta obtener la victoria. Necesito victoria continua, victoria consistente. Te ruego examinar mi corazón, ponerlo al descubierto, mostrarme todos mis pecados. Revélate esta noche. Creo que el corazón humano no desea nada que tú no puedas satisfacer. Oh Dios, permite que fluyan ríos de agua viva de mi corazón.

En algún momento abrí el libro de mi esposa y comencé a leer. El título del libro es *They Found the Secret* [Encontraron el secreto], escrito por V. Raymond Edman.[1] La obra

---

[1] V. Raymond Edman, *They Found the Secret*, [Encontraron el secreto], Zondervan, Grand Rapids, Michigan, 1960.

consiste en veinte breves reseñas biográficas de grandes hombres de Dios. La meta de Edman era escribir crónicas del momento en que cada uno de estos hombres entraron en lo que él llama la vida cambiada.

Dios utilizó el primer capítulo de ese libro para revolucionar mi vida. Era sobre Hudson Taylor. Luego del primer párrafo, quedé atrapado. He aquí a una persona que sabía con exactitud por lo que yo estaba pasando. En un carta a su madre describió perfectamente mi situación:

> Mi posición continuamente se hace más y más responsable, y aumenta mi necesidad de una gracia especial para poder manejarla. Pero tengo que lamentarme siempre por el hecho de que sigo al Maestro de manera muy distante y soy muy lento en imitarle. No puedo decirte cómo soy abofeteado a veces por la tentación. Nunca supe cuán malo era mi corazón. Pero sé que amo a Dios y que amo su obra y deseo servirle sólo a Él en todo.[2]

Dios usó a un hombre llamado John McCarthy para mostrarle a Taylor el camino hacia la vida en el Espíritu. John, misionero como él, oyó acerca de sus luchas y le escribió una carta que transformó la vida de Taylor. Fue como si hubieran encendido luces en mi corazón, leer la carta de McCarthy, así como los comentarios que le seguían. Todo era tan claro, tan sencillo. No sé cómo pude haberlo ignorado.

El tema central del testimonio de Taylor era la *permanencia*. La vida cristiana es una vida de permanencia en Cristo.

> ¿Cómo lleva fruto la rama? No es mediante incesantes esfuerzos por obtener la luz solar y el aire; tampoco a través de vanos afanes por esas vivificadoras influencias que embellecen los capullos y reverdecen las hojas: ésta simplemente permanece en la vid, en unión silenciosa e imperturbable, florece y da fruto como resultado del crecimiento espontáneo.

---

[2] *Ibid.*, p. 2.

**La vid es Cristo,
yo soy la rama.
El Espíritu Santo
es la savia que
fluye de la vid a
la rama. La rama
vive, crece y
lleva fruto
permaneciendo
sin luchar.**

> Entonces, ¿cómo debe dar frutos el cristiano? ¿Mediante esfuerzos y batallas por obtener lo que ha sido dado gratuitamente? ¿Por medio de la meditación acerca de la vigilancia, la oración, la acción, la tentación y los peligros? No: debe existir una plena concentración de los pensamientos y las emociones en Cristo. Rendirse en alma y cuerpo a Él. Mirarlo siempre a Él para obtener la gracia. Los cristianos, en los cuales estas disposiciones están firmemente arraigadas, andan tan serenos como un infante en los brazos de su madre.[3]

Me percaté de que era como una rama que se esforzaba por producir frutos por sí misma. No es extraño que por eso había tan poco fruto en mi vida. Las ramas no están diseñadas para producir fruto: ¡están diseñadas para que el fruto se produzca a través de ellas!

Había hecho todas las cosas al revés. En Gálatas, Pablo contrasta las *obras* de la carne con el *fruto* del Espíritu. Mi acercamiento había sido tratar de hacer las *obras* del Espíritu. ¡Qué tonto!

El despertar

Cuando terminé la sección sobre Hudson Taylor, me arrodillé en el frío piso de concreto y comencé a llorar. Estaba sumamente feliz. Pensaba: *Eso es. La vid es la que hace el trabajo. El fruto es el producto de la savia que fluye de la vid hacia la rama.* No podía sobreponerme al hecho de que el Espíritu Santo deseaba y podía producir, a través de mi persona, el mismo fruto que había tratado tan arduamente de obtener mediante esfuerzos propios.

Estuve arrodillado por casi tres horas llorando y agradeciéndole a Dios por abrir mis ojos a esta maravillosa verdad. Cuando me levanté era un hombre nuevo. Toda mi perspectiva acerca de la vida cristiana era diferente. El versículo

---

[3] *Ibid.*, p. 6.

que con frecuencia recordaba era uno sobre el cual había predicado unas semanas antes:

> Con Cristo estoy juntamente crucificado, y ya no vivo yo, mas vive Cristo en mí; y lo que ahora vivo en la carne, lo vivo en la fe del Hijo de Dios, el cual me amó y se entregó a sí mismo por mí.
>
> —*Gálatas 2.20*

La parte a la cual me aferré las siguientes semanas fue «ya no vivo yo, mas vive Cristo en mí». Ya no se esperaba de mí que produjera paciencia, dominio propio y amor en mi vida. Eso era trabajo del Espíritu Santo. Ya no se esperaba de mí que produjera gozo en medio de la tensión. Eso, también, era responsabilidad del Espíritu Santo. Ya no se esperaba de mí que produjera nada en términos de mi carácter. Era Cristo, obrando a través del Espíritu Santo, quien producía carácter en mí. ¡Qué alivio! Esa tarde una enorme carga se quitó de mis hombros. Y salí de mi estudio como un hombre libre.

Un nuevo hombre

Entré a la casa y le dije a Anna que me había sucedido algo maravilloso. Cuando ella me preguntó, no supe qué decirle. Murmuré algunas cosas y traté de explicarme lo mejor que pude. Entonces tuve una idea. Fui al librero en la sala, saqué una vieja Biblia y la abrí en Gálatas 2.20. «Esto es», dije. «Ya no soy yo, sino Cristo en mí».

Mi única preocupación en ese momento era perder mi nuevo tesoro. Las experiencias en la cumbre no eran nada nuevo para mí; empero, siempre se desvanecían con el tiempo. De alguna forma sabía que esto era distinto. Pero quería asegurarme. Leí y releí la sección sobre Hudson Taylor en el librito de Edman. Iba a la cama cada noche meditando en cada versículo que podía encontrar acerca de la permanencia o del Espíritu Santo.

Una parte de la carta de John McCarthy a Hudson Taylor me ayudó de manera especial:

Permanecer, no batallar o luchar. Contemplarle, confiar en Él para el actual poder. Confiar en que Él dominará toda nuestra corrupción interna; descansar en el amor de un poderoso Salvador.[4]

Mis temores iniciales eran infundados. Ocurrió un cambio profundo en mi vida. Aunque mi experiencia en Fruitland afectó mi ministerio, lo que sucedió en mi estudio ese sábado por la tarde tocó todas las facetas de mi vida.

Sabía que esto era verdadero cuando escuché a mi esposa explicarle por teléfono a una amiga el cambio en mi vida. Ella dijo: «Le ha ocurrido algo maravilloso a mi esposo. Es como vivir con un hombre diferente». Otro amigo íntimo de la familia comentó: «No sé qué pasó, pero algo sucedió con nuestro pastor».

Dos semanas después escribí en mi diario lo siguiente:

23 de junio de 1964

Estas dos últimas semanas han sido dos de las más grandes espiritualmente. La noche que anoté lo anterior (6 de junio) comencé a permanecer en Cristo. La maravillosa e incomparable verdad de Juan 15.1-8 se convirtió en una realidad viviente en mi corazón.

Por espacio de siete años busqué la verdad, el secreto de la vida victoriosa. Ahora la encontré: la permanencia en Cristo. La vid es Cristo, yo soy la rama. El Espíritu Santo es la savia que fluye de la vid a la rama. La rama vive, crece y lleva fruto no por esfuerzo y demanda, sino por simplemente mantenerse unida a la vid.

He tenido una paz, una tranquilidad, una calma y una serenidad en mi vida que sobrepasa cualquier cosa que haya conocido. Por fe he aceptado una relación de permanencia. La savia que corre en la vid fluye a través de la rama.

Permanezco en Cristo y su Espíritu llena mi corazón.

---

[4] *Ibid.*, p. 2.

El fruto del Espíritu, amor, gozo, paz, paciencia, benignidad, bondad, fe, mansedumbre, templanza, Cristo ha comenzado a vivir en mí.

Cristo es más verdadero para mí desde que lo siento dentro de mi ser. La Palabra de Dios es más preciosa para mí. Pasajes tales como Romanos 7 y 8 de pronto se han vivificado así como la declaración paulina en Gálatas: «Con Cristo estoy juntamente crucificado, y ya no vivo yo, mas vive Cristo en mí; y lo que ahora vivo en la carne, lo vivo en la fe del Hijo de Dios, el cual me amó y se entregó a sí mismo por mí».

Permanecer por fe es simplemente vivir en Cristo: Él suple toda necesidad. ¡Cómo deseo haber aprendido esto hace años!

Señor Jesús: esta mañana vengo a permanecer en ti, a pedirte perdón por mis pecados y rogarte que hoy se manifieste el fruto del Espíritu en mi vida.

Padre, haz que continuamente esté consciente de que si vivo en el Espíritu, no quiere decir que la vida será fácil, pero sí mucho más fácil y por lo menos tendré paz y tranquilidad en el alma.

En medio de la confusión y la lucha, hazme como una roca. Hazme permanecer firme. Haz que el Espíritu de Jesús se revele sin duda a través de mi vida.

Tu palabra dice: «El amor nunca deja de ser». Permite que ese sea el principio por el cual viva. Enséñame a amar a los que me aman y también a los que no me aman. Ayúdame a no cortejar el favor de nadie, sino de Jesús.

Señor Jesús, que yo sea como el apóstol Pablo: que tenga todo como pérdida por el conocimiento de Jesucristo. Señor, deseo conocerte. Te amo y deseo que tu Espíritu me llene y rebose. No permitas que nada sea más importante que amarte y estar contigo.

Haz que la paciencia y el deseo de esperar por el Padre sea tan real en mi vida como lo fue en la tuya.

Oh, Señor: te pido que me vacíes de todo para llenarme de Jesús y rebosar diariamente con tu precioso amor y verdad. Haz que todos vean que en mi vida hay algo que nunca antes vieron: amor por Jesús y por el prójimo, una firmeza de convicción espiritual, un corazón que se compadece de las necesidades del ser humano.

Señor, permite que sea diligente en la búsqueda de tu voluntad y cuando la encuentre pueda vivirla por fe.

Gracias por la declaración de Chambers que leí el domingo por la noche: «La obra primordial del cristiano es la oración intercesoria».

Oh, Señor, ¡tengo tantos por quienes orar! Mientras permanezco hoy en el Señor, concédeme permanecer en oración por aquellos que necesitan mis oraciones.

Señor Jesús: Haz que hoy sólo hable en amor, y sólo de mi Señor, sólo de la verdad, y sólo para el bien de aquel en cuyo nombre clamo. Haz que cuando hable siempre magnifique a Cristo Jesús.

Señor, permite que mi vida sea un escalón para aquellos que te buscan.

Señor Jesús: vive hoy, a través de mí, tu preciosa vida.

En las semanas siguientes continué adquiriendo gran conocimiento y ánimo de la ilustración que utilizó Jesús de la vid y la rama.

La verdadera vid

Por el tono de la voz de Jesús los discípulos debieron haber presentido que algo grande estaba a punto de suceder.

Repetidamente Él aludió a su partida (véase Juan 14.2-3, 25, 28). Hasta ese entonces ellos habían obtenido fortaleza y seguridad de Su presencia. Pensar en continuar sin Él, debe haber sido deprimente. Después de todo, aun cuando Jesús estaba allí, tenían la tendencia a desviarse.

Jesús conocía sus temores. Sabía cuánto dependían de Él para recibir dirección y perspectiva. Así que cuando se acercaba a sus últimas horas, explicó la forma en que se desenvolverían la cosas una vez que se marchara:

> Yo soy la vid verdadera, y mi Padre es el labrador. Todo pámpano que en mí no lleva fruto, lo quitará; y todo aquel que lleva fruto, lo limpiará, para que lleve más fruto... Permaneced en mí, y yo en vosotros. Como el pámpano no puede llevar fruto por sí mismo, si no permanece en la vid, así tampoco vosotros, si no permanecéis en mí. Yo soy la vid, vosotros los pámpanos; el que permanece en mí, y yo en él, éste lleva mucho fruto; porque separados de mí nada podéis hacer.
>
> —*Juan 15.1-5*

Mucho fruto

No entiendo mucho acerca de este pasaje. Pero hay dos cosas claras. Primero, Cristo esperaba que sus seguidores, entonces y ahora, llevaran fruto. Note que Él no esperaba que ellos *produjeran* fruto, sólo que *llevaran* fruto. Y no sólo *algún* fruto, sino *mucho* fruto. La cantidad de fruto que llevamos está en relación con cuán evidente sea para otros que somos creyentes (véase Juan 15.8). Nuestra fe se da a conocer a los demás por medio de las buenas acciones que fluyen de nuestro carácter (véase Mateo 5.16), o el fruto que llevamos.

Usted sabe tan bien como yo que nuestra manera de vivir o nuestras buenas acciones deben ser consistentes para que otros se impresionen. Los incrédulos se percatan muy bien de nuestras inconsistencias. A menudo las buscan. Así que si vamos a llevar el tipo de fruto al que se refiere Jesús —el tipo que atrae a otros a creer— debe existir una cosecha regular.

Misión imposible

Lo segundo que resulta claro en estos versículos es que Jesús nos llama a hacer lo imposible. No es sólo difícil. No es simplemente una lucha. No sólo es arduo. ¡ES IMPOSIBLE! «porque separados de mí *nada* podéis hacer». No un *poco*. No *algunas cosas*. NADA.

Esto vendría como buenas noticias. Si usted es como yo fui durante tanto tiempo, entonces debe preguntarse si algo anda mal, si alguien sabe algo que usted no sabe. Eso, de ninguna manera es así. Usted está batallando de esa manera porque intenta lo imposible. Nadie puede vivir la vida cristiana sin Cristo, por lo menos sin la consistencia necesaria para lograr lo que Él quiso que lográramos. En esencia le decía a sus seguidores: «Miren, si ustedes creen que dependen de mí ahora, ¡esperen a que me vaya!» Sabía que su tendencia sería hacer con exactitud lo que nosotros hacemos. Después de marcharse, deberían comportarse como soldados que cumplen órdenes. Atacarían para cumplir su misión de justicia.

Quería que comprendieran que aunque no iba a estar con ellos físicamente, todavía esperaba que dependieran de Él. Y la misma verdad se mantiene hoy.

Puesto en términos más prácticos, si usted no aprende a permanecer en Cristo, nunca tendrá un matrimonio caracterizado por el amor, el gozo y la paz. Nunca poseerá el dominio propio necesario para vencer la tentación consistentemente. Y siempre será un rehén espiritual de sus circunstancias. ¿Por qué? Porque sin permanecer en Cristo no podrá hacer nada.

La vida de Cristo

Jesús hace una clara distinción entre la vid y la rama. Las

dos no son la misma cosa. *Él* es la vid, *nosotros* las ramas.
Ambas están juntas, pero no son una sola cosa. El denominador común en la naturaleza es la savia. Esta es la vida de
la vid y de sus ramas. Corte el flujo de savia a la rama y se
marchitará lentamente y morirá.

Obtenemos vida de Cristo, así como la rama la recibe de
la vid. *Permanecer en Cristo es nutrirnos de su vida.* Su vida
está disponible por medio de la presencia del Espíritu Santo
en las nuestras. La presencia permanente del Espíritu Santo
es la vida de Cristo en nosotros. Por eso es que Pablo puede
intercambiar estas frases en su carta a los Romanos:

> Mas vosotros no vivís según la carne, sino según el
> Espíritu, *si es que el Espíritu de Dios mora en vosotros.*
> Y si alguno no tiene el Espíritu de Cristo, no es de Él.
> *Pero si Cristo está en vosotros,* el cuerpo en verdad
> está muerto a causa del pecado, mas el espíritu vive
> a causa de la justicia.
> —*Romanos 8.9-10, énfasis añadido*

Jesucristo mora en nosotros por medio de la persona del
Espíritu Santo. Tener el Espíritu es tener la vida de Cristo por
dentro. Así que Pablo estaba en lo correcto cuando escribió:

> Cuando Cristo, *vuestra vida,* se manifieste, entonces
> vosotros también seréis manifestados con Él en gloria.
> —*Colosenses 3.4, énfasis añadido*

Jack Taylor, en su maravilloso librito, *After the Spirit
Comes* [Luego de la venida del Espíritu], afirma: «Entonces
podría decirse, sin ser irreverentes, que el Espíritu Santo es
para nosotros la presencia de Jesucristo, la presencia espiritual del mismo Jesús... El Espíritu de Dios mora en nosotros quien a su vez es la esencia de Jesús en nosotros».[5]

Cristo *es* nuestra vida. Cuando el Espíritu Santo reside
en nosotros trae con Él una fuente inagotable de vida.
Después de todo, Él es la vida. Mientras conversaba con la

[5] Jack R. Taylor, *After the Spirit Comes,* [Luego de la venida del
Espíritu], Broadman Press, Nashville, 1974, págs. 10, 14.

mujer en el pozo, Jesús lo describió como «una fuente de agua que salte para vida eterna» (Juan 4.14). Pedro lo explicó como la participación en la naturaleza divina (2 Pedro 1.4).

Cargadores, no productores

El resultado práctico de esto es lo siguiente: (1) la victoria personal sobre el pecado y (2) un servicio vivificado por el Espíritu. *Dios nunca quiso que sus hijos vivieran vidas derrotadas.* ¿Escuchó eso? Dios nunca, nunca, jamás deseó para sus hijos —incluyéndolo a usted— una vida caracterizada por la derrota. Él no espera que usted viva con la derrota en su pensamiento, sus emociones, sus actitudes, su fe y su dominio propio. Él pagó un precio muy alto para admitirle en su familia y para después verle fallar en sus esfuerzos por actuar como un miembro de la familia.

El plan divino de salvación incluye una provisión para que usted pueda salvarse. Y el jugador clave en esta parte del plan es —¿sabe quién?— el Espíritu Santo. Él es la respuesta divina al problema de una vida justa. Él es la presencia permanente de la vida de Cristo en usted. Por eso Pablo decía con entera confianza «ya no vivo yo, mas vive Cristo en mí» (Gálatas 2.20). Entendió que al recibir el Espíritu Santo fue dotado con una fuente de poder y energía que podía alinear su carácter con las normas divinas. Pablo sabía, así como nosotros debemos llegar a entender, que no tenía que decir: «Bueno, quisiera cambiar, pero así soy».

Como hijo en quien habitaba el Espíritu de Dios, Pablo comprendió su potencial para el cambio. Entendió que este cambio no dependía de él, sino de la nueva vida que fluía a través de él.

El agente de cambio

La vida de Cristo en usted tiene el poder para producir

todo tipo de cambio en su vida. «Espere», dirá, «he tratado de cambiar y no puedo». ¡Exactamente! No está preparado para producir cambio, sólo puede llevarlo. Su nueva vida produce cambio. Usted simplemente es el instrumento por medio del cual esto se manifiesta, como una rama es el medio a través del cual se expresa la vida que produce frutos de la vid. Es un cargador, no un productor. Las ramas dependen totalmente de la vid para producir frutos. Y nosotros dependemos por completo del Espíritu Santo.

Él es un agente de cambio. Es a lo que Él se dedica. ¡Él tomó a un hombre que vivía destruyendo iglesias y lo convirtió en el más grande fundador de iglesias de todos los tiempos! Tomó un grupo de pescadores sin educación alguna y los transformó en evangelistas y pastores de alcance mundial. A través de los años ha morado en mujeres y hombres con todo tipo de hábitos, reputación y convicciones y los ha convertido en eminentes. Y Él hará lo mismo por usted.

Yo lo sé. Porque cuando tenía treinta y cinco años de edad y estaba en mi tercer pastorado, creyendo que sabía muy bien cómo vivir la vida cristiana, Él me cambió. Algunas cosas se modificaron de la noche a la mañana. Otras, con el pasar del tiempo. Y la obra continúa. ¡Pero qué maravillosa es! Sólo soy el recipiente de la obra vivificadora y transformadora del Espíritu Santo. Él produce y yo cargo:

> Porque Dios es el que en vosotros produce así el querer como el hacer, por su buena voluntad.
>
> —*Filipenses 2.13*

¿Quién está obrando? Dios, a través del Espíritu Santo.

El cambio radical es posible. Tenemos todo lo necesario para convertirnos en lo que Él quiera (véase 2 Pedro 1.3). Al permanecer en Él y Él en nosotros tendremos la posibilidad de producir una cosecha plena de frutos, la esencia que hace que el incrédulo más escéptico se siente y se percate de lo que sucede.

Nuestra parte consiste en conectarnos con la vida nueva que mora en nosotros. Debemos extraer de la vida de Dios que reside en nosotros. ¿Cómo? Por fe. Pero ya llegaremos a eso en el próximo capítulo.

La búsqueda de la etiqueta apropiada

A través de los años me he topado con docenas de creyentes que tienen un testimonio parecido al mío. Llegaron a la vida llena del Espíritu, como en mi caso, años después de su salvación. También pasaron por un período de lucha y derrota, que en ocasiones los llevó a la desesperación. A su manera, cada uno se rindió. Su quebrantamiento y disposición abrió el camino para que el Espíritu Santo tomara el control.

Hay una tendencia de parte de algunos a calificar esta experiencia. Le llaman la segunda bendición. Otros, el bautismo del Espíritu Santo o el segundo bautismo del Espíritu Santo. También he oído decirlo de otras maneras. Como la Biblia no intitula o califica esta experiencia, nosotros tampoco debemos hacerlo. Hacerlo sólo confunde las cosas.

Mi objeción es que calificar esta bendita experiencia crea dos categorías de cristianos: los que tienen y los que no tienen. Es decir, aquellos que han tenido la experiencia y los que no la han tenido. La Biblia no enseña que se necesita una experiencia crítica para entrar a la vida en el Espíritu. Es una experiencia común, pero no es indispensable.

He visto creyentes, en verdad controlados por el Espíritu, alejados de ciertos círculos cristianos porque no tenían el tipo de testimonio que corresponde a un cierto patrón. Como veremos en el próximo capítulo, la señal de un creyente lleno del Espíritu son los frutos, no una experiencia en particular. Algunos señalan a la experiencia paulina descrita en Romanos 7 como la lucha de un cristiano antes de entrar en la vida en el Espíritu. Este quizás sea el caso.

Pablo, sin embargo, en ninguna parte dice que esta experiencia es un patrón para todos los creyentes.

Dios dirige a la gente de distintas maneras: a algunos mediante las crisis, a otros mirando y aprendiendo de la crisis ajena. Le refiero mi historia con la esperanza de que pueda aprender de ella, no para que la repita.

Para meditar

Antes de continuar, tome unos minutos para meditar en estas aseveraciones:

- Cristo es mi vida.
- El Espíritu Santo es la presencia de Cristo en mí.
- Soy un cargador y no un productor de frutos.
- Él es la vid; yo soy la rama.
- Permanecer en Cristo significa permitirle al Espíritu Santo producir sus frutos a través de mí.
- Puedo cambiar porque Cristo mora en mí.
- Cristo desea vivir su vida por medio de mí.
- Nada me sobrevendrá que la nueva vida dentro de mí no pueda manejar.
- La vida de Cristo puede producir el carácter de Cristo a través de mí.
- Cristo es mi vida.

Mire adentro

Los ministerios del Espíritu Santo en el creyente

No os embriaguéis con vino, en lo cual hay disolución; antes bien sed llenos del Espíritu.

—Efesios 5.18

CAPÍTULO 6

El factor de la fe

Hay una gran diferencia entre mirar la fotografía de un lugar y presenciar ese lugar personalmente. Una fotografía puede despertarle el interés de ir, pero sólo el lugar mismo puede satisfacerlo. Hasta ahora sólo pinté un cuadro. No he tratado de llevarle a ningún sitio. ¿Por qué demorarnos?

Así como con un viaje físico, nuestro peregrinaje espiritual comienza con el reconocimiento y después pasa a la aplicación. Antes de hacer planes para ir a algún lugar, primero debe creer que realmente existe y que puede llegar hasta allí. En nuestra búsqueda de la vida llena del Espíritu; comenzamos aceptando que existe tal vida, que podemos experimentarla, y que el Espíritu que habita en nosotros tiene el deseo y el poder de hacer grandes cambios en nuestro carácter y en nuestra perspectiva.

Comenzamos por aceptar que la verdad es la verdad. Sólo entonces *podemos* actuar. Sólo entonces *actuaremos*. Recuerde, somos transformados, en el sentido más verdadero de este término, mediante la renovación de nuestras mentes, no de nuestras voluntades (véase Romanos 12.1-2). Jesús dijo que la libertad viene por el *conocimiento* de la verdad, antes de hacer algo (véase Juan 8.32). La vida llena del Espíritu es una vida de fe. La fe, opuesta a la esperanza, siempre tiene a la verdad como su objeto. La fe no crea la verdad. Lo que es verdad es verdad, lo aceptemos o no. La verdad que sirve como el objeto y fundamento de la vida en el Espíritu es (1) que el Espíritu Santo habita en usted, (2) que Él es la vida de Cristo en usted y (3) que Él está dispuesto y es capaz de producir el carácter de Cristo a través de usted. Estas verdades y posiblemente más, son el objeto de su fe. Crea en ellas. Aférrese a ellas. Son verdades. Y usted se transformará en la medida en que esto llegue a formar parte de sus pensamientos.

De alguna forma, este libro hasta ahora ha sido un texto publicitario anunciando un lugar que estoy seguro quiere visitar. Espero que mis experiencias le hayan despertado el apetito. Si está convencido de que la vida que he descrito es lo que busca, y si siente una necesidad en su vida, continúe la lectura. De aquí en adelante trataré de llevarlo más allá de la fotografía, hacia la realidad de la vida llena del Espíritu.

La verdad esencial

Cuando niño, no tenía problemas en entender y aceptar el concepto de la salvación por la fe. No había nada que pudiera hacer para salvarme, así que simplemente confié en la muerte de Cristo en la cruz como pago por mis pecados. Al confiar en ese hecho, o verdad, nací de nuevo. La fe es la manera por la cual entramos en la salvación. Es el medio por el cual aceptamos el gratuito regalo de Dios (véase Efesios 2.8-9).

Por alguna extraña razón, luego de entrar en esta maravillosa relación por fe, comencé a conducirme por las obras. Es como si le hubiera dicho a Dios: «Gracias por el regalo. Pero ahora sigo yo». Entendí erróneamente que era mi responsabilidad producir justicia, que Dios me había encomendado cambiar y llegar a ser una mejor persona.

¡Qué absurdo! Si yo pudiera producir mi propia justicia, ¿por qué habría Cristo de morir por mí? La verdad es que no puedo producir una onza de justicia por mí mismo, ni antes ni después de la salvación. *Como creyentes, nuestro potencial para la vida justa está en directa proporción a nuestro deseo de permitirle al Espíritu Santo producir sus frutos a través de nosotros.* Antes del 6 de junio de 1964, pensaba que mi potencial para vivir una vida santa dependía de mis esfuerzos. Así que cuando fracasé, ¿qué podía hacer? Prometí tratar de hacer un mejor esfuerzo la próxima vez. Estaba convencido de que tenía un problema con mi dedicación. Así que me rededicaba continuamente.

La audición

Si usted piensa en esto, todo ese método no tiene mucho sentido. Imagine a una mujer sin talento alguno para la música que va a una audición aspirando a ser la solista en una obra musical. Cuando me refiero a que no tiene talento alguno para la música, quiero decir que no posee oído musical. Después de la audición, el director la llama y le dice: «Lo siento, pero usted realmente no reúne las condiciones necesarias. La música no es su especialidad. Quizás deba...».

«Por favor», ruega la mujer arrodillándose. «Trabajaré mucho. Practicaré todos los días. Me dedicaré. Sé que puedo hacerlo. Tenga piedad de mí. Esto significa mucho para mí. Sé que no lo merezco, pero por favor déjeme hacerlo».

Obviamente la pretendida solista no entiende el mensaje. Permitirle cantar no cambiará el hecho de que ella no puede cantar. No importa que se le de o no una oportunidad, otra persona tendrá que ser la solista si se desea que la obra musical tenga éxito.

Lo mismo pasa en relación a nuestra justicia. Hemos fracasado en la audición de la justicia:

No hay justo, ni aun uno.

—Romanos 3.10

Por cuanto *todos* pecaron, y están destituidos de la gloria de Dios.

—Romanos 3.23, énfasis añadido

Sin embargo, Dios, debido a su sorprendente amor, nos dio la parte de todas formas. Hizo esto al aplicar la justicia de Cristo a nuestra cuenta:

> Al que no conoció pecado, por nosotros lo hizo pecado, para que nosotros fuésemos hechos justicia de Dios en Él.
>
> —*2 Corintios 5.21*

Al poner nuestro pecado en Cristo y aplicarnos su posición justa, Dios nos permitió entrar en su familia; una familia donde sólo se permite la justicia de Cristo. Note las últimas dos palabras del versículo citado: *en Él*. Nuestra justicia proviene del hecho que estamos en Cristo.

La motivación de Dios fue su amor incondicional. No fue porque pensó en manera alguna en incrementar nuestro potencial para vivir vidas rectas. Él sabía más. El simple hecho de permitirnos ingresar a su familia no revertió nuestra incapacidad para producir justicia. Es lamentable, pero, la mayoría de nosotros gastamos una gran cantidad de energía al actuar como si así fuera. El resultado es la frustración de saber que hemos adoptado un patrón que no podemos sostener para nuestras vidas. Así que nos inclinamos, con ciertas reservas, a adoptar el lema: *Nadie es perfecto; además, Dios me comprende. ¿Cuál es nuestro problema? Que tenemos la tendencia a dejar la fe en la puerta.*

Tratar nosotros solos de producir justicia es como intentar obtener manzanas de una vid. No son compatibles. No fueron hechas la una para la otra. De igual manera, nuestra carne egoísta, perdida, pecaminosa, no está en capacidad de producir buenos frutos. Todo lo contrario. Está programada para hacer cosas malas (Gálatas 5.19). Y, podría añadir, hacer un trabajo excelente.

Cuando tomamos la responsabilidad de producir el fruto del Espíritu por nosotros mismos, intentamos mejorar nuestra carne. Le tengo una noticia. En mis 47 años como cristiano, mi carne no ha mejorado nada. No ha habido absolutamente NINGÚN progreso.

El factor de la fe

«¿Y», preguntará, «qué del nuevo potencial que tengo? ¿Cómo interactúa todo este poder que ahora reside en mí con mi comportamiento? ¿Qué une mi insuficiencia con Su suficiencia? ¿Cómo alcanzar Su poder comprometido con mi debilidad?»

Antes de contestar, permítame preguntarle algo. ¿Qué permitió que se vinculara con Dios? ¿Cuál fue el medio por el cual usted —un pecador— entró en una relación con un Dios santo? ¿Qué los juntó? ¿Fue su dedicación? ¿Fue el resultado de su incesante esfuerzo? Seguro que no. Entró por fe, y nada ha cambiado.

> ¿Tan necios sois? ¿Habiendo comenzado por el Espíritu, ahora vais a acabar por la carne?
> —*Gálatas 3.3*

> Por tanto, de la manera que habéis recibido al Señor Jesucristo, andad en Él; arraigados y sobreedificados en Él, y confirmados *en la fe*, así como habéis sido enseñados, abundando en acciones de gracias.
> —*Colosenses 2.6-7, énfasis añadido*

> Y lo que ahora vivo en la carne, lo vivo *en la fe* del Hijo de Dios.
> —*Gálatas 2.20, énfasis añadido*

Estos versículos atestiguan el hecho de que no somos la primera generación de cristianos que ha tratado de tomar las cosas en sus propias manos. La iglesia primitiva tenía el mismo problema. Es parte de la naturaleza humana caída tratar de mantener dominio, de hacer las cosas por nosotros mismos. Pero en cuanto a la justicia se refiere —ya sea para la salvación o para la vida— debemos permitirle a Dios hacer el trabajo. Producir justicia no es parte de nuestros deberes.

La vida en el Espíritu es una vida de fe. Comenzó por fe y prosigue en ella. Es fe de principio a fin.

Entonces creímos que Jesús era nuestro Salvador de

*Si la presión
o la tentación
automáticamente
le lleva a reaccionar,
está destinado a
fracasar la mayor
parte del tiempo.
¿Por qué? Esta es una
señal segura de que
está tratando de
producir justicia por
sí mismo.*

la culpa del pecado, y de acuerdo a nuestra fe fue hecho; *ahora* debemos creer que Él es nuestro Salvador del poder del pecado y de acuerdo a nuestra fe será hecho. *Entonces* confiamos en Él para el perdón y así lo recibimos; *ahora* debemos confiar en Él para justicia que también será nuestra. *Entonces* le aceptamos como Salvador futuro de nuestras penalidades por el pecado; *ahora* debemos aceptarle como Salvador presente de la esclavitud de nuestros pecados. *Entonces* nos sacó del hoyo; *ahora* nos ha sentado en lugares celestiales con Él.[1]

La Biblia nunca hace una distinción entre la fe que nos *salvó* de la penalidad del pecado de una vez por todas y la fe que nos *salva* diariamente del poder del pecado. Es la misma cosa.

La fe definida

La fe es creer que Dios cumplirá lo que prometió. La fe no es un poder ni algo que fabriquemos dentro de nosotros. La fe es confiar que Dios honrará sus promesas. Eso es todo.

Nuestra parte en el proceso es bastante simple. Debemos llevar nuestras vidas (tomar decisiones, manejar las crisis, criar nuestras familias, y así por el estilo) como si Dios realmente fuera a hacer lo que dijo que haría. Eso es lo que significa andar por fe.

Una gran lección

Uno de los mejores ejemplos de cómo es esto se encuentra en una de las historias más conocidas del Antiguo Testamento: el relato de David y Goliat. Los ejércitos de Israel estaban formados en un lado del valle y los filisteos en el otro. Cada día Goliat bajaba al valle y provocaba a los ejércitos de Israel.

Entonces el joven David llegó al lugar con una nueva

---

[1] Hannah Whitall Smith, *op. cit.*, p. 52.

perspectiva de la situación. Note lo que dijo cuando escuchó las amenazas de Goliat:

> ¿Quién es este filisteo incircunciso, para que provoque a los escuadrones del Dios viviente?
> —*1 Samuel 17.26*

David no vio a Goliat meramente como enemigo de Israel. ¡Él estaba contra los ejércitos divinos! Era enemigo de Dios. Y David sabía que Dios podía deshacerse de Goliat sin dificultad alguna. Por eso David actuó de acuerdo con su fe.

Había cientos —quizá miles— de soldados israelitas profesionales que estaban mucho mejor entrenados para batallar con Goliat. Pero su respuesta a sus amenazas fue un terror paralizante. Tensión. Frustración. ¿Entiende?

David, por otra parte, no parecía molesto. ¿Por qué? Porque esa era batalla de Dios, y no suya. Sabía que sin el Señor no tendría oportunidad alguna de vencer. Pero con la ayuda del Señor, tenía confianza en que todo saldría bien.

¿Puede notar el contraste? Ningún partido tenía la habilidad de batallar contra el gigante. Pero mientras un partido se concentró en su incapacidad y se atemorizó, el otro, David, se concentró en la provisión divina. La única diferencia era el enfoque, o en lo que cada uno confiaba.

¿Qué hizo David? *Exactamente lo que sabía hacer, si bien confiaba que Dios haría el resto.* A eso se reduce el andar por la fe: vivir como si Dios realmente fuera fiel a su palabra. David recogió varias piedras... caminó al valle... se envolvió en una breve pero acalorada discusión con Goliat... y disparó. Esas acciones no eran comunes para David. Pero una vez que esa piedra salió de la honda, Dios intervino para hacer lo que sólo Él podía hacer. Y Goliat fue derrotado.

Darle luz verde a Dios

La fe es la señal de acción para el Espíritu Santo. David activó su fe antes de activar su voluntad. Antes de comenzar a caminar en el valle, ejerció su fe en el Señor. ¿Recuerda su diálogo con el rey Saúl justo antes de la gran batalla?

> Y dijo David a Saúl: No desmaye el corazón de ninguno a causa de él; tu siervo irá y peleará contra este filisteo. Dijo Saúl a David: No podrás tú ir contra aquel filisteo, para pelear con él; porque tú eres muchacho, y él un hombre de guerra desde su juventud. David respondió a Saúl: Tu siervo era pastor de las ovejas de su padre; y cuando venía un león, o un oso, y tomaba algún cordero de la manada, salía yo tras él, y lo hería, y lo libraba de su boca... *Jehová, que me ha librado de las garras del león y de las garras del oso, Él también me librará de la manos de este filisteo.*
>
> —*1 Samuel 17.32-37, énfasis añadido*

David caminó hacia el valle en respuesta a lo que creía que Dios haría. *Su actividad fluía de su fe.* Hizo lo que sabía hacer mientras confiaba en que Dios guardaría su palabra. David no reaccionó a las circunstancias. Respondió con fe en las promesas divinas.

Valles y gigantes diferentes

Cuando se encuentra presionado, ¿es usted una persona que responde o una que reacciona? ¿Cuando confronta al gigante de los celos o la codicia, cuando sus emociones son muy profundas, piensa: *¡Ay! Dios, sé lo que debo hacer. Sé que debo apartarme. Pero no sé si pueda hacerlo*? Si la presión o la tentación le lleva a reaccionar de forma automática, fracasará la mayor parte de las veces. ¿Por qué? Esta es una señal segura de que trata de producir justicia por sí mismo.

Una persona que responde correctamente activa su fe antes de activar su voluntad. Cree antes de reaccionar. Es cierto que David tuvo horas para prepararse mental y espiritualmente para luchar. ¡Frecuentemente sólo tenemos milésimas de segundos!

Su esposa por casualidad menciona que olvidó recoger la ropa en la lavandería (por tercera vez) y pregunta si usted podrá recogerla cuando regrese del trabajo mañana. Instantáneamente se siente abrumado por el deseo de recordarle cuán poco le pide que haga y cuán ocupada está su agenda.

Se encuentra a la mitad de su tercer intento de explicarle a su esposo cuán importante es que pase algún tiempo con los niños. Sin siquiera hacer un movimiento con la cabeza, él alcanza el control remoto de la televisión y la enciende. Usted quiere gritar.

Va por uno de los pasillos del aeropuerto, con la determinación de no mirar a los puestos de revistas. Llega a la puerta de salida. Mientras espera el avión se percata de una revista «para hombres» en el asiento de al lado. Sin pensarlo la recoge, y la vieja batalla comienza una vez más. Todo su ser exclama: «ábrela».

Todo momento cuenta

Quizás está tentado a argumentar que no hay tiempo para ejercitar la fe antes de ejercitar la voluntad. Por lo menos no en el mundo verdadero. Las cosas pasan demasiado rápido. Por lo general no estamos en guardia. No hay manera de adelantarnos a la tentación: los celos y el rechazo casi siempre nos sorprenden.

Pero yo difiero. *Podemos* adelantarnos; *podemos* hacer la primera movida. Permítame preguntarle algo. ¿Cuántos días a la semana, en promedio, es tentado? ¿Cuántos días a la semana se ve obligado a enfrentar una emoción desordenada que, de ser expresada, tiene la posibilidad de dañar seriamente su reputación y sus relaciones? Mi promedio son los siete días de la semana. E imagino que lo mismo se aplica a usted. Sabemos que viene. Por lo tanto, lo más sabio es comenzar cada día ejerciendo nuestra fe contra los ataques anticipados.

No necesitamos esperar hasta que estemos en medio de la

batalla para reclamar las promesas de Dios. Para ese entonces ya será muy tarde. Es cierto que hay tiempo para expresar la fe en el Espíritu Santo cuando ve que las cosas obran. Pero, mejor aún, vaya adelante y ejercite su fe antes de empezar la lucha. Y cuando así sea, pensará: *ya confronté esto*.

Recuerde, David pidió victoria mucho antes de iniciar la batalla. Y tenemos la oportunidad de hacer lo mismo. ¿No es cierto que luchamos todos los días contra los mismos gigantes? No podemos planificar nuestras batallas igual que David lo hizo. Pero Dios lo sabe. Nunca lo sorprenden fuera de guardia.

El Espíritu Santo mora en usted y está listo a obrar para producir el carácter de Cristo por medio suyo. Todo lo que Él necesita es su fe. Su luz verde revela su buena voluntad para decir: «Espíritu Santo, no puedo manejar esto. Ni siquiera lo voy a intentar. Responde por medio de mi persona. Dame tu perspectiva sobre este asunto. Confío en ti».

En ese momento usted hará lo que sabe hacer y confiará en que Él reparará las grietas. Esa es la esencia de la maravillosa vida llena del Espíritu. Es una vida de confianza en Dios por su palabra dada, y de actuación basada en esta confianza.

¡Comience ahora!

¿Por qué no comenzar ahora? Piense un momento. ¿Cuáles son los gigantes que espera enfrentar en las próximas horas? ¿Con qué emociones batallará? Si el día de hoy es como el resto, ¿qué tentaciones enfrentará? Comience a reclamar victoria ahora mismo. Active su fe. Ore:

> Señor, reclamo la victoria ahora mismo sobre el gigante de _____. Reconozco que este gigante viene para oponerse al Cristo que está en mí. Así como derrotaste este gigante cuando caminaste en la tierra, puedes vencerlo a través de mi persona ahora, porque eres mi vida. Confío en que producirás autodominio y paz por medio de mí. No puedo

dominar lo que viene, pero tú sí. Responde a través de mí. Cuando llegue la presión, recuérdame que la batalla es tuya. Amén.

Si comienza cada día con una declaración de victoria sobre los gigantes específicos de su vida, experimentará la victoria. Mañana comience el día arrodillado. Medite acerca de las tentaciones que enfrentará, las presiones que sentirá, y el rechazo que seguramente experimentará. Asunto por asunto, agradézcale a Dios por la victoria. Recuérdele que Cristo pagó en la cruz el precio, no sólo de sus pecados, sino también de su victoria.

Al hacer esto activará su fe antes de activar su voluntad para resistir por sí mismo. Cuando la tentación o la presión llegue, dígale al Espíritu Santo: «Cristo ya sufrió esto y ya reclamé su poder, así que manéjalo por medio de mi persona. Soy simplemente una rama. ¡Produce tus buenos frutos a través de mí!»

--------- **Para meditar** ---------

* Primero y principalmente, ¿ha aceptado por fe que la muerte de Cristo en la cruz fue el pago por su deuda al pecado?
* ¿Hay momentos en que entiende que está tratando de producir justicia por sí mismo? ¿Ha enfrentado el hecho de que esto es imposible sin la obra del Espíritu Santo?
* ¿Está dispuesto a aceptar que la vida llena del Espíritu es una vida de fe: desde el principio hasta el fin?
* En situaciones difíciles, ¿es capaz de hacer lo que sabe y confiarle el resultado a Dios? ¿Se imagina mantenerse pacíficamente en una situación como la de David y Goliat?
* ¿Quisiera comprometerse a comenzar cada día con una declaración de victoria sobre los gigantes específicos de su vida?

CAPÍTULO 7

Mantener el paso

Mientras nuestros niños crecían, Anna y yo pensamos que era importante para ellos tener algunas responsabilidades en las tareas de la casa. Como es usual en muchas familias, comenzamos con cosas pequeñas, tales como mantener limpias sus habitaciones y llevar sus platos hasta el fregadero. Más adelante aumentó la magnitud e importancia de sus obligaciones.

Nunca olvidaré la primera vez que le pedí a Andy que me ayudara a trabajar en el patio. Su entusiasmo contrastaba con mi sorpresa. Los niños generalmente odian trabajar en el patio. Así era yo. Pero Andy realmente quería hacer el trabajo, o al menos eso parecía.

Al principio, las cosas fueron muy bien. Comencé a enseñarle cómo desyerbar. Ambos nos arrodillamos y comenzamos a desbrozar la hierba a un costado de la casa. Mientras, hablamos de todo tipo de cosas.

Luego de una hora, parecía que ya dominaba el trabajo así que le dije: «Bueno. Sigue desyerbando hasta que llegues a la esquina de la casa. Voy a buscar la segadora para empezar a cortar el césped».

Me levanté y me dirigí al cobertizo de herramientas para sacar la máquina. Había estado allí sólo unos minutos cuando escuché algo detrás de mí. Me volví y allí estaba Andy.

—¿Ya terminaste? —le pregunté.

—Sí, papá —respondió.

—Vamos a echar un vistazo —le dije, porque sabía que no podía haber terminado.

—Espera —dijo—. ¿Qué haces aquí?

—Estoy preparando la cortadora de yerba.

—¿Puedo ayudarte? —preguntó.

Justo cuando iba a decirle que volviera a desyerbar, me di cuenta de lo que pasaba. A Andy no le entusiasmaba trabajar en el patio, sino estar conmigo. Hasta ese momento todas las tareas que cumplían en la casa él y su hermana Becky las hacían solos. No es necesario decir que no hicimos gran cosa en el patio ese día. Pero en verdad pasamos un valioso momento juntos.

La vida llena del Espíritu es una vida de trabajo en armonía con el Espíritu Santo. No es una vida de lucha solitaria para complacer a un Rey distante. No hay tareas solitarias. No hay órdenes de marcha. La vida llena del Espíritu es una relación donde dos trabajan como uno. Inmediatamente después de la llegada del Espíritu Santo, esta singular relación ocupa un lugar céntrico en la descripción neotestamentaria del ministerio del Espíritu Santo. En este capítulo trazaremos esa transición.

Un ligero resumen

Si recuerda, dije que las frases «lleno del Espíritu Santo» y «lleno con el Espíritu», en todos los casos excepto uno (véase Efesios 5.18), se refieren a la entrada inicial del Espíritu Santo en la vida de una persona. Jesús prometió la llegada del Espíritu Santo. Cuando llegó, Lucas relata que la gente en el aposento alto fueron «llenos del Espíritu Santo».

El Espíritu Santo llegó a morar en ellos.

Luego del libro de Hechos, la plenitud del Espíritu Santo no se menciona de nuevo excepto en una ocasión en la carta de Pablo a los Efesios. Empero, su gramática y el orden de las palabras allí indican que tenía otra cosa en mente más que el ministerio de permanencia interna del Espíritu Santo. Como señalamos, hablaba acerca de rendirse a la influencia del Espíritu.

Ahora bien, todo esto da lugar a dos preguntas. Primero, ¿por qué no hay ninguna otra referencia a la plenitud del Espíritu en el Nuevo Testamento? ¡Seguramente debe haber alguna alusión de la responsabilidad del creyente a ser lleno del Espíritu en algunos de los libros con aplicaciones prácticas tales como Santiago y Romanos! Pero no es así. Luego del libro de Hechos todo el concepto de ser lleno del Espíritu desaparece, excepto en una ocasión en Efesios.

Al tener en cuenta esto, la segunda pregunta que debemos hacernos es: ¿qué tiene que decir el resto del Nuevo Testamento en cuanto a la relación del creyente con el Espíritu Santo? Si estar lleno del Espíritu Santo no es el énfasis, ¿cuál es entonces?

Son dos preguntas muy importantes. Ha habido mucha confusión porque la gente rehúsa tratar con las implicaciones de la evidencia bíblica o porque la ignora. Pero ese no es el motivo de tal confusión.

Un tiempo de transición

Cuando el Espíritu Santo llegó el día de Pentecostés, había tremenda excitación. Recuerde, el foco de ese entusiasmo fue su arribo y las manifestaciones de su presencia en quienes había llegado a morar. Las primeras manifestaciones no estaban orientadas al *carácter* de los creyentes. Estaban orientadas a servir como *señal*. La Biblia no dice que, luego de ser llenos del Espíritu Santo, aquellos del aposento alto salieron con gran paciencia, bondad, amor, etc. Dice que de inmediato comenzaron a hablar en otras lenguas. De esta manera, los incrédulos en la ciudad supieron que algo sobrenatural había sucedido.

De inicio parece ser que el Espíritu llegó a morar sólo con los que estaban en el aposento alto (véase Hechos 2.3-4). Sin embargo, muy pronto, otros creyentes fueron llenos del Espíritu Santo (véase Hechos 4.31; 9.17). No todos fueron llenos al mismo tiempo. Sucedió en etapas. Algunos lo han descrito como una ola que lentamente sacudió a la comunidad cristiana. Durante ese período unos lo tenían y otros no. Por eso es que el autor de Hechos describe a algunos como llenos del Espíritu Santo (véase Hechos 7.55). No se refería a su disposición para con el Espíritu. ¿Cómo podía saber esto? Se refería al hecho de que el Espíritu Santo había llegado a morar definitivamente en ellos.

Al mismo tiempo, y no mucho después del día de Pentecostés, el Espíritu Santo vino a morar en *todos* los creyentes. Dos cosas nos llevan a esta conclusión:

1. Luego de Hechos 19 no hay ningún otro registro de individuos que recibieran y fueran llenos del Espíritu Santo, aparte del momento de la salvación.

Pablo encontró algunos creyentes que nunca habían oído del Espíritu Santo (véase Hechos 19.2). Les preguntó: «¿Recibisteis el Espíritu Santo cuando creísteis?» ¿Por qué les preguntó? Porque aparentemente en ese entonces el Espíritu Santo llenaba a la gente cuando creía. ¡La espera había terminado!

Cuando le informaron no saber nada acerca del Espíritu Santo, Pablo se confundió un poco. Eran una clara excepción a lo que en ese entonces se había constituido en regla. Preguntó: «¿En qué, pues, fuisteis bautizados?» Era su manera de decir: «¿Cómo es posible que *no* sepan que había un Espíritu Santo?»

Ellos llegaron a la fe bajo las enseñanzas de Juan el Bautista. Cuando Juan salió de la escena, estos fieles continuaron predicando su mensaje: *¡El Mesías está por llegar!* ¿No sabe que se sorprendieron al escuchar lo sucedido en su ausencia?

El libro de Hechos continúa por espacio de nueve capítulos más. Pero no se registran más ocasiones en donde la gente fuera llena con el Espíritu. Unos pocos años después del día de Pentecostés, el Espíritu Santo había llenado a todos aquellos que habían puesto su fe en Cristo.

2. Los autores del Nuevo Testamento declaran específicamente que todos los creyentes tienen el Espíritu Santo.

En una carta abierta a la iglesia de Corinto, Pablo escribió:

> Porque por un sólo Espíritu fuimos todos bautizados en un cuerpo, sean judíos o griegos, sean esclavos o libres; y a todos se nos dio a beber de un mismo Espíritu.
>
> —*1 Corintios 12.13*

Pablo se sintió libre de utilizar el término *todos* porque creía que el Espíritu Santo moraba o había llenado a cada creyente, para ese entonces. Utilizó dos formas de expresión para describir la experiencia de ser lleno del Espíritu. Todos hemos sido *bautizados* en el cuerpo por el Espíritu, y todos hemos *bebido* del mismo Espíritu.

En una carta a los cristianos en todas partes, el apóstol Juan escribió:

> En esto conocemos que permanecemos en Él, y Él en nosotros, en que nos ha dado de su Espíritu.
>
> —*1 Juan 4.13*

Como Pablo, Juan creía que todos los creyentes estaban llenos del Espíritu. La presencia del Espíritu Santo es una fuente de seguridad. Sabemos que pertenecemos a Cristo porque su Espíritu mora en nosotros. Sin Él no hay seguridad.

*El Espíritu Santo
está constantemente
al tanto de nuestro
estado emocional
así como de nuestras
circunstancias.
Siempre es sensible
a ambas cosas.
Dirige con un paso
perfecto.
Siempre toma en
cuenta nuestras
debilidades y
fortalezas.*

Cambiemos el enfoque

A medida que la plenitud del Espíritu Santo se convirtió más y más en algo que ocurría en el momento de la salvación, el enfoque cambió de Su llegada a Su ministerio en el creyente. Indudablemente algunos se preguntaban: «Ahora que le tenemos, ¿qué haremos con Él?» o «ahora que está en nosotros, ¿qué podemos esperar?»

Pablo comenzó a discutir la relación de los creyentes con el Espíritu Santo en términos de una *caminata*. No estamos seguros por qué abandonó el término de estar llenos. Quizás pensó que sería confuso utilizar la misma imagen verbal para describir dos conceptos diferentes: su habitación y su influencia. Sólo podemos especular. El asunto es que, aparte de Efesios 5.18, Pablo jamás volvió a usar ese modelo para describir la continua relación del creyente con el Espíritu Santo. En lugar de eso habló de andar en el Espíritu:

> Digo, pues: *Andad* en el Espíritu, y no satisfagáis los deseos de la carne.
>
> —*Gálatas 5.16, énfasis añadido*

Dos versículos más adelante describe lo que significa el término *andar*:

> Pero si sois guiados por el Espíritu, no estáis bajo la ley.
>
> —*Gálatas 5.18*

Andar en el Espíritu es ser guiado por el Espíritu Santo. Debemos seguir sus instrucciones. Al enviar el Espíritu Santo a morar en nosotros, Dios nos proveyó de un guía personal, una orientación ética, alguien que nos muestre el camino.

Pablo no dijo que somos *dirigidos* por el Espíritu Santo. Eso representaría algo completamente diferente. El Espíritu Santo no esta allá afuera para dirigirnos como un policía que dirige el tránsito. No debemos verlo como una de esas personas que controlan el tráfico aéreo. Estos ejemplos no toman en consideración los aspectos personales de ser guiados por el Espíritu.

¿Alguna vez se ha encontrado en un edificio que no conoce y detuvo a alguien para preguntarle por alguna dirección? ¿Ha notado cuán reconfortante es cuando la persona le dice: «Sígame y le mostraré hacia dónde debe dirigirse»? Qué enorme diferencia si le dijera: «Muy bien, lo que tiene que hacer es subir esas escaleras hasta el tercer piso, entonces doble a la izquierda en la segunda puerta, vaya por el pasillo hasta la fuente de agua...»

Esta es la diferencia entre ser guiado y ser dirigido. El Espíritu Santo es un líder. Es nuestro guía. Siempre está con nosotros. Está constantemente a tono tanto con nuestro estado emocional como con las circunstancias que nos rodean. En todo momento es sensible a ambas. Nos dirige al paso perfecto. Siempre toma en consideración nuestras debilidades y fortalezas.

Ser dirigido por alguien implica una relación continua. Esto significa comunión. Esa idea nos hace pensar en la sensibilidad, la cooperación y en metas comunes. Cuando alguien sigue a otro debe haber confianza, hasta dependencia. Todos estos ejemplos describen la relación del creyente con el Espíritu Santo, de acuerdo con el límite que la persona establezca para que Él le guíe. *Caminar por el Espíritu es vivir con una dependencia continua y en disponibilidad a los estímulos iniciales del Espíritu Santo.*

La senda de justicia

Aprendí hace mucho tiempo que una forma segura de atraer una muchedumbre es anunciar que se va a hablar acerca de «Cómo encontrar la voluntad de Dios». La gente quiere tres pasos sencillos para conocer la voluntad de Dios para sus vidas, es decir, su voluntad personal. Por otro lado, anuncie que su tema será: «El plan divino para una vida santa», y será muy afortunado si aparece alguien.

Como veremos más adelante, el Espíritu Santo ayuda al creyente a descubrir la voluntad personal de Dios. Pero su función primordial como guía y líder es dirigir al creyente hacia la santidad. La voluntad definitiva de Dios para nuestras vidas es la semejanza a Cristo (véase Romanos 8.29), es decir, el desarrollo del carácter y el comportamiento de acuerdo con el modelo de Cristo. Por lo tanto, no debe sorprendernos descubrir que la meta principal del Espíritu Santo como guía es dirigirnos hacia la semejanza de Cristo. J.I. Packard dice:

> En dos ocasiones Pablo habla de ser «guiado» por el Espíritu (Romanos 8.14; Gálatas 5.18). En ambas se refiere a la acción de resistir nuestras propias tendencias pecaminosas como la cara errónea de la moneda en la práctica de la justicia[...] *Guiar* correctamente implica el acto de «guiar», pero no en el sentido de que se revelen directivas divinas a la mente que no se conocían, más bien indica un impulso a nuestra voluntad para buscar, practicar y asentarnos en esa santidad que ya conocemos.[1]

La meta principal del Espíritu Santo es dirigirnos en la senda de justicia. Examine lo que se contrasta en este versículo:

> Digo, pues: Andad en el Espíritu, y no satisfagáis los deseos de la carne.
>
> —*Gálatas 5.16*

El resultado inmediato de caminar en el Espíritu no es descubrir qué trabajo tomar, con quién se habrá de casar ni qué auto comprar. El resultado inmediato es que usted no satisfará los deseos de la carne. Hacer una cosa no es hacer la otra. Pablo hace algo más que mandarnos a no satisfacer los deseos de la carne. El mandamiento es vivir dependiendo del Espíritu Santo y ser sensibles a los estímulos del

---

[1] J.I. Packer, *Keep in Step with the Spirit*, [Mantener el paso con el Espíritu], Revell, Old Tappan, New Jersey, 1984, p. 118.

Espíritu Santo. Decir no a los deseos de la carne será el resultado natural de andar en el Espíritu.

Unos versículos más adelante encontramos otra referencia a caminar en el Espíritu. Sin embargo, en esta ocasión, Pablo utiliza otra palabra griega, que a su vez es más descriptiva, para describir la acción de *andar*: «Si vivimos por el Espíritu, andemos también por el Espíritu» (Gálatas 5.25). Esta palabra significa «estar alineado con» o «concordar». En la versión de la Biblia «Dios habla hoy» dice: «Si ahora vivimos por el Espíritu, dejemos también que el Espíritu nos guíe». Aquí la idea es la de caminar de manera tal que evitemos las minas morales enterradas a nuestro derredor.

Una nueva perspectiva

Esto es semejante a un acercamiento refrescante. En lugar de que se nos diga que *no* hacer, se nos indica una dirección positiva que evitará aquellas cosas en la cuales no tenemos razón alguna para estar comprometidos.

Reconozcámoslo. Nuestra tendencia es pensar acerca de todas las cosas que no podemos hacer. En consecuencia, éstas llegan a ser nuestro centro de atención. Lo que nos llama la atención tiende a conquistarnos. No en balde no progresamos. La vida en el Espíritu no es una vida de NEGATIVAS; es una vida de AFIRMACIONES. Camine en el Espíritu, y evitará cumplimentar sus deseos pecaminosos.

La mecánica

Caminar en el Espíritu no es algo automático. Tenemos parte en este proceso. Nuestra parte, sin embargo, se hace posible por lo que ocurrió en la cruz.

Cuando Cristo murió en la cruz, cambió nuestra relación con el pecado. Antes de nuestra salvación, éramos esclavos del pecado (véase Romanos 6.20). Era como si Satanás tuviera una cadena con un gran collar alrededor de nuestro cuello. Cada vez que halaba la cadena, teníamos que seguirle. Quizás luchamos en alguna que otra ocasión para mostrar nuestra independencia, pero al final siempre se salía con la suya. Para decirlo en términos prácticos, éramos esclavos de algunos de nuestros deseos naturales.

Cuando confiamos en Cristo como nuestro Salvador fuimos sumergidos en Él. En ese momento se nos liberó de la esclavitud del pecado (véase Romanos 6.22). La cadena fue cortada. Ya no teníamos que ceder a las tentaciones de Satanás o los deseos de nuestra carne pecaminosa. ¡Pero nadie nos lo dijo! Así pues cuando llegaba la tentación, ¿qué hacíamos? Lo que siempre habíamos hecho: ceder. Pero nos sentíamos culpables porque el Espíritu Santo estaba viviendo en nosotros, y Él se sentía herido.

Para andar en el Espíritu, debe luchar a brazo partido con el hecho de que estamos libres del pecado. De otra manera, admitirá que la lucha decisiva de la carne es algo que no puede resistir. Su inclinación será seguir los deseos de su carne. Después de todo, eso es lo que siempre ha hecho. Además, nadie es perfecto.

No puede seguir a dos maestros. O sigue la dirección del Espíritu o a los deseos de la carne. Pero no puede hacer ambas cosas. Creo que muchos cristianos siguen su carne porque en realidad no piensan que tienen una alternativa. Han perdido las mismas batallas tantas veces que se han rendido. La más ínfima tentación los lleva a escurrirse dentro de la carne.

Satanás puede visitarle. Puede revolver sus deseos naturales. Hacer lo que le dé la gana, pero desde lejos. No puede tocarle. Su poder ha sido quebrantado. Usted es un agente libre:

> Así también vosotros consideraos muertos al pecado, pero vivos para Dios en Cristo Jesús, Señor nuestro. No reine, pues, el pecado en vuestro cuerpo mortal, de modo que lo obedezcáis en sus concupiscencias... Porque el pecado no se enseñoreará de vosotros...
> —*Romanos 6.11-14*

Podrá sentirse en la misma forma de siempre. Podrá desear las cosas que siempre deseó. Pero lo cierto es que usted es libre. Comience ahora mismo a renovar su mente con esta transformadora verdad, porque nunca andará en el Espíritu hasta que esté convencido de su libertad.

La mente sobre la carne

Hay una importante relación entre nuestros pensamientos y nuestra habilidad de seguir al Espíritu. Pablo la describió de la siguiente manera:

> Porque los que son [andan] de la carne *piensan* en las cosas de la carne; pero los que son [andan] del Espíritu, en las cosas del Espíritu. Porque el *ocuparse* de la carne es muerte, pero el *ocuparse* del Espíritu es vida y paz.
>
> —*Romanos 8.5-6*

Donde coloquemos nuestras mente determinará a quién seguimos y lo que hagamos. Para andar en el Espíritu, debemos ocupar nuestra mente en las cosas del Espíritu. Con esto no quiero decir que deberíamos andar en algún tipo de trance hipnótico. ¡Qué va! Es más, no hay nada místico en cuanto a ocupar nuestra mente en el Espíritu.

El punto de Pablo es que debemos ocupar nuestra mente en cosas relacionadas con el Espíritu, no en el Espíritu mismo. La misma verdad se aplica a la mente ocupada en la carne. No son los pensamientos acerca de la carne lo que nos desvía. Son los pensamientos acerca de las *cosas* de la carne que nos meten en problemas.

Jesús se refirió al Espíritu Santo como al Espíritu de verdad (véase Juan 16.13). Una de las funciones principales del Espíritu Santo es la de dirigirnos hacia la verdad. Por lo tanto, *ocuparse en el Espíritu significa tener una mente enfocada en y llena de la verdad.*

La batalla antes de la batalla

Cada acto pecaminoso se comete dos veces: una en nuestra mente y otra en nuestro comportamiento. Para ganar la batalla de la conducta, debemos primero ganar la que tiene lugar en nuestra mente.

Estuve derrotado por años en esta área. Parte de la razón era que me dedicaba casi exclusivamente a no *hacer* nada malo. Mi idea de andar en el Espíritu era permitirle dirigir mis acciones. Estaba preocupado con el buen comportamiento. Pero no importa cuán comprometido estuviera, pues era inconsistente.

No pasó mucho tiempo después de mi transformador encuentro con el Espíritu Santo para darme cuenta de cuál era mi problema. No tomaba parte en la batalla antes de la batalla. Andar en el Espíritu requiere un estado mental, una preocupación con la verdad. La batalla no comienza con la tentación de hacer algo sino con la tentación de ocuparse con cualquier cosa que esté en conflicto con la verdad. Esta es la batalla antes de la batalla.

Percatado de ello, pude apreciar varios versículos de manera diferente:

> Por tanto, ceñid los lomos de vuestro *entendimiento*, sed sobrios,[...]
>
> —*1 Pedro 1.13, énfasis añadido*

> Poned *la mira* en las cosas de arriba, no en las de la tierra.
>
> —*Colosenses 3.2, énfasis añadido*

> Nos os conforméis a este siglo, sino transformaos por medio de la renovación de vuestro *entendimiento*,[...]
>
> —*Romanos 12.2, énfasis añadido*

> Por lo demás, hermanos, todo lo que es verdadero, todo lo honesto, todo lo justo, todo lo puro, todo lo amable, todo lo que es de buen nombre; si hay virtud alguna, si algo digno de alabanza, en esto *pensad*.
>
> —*Filipenses 4.8, énfasis añadido*

No es extraño que se haga tanto énfasis en la mente. A donde va la mente, va el cuerpo. Cuando rehusamos tomar parte en la batalla antes de la batalla, no hay esperanza de cambio al nivel de nuestro comportamiento. Para entonces, ya es muy tarde.

Caminar en el Espíritu requiere que seamos hipersensibles a cualquier pensamiento que entre en conflicto con la verdad. Cualquier cosa que choque con la verdad no es del Espíritu. Lo que no es del Espíritu sólo obstaculiza nuestra habilidad de seguir la dirección del Espíritu. Por tanto, para andar en el Espíritu, debemos tomar seriamente el asunto de resguardar nuestras mentes.

Especulaciones

Así como muchas personas, no tenía siempre cuidado con lo que me permitía pensar. Cuando decidí en serio fijar mi mente en las cosas del Espíritu, comprendí cuán contaminada estaba. Dios utilizó un versículo en particular para ayudarme a proseguir y quedarme en la senda correcta:

> Refutando argumentos, y toda altivez que se levanta contra el conocimiento de Dios, y llevando cautivo todo pensamiento a la obediencia a Cristo.
> —*2 Corintios 10.5*

Especular acerca de algo es desarrollar un cuadro mental sobre ello. Es soñar o fantasear. Las especulaciones comienzan con pensamientos como:

- Me pregunto qué pasaría si...
- Me pregunto cómo sería si...
- Si yo sólo...
- Si ella no hubiera...

La habilidad de imaginar es un don divino. Las más grandes invenciones del mundo fueron creadas primero en la mente de alguien. Comenzaron como especulaciones, sueños, ideas. Todo se construye mentalmente antes de convertirse en realidad física. El hecho de que Dios declaró la creación del mundo es evidencia de que nuestro universo en algún momento fue un pensamiento en la mente del Creador.

Pero como casi todos los dones divinos a los seres creados, la habilidad de imaginar ha sido corrompida por el pecado. Nuestra capacidad para especular es muy a menudo lo que interrumpe nuestra relación con el Espíritu Santo. *No hay un lugar legítimo en la mente del creyente para ideas, nociones, sueños o fantasías que tienen como contenido cosas contrarias a la verdad de Dios.* Ocuparse de tales pensamientos, aunque sea por un instante, es ocupar nuestra mente en la carne y por lo tanto andar en la carne.

Imaginarse feliz y satisfecho en una relación con la esposa de otro hombre es vivir una mentira. Imaginarse que insultar a otro le ganará el respeto de los demás es engañarse a sí mismo. Ensayar en su mente conversaciones imaginarias en las cuales aplasta emocionalmente a otra persona es meditar en el pecado. Edificar mentalmente un plan con el cual se beneficia a expensas de otro es caminar en la carne. Estas son especulaciones.

Una nueva medida

Mire una vez más a la medida por la cual habremos de juzgar nuestros pensamientos (busque Filipenses 4.8).

- ¿Es verdadero?
- ¿Es honesto?
- ¿Es justo?
- ¿Es puro?
- ¿Es amable?
- ¿Es de buen nombre?
- ¿Tiene virtud alguna?
- ¿Hay algo digno de alabanza?

Estos criterios son inflexibles. Parecerán un tanto irreales, pero Pablo no era ningún ermitaño. Al contrario, un viaje a través del libro de Hechos bastará para convencer a cualquiera de que vivió de manera sumamente intensa. No hay duda de que su experiencia en la vida real le movió a recomendar unos parámetros mentales muy estrictos. Sabía cuán importante es permanecer en contacto con el Espíritu Santo. Creo que lo veía como un asunto de supervivencia.

Note el lenguaje agresivo que utiliza al hablar acerca de todo este asunto: «Llevando cautivo todo pensamiento a la obediencia a Cristo» (2 Corintios 10.5). Esto representa el nivel fundamental de la batalla espiritual. Ganarla en este punto es eliminar docenas de batallas potenciales en el futuro. Al menos esta aseveración nos asegura que tenemos control de nuestros pensamientos. No somos víctimas. El poder del pecado ha sido quebrantado.

Cuando aparezca en nuestras mentes cualquier pensamiento mentiroso, lascivo, autodestructivo, Pablo dice: ¡Destrúyelo! Reconozca lo que es, llámelo una mentira, rehúse pensar en ello y vuelva su mente a lo que es verdadero, y ¡hágalo inmediatamente!

¡Alerta roja!

Una vez que haya establecido esto como su patrón, se sorprenderá de cuán rápidamente el Espíritu Santo le alertará en cuanto a esos intrusos mentales. El Espíritu de la verdad tiene la capacidad divina para detectar cualquier cosa que aun se acerque al engaño. Sabe que permitir que siquiera un pensamiento pase sin ser detectado provocaría el riesgo de quebrantar la relación.

Se sorprenderá de cuántas veces al día (como me pasa a mí) es tentado a aceptar una de estas engañosas especulaciones y quedarse con ella. Estoy convencido de que la mayoría de los cristianos no están seguros de lo que hacen. Llega a ser un hábito.

Por lo común, no creemos que nuestros pensamientos son un gran problema siempre y cuando no llevemos a cabo lo que pensamos. Es una trampa. Sin saberlo, hemos comenzado a caminar en la carne y no estamos conscientes de que algo ha cambiado. Pero recuerde que: «Los que son [andan] de la carne *piensan* en las cosas de la carne» (Romanos 8.5). Nuestra actitud mental es el índice principal en cuanto a qué y a quién nos dirige.

Progreso inmediato

Nada de lo que he hecho ha producido más cambio inmediato en mi vida que acabar con las especulaciones y dominar cada pensamiento. Me sorprendí. La diferencia fue reconocida de inmediato. La victoria se convirtió en una forma de vida mas que en la excepción.

También noté que la mayoría de batallas eran más fáciles de ganar a ese nivel que al del comportamiento. Hay ciertos pecados que una vez permitidos como pensamiento no tienen remedio. Pareciera no haber retorno. Cuando permitimos que la batalla se torne en asunto de: «yo sé que no debo, pero...», es vergonzoso el porcentaje de éxito. Cuando comencé a enfrentar mis pensamientos iniciales en el umbral de mi mente, la historia cambió. Donde antes había derrota, empecé a ver victoria.

La espada del Espíritu

Una tarde, mientras me ocupaba en cautivar un pensamiento intruso, se me ocurrió pensar por qué Pablo llamó a la Palabra de Dios la espada del Espíritu (véase Efesios 6.17). Considerar la Biblia como una espada no era un concepto nuevo. Pero hasta entonces nunca había pensado mucho acerca de la razón por la cual se le asociaba con el Espíritu Santo. Entonces me di cuenta de que la Palabra de Dios es el arma que el Espíritu Santo utiliza para exponer y destruir las mentiras que confrontan los hijos de Dios.

Siempre disfruté al memorizar las Escrituras. Por lo general me concentraba en los versículos que me animaban o prometían algo. Pero cuando vi la conexión entre la Palabra de Dios y mi responsabilidad de dominar todo pensamiento, cambié mi enfoque. Comencé a llenar mi mente con las verdades específicas que correspondían con las mentiras que más tentado estaba a creer.

Por ejemplo, mi carne genera cierto placer cuando imagino cómo desquitármelas con gente que me ha ofendido. Así que memoricé 1 Pedro 3.9:

> No devolviendo mal por mal, ni maldición por maldición, sino por el contrario, bendiciendo, sabiendo que fuisteis llamados para que heredases bendición.

Cuando los pensamientos de venganza entran en mi mente, confronto esa mentira con la espada del Espíritu. La mentira es que la venganza es benéfica para quien la practica. Empero, la verdad es que la bendición alcanzará a todos aquellos que rehúsen vengarse.

Otro asunto con el cual lucho ocasionalmente es la pregunta de por qué Dios permite que gente buena sufra. No puedo pensar en ninguna otra cosa que tenga más potencial para mellar mi fe. El sufrimiento pone en tela de juicio la fidelidad divina. Este versículo siempre pone esto en su perspectiva correcta.

> De modo que los que padecen según la voluntad de Dios, encomienden sus almas al fiel Creador, y hagan el bien.
>
> —*1 Pedro 4.19*

Si caminar en el Espíritu es asunto de caminar en la verdad, entonces memorizar la Escritura y meditar en ella es lo mejor que puede hacer para facilitar ese andar. Mientras más familiarizado esté con la verdad, más fácil le será reconocer el error. La Escritura es la fuente primordial de verdad. Es el arma predilecta del Espíritu Santo.

Para terminar, permítame quitarle alguna presión al decirle que no somos responsables por los pensamientos que aparecen en nuestra mente. No podemos controlar lo que pasa por nuestra mente. Los pensamientos malvados no son pecado. El pecado es aceptarlos y concentrarse en ellos (Mateo 5.28).

Para andar en el Espíritu debe involucrarse en la batalla antes de la batalla: la batalla de su interés. Es la única forma en que puede evitar ser controlado por sus deseos carnales. El centro de su atención determina su dirección. Por lo tanto, para andar en el Espíritu debe ocupar su mente en las cosas del Espíritu.

El Espíritu Santo está comprometido y equipado para guiarle. Le guiará de acuerdo con la verdad. Pero no se sobrepondrá a su voluntad ni le forzará a seguirle. La responsabilidad es suya, y comienza con su mente.

Es esencial que permanezca rendido, porque caminar en el Espíritu implica seguirle. No podrá seguirle y dirigirle al mismo tiempo. En alguna parte del camino, habrá un conflicto. Alguien va a perder. En la mayoría de veces, es el Espíritu Santo. Tan poderoso como es Él, nunca fuerza su voluntad en nadie. Simplemente se echa a un lado y permite que nos perdamos por nosotros mismos.

Andar por el Espíritu es vivir con una dependencia continua y una alertada sensibilidad a los impulsos iniciales del Espíritu Santo. Es una manera de vivir. Es mi esperanza que usted comience hoy.

Para meditar

- Haga una lista de las cosas sobre las cuales tiende a especular, sus recurrentes ensoñaciones y fantasías, o algunos aspectos en los cuales se inclina a forcejar.

- Use una Biblia de estudio, una concordancia o consulte a un amigo más familiarizado con las Escrituras y localice versículos que se relacionen específicamente con aquellos aspectos problemáticos.

- Comience a memorizar su lista. Quizás desarrolle un sistema que le sirva. Suelo llevar en mi auto un versículo anotado en una tarjeta. Esto me da oportunidad de memorizarlo, cuando el tráfico esta pesado o mientras espero que cambie el semáforo, etc.

- Practíquelas en voz alta. Para una persona que esté pendiente de su progreso es una excelente forma de asegurarse de que es fiel a su plan de memorización.

- Pídale al Espíritu Santo que lo haga más sensible a los pensamientos que no están en armonía con lo que es cierto.

CAPÍTULO 8

¿A qué se parece?

Hemos definido andar llenos del Espíritu como una dependencia continua y una sensibilidad a las inspiraciones incipientes del Espíritu Santo. Admito, todo esto suena un tanto subjetivo. Pero tal es la naturaleza de nuestra relación con el Espíritu. Sin embargo, hay una medida objetiva mediante la cual podemos medir la vitalidad de ese vínculo.

En este capítulo quiero responder a la pregunta: ¿Cómo se ve y actúa una persona cuando camina en el Espíritu? o ¿Cómo sabemos cuándo estamos y cuándo no estamos caminando en el Espíritu?

Para comenzar, quisiera que recordaran la explicación de la vid y las ramas. ¿Cuál es la evidencia que obliga a la rama a morar en verdad en la vid? Que estén conectadas no prueba que compartan la misma fuente de vida. La única evidencia objetiva es la presencia o la ausencia de frutos. Esto es también cierto para el creyente.

La marca del Espíritu

El fruto es un testimonio público de la sensibilidad y la dependencia del creyente en el Espíritu Santo. Es una señal que dice mucho. El fruto deslinda los productores de los meramente conectados. No es simplemente *una* marca de una vida llena del Espíritu; es la señal *preeminente*. Cuando vemos fruto en una vida sabemos, sin duda, que el Espíritu Santo tiene custodia de ese hijo de Dios. La persona es algo más que Su posesión; la persona está bajo Su influencia.

Mientras más se acerque a los creyentes que de veras andan en el Espíritu, los verá mejor. No hay nada falso en ellos. No se queda con la impresión de que están escondiendo algo. Irradian integridad. Uno se lleva la impresión de poder confiarles sus más íntimos secretos. Quizá se muestre asequible a ellos de un modo poco común.

La intimidación no es su juego. No dependen de una personalidad avasallante ni de un entusiasmo artificial para ganarle. Parecen estar en paz consigo mismos. Y se muestran casi igual de ansiosos por aceptarle. Por esta razón, quizá se sienta atraído a ellos. Son el tipo de persona que usted quisiera ser, no debido a alguna habilidad particular o talento específico, sino por la profundidad de su carácter.

No hablamos de la perfección. A decir verdad, escuchará más excusas de labios de aquellos que andan por el Espíritu que de cualquier otro grupo de personas. Su sensibilidad al Espíritu les provee con una pavorosa habilidad para saber cuándo han ofendido o herido a alguien. Su seguridad interna les permite responder enseguida al darse cuenta de su error o pecado. No temen admitir sus faltas. Se han acostumbrado al hecho de que son pecadores. No obstante, están conscientes de que tienen el poder de elevarse más allá de sus apetitos y deseos carnales.

Los creyentes llenos del Espíritu impresionan mucho más durante los momentos de prueba. Entonces se percibe mejor que la fuente permanente de su carácter es algo que yace profundamente dentro de ellos. Cuando arrojan todas las muletas y apoyos se mantienen aún en pie. Nadie puede argumentar que su singularidad fuera sólo producto de su medio ambiente. Tienen momentos de depresión. No ganan todas las batallas. La duda y la tentación los sacan del paso de vez en cuando. Pero el tiempo de su recuperación es sumamente breve. No permanecen caídos. Y una vez levantados es como si se hubieran beneficiado de la experiencia. En específico sus vidas se caracterizarán por las siguientes nueve virtudes (busque Gálatas 5.22-23):

- Amor
- Gozo
- Paz
- Paciencia
- Benignidad
- Bondad
- Fe
- Templanza
- Mansedumbre

He decidido no presentar una descripción o definición detallada de cada una de esas virtudes. Una explicación amplia podría ayudar nuestra presentación de varias formas; pero también crearía un problema. Permítame explicarle. Al prepararme para escribir este capítulo, leí varios párrafos, en otros libros, que brindan definiciones extensas de cada virtud. Cuando leí la definición de cada autor en cuanto a la bondad, por ejemplo, rápidamente quise ser más que bondadoso. Comencé a pensar en todas las cosas poco bondadosas que recién había dicho y hecho. Entonces oré y le pedí a Dios que me convirtiera en una persona más gentil. Me encontré enfrascado en una misión de bondad.

Cuando leí las descripciones de la benignidad, me sucedió lo mismo. Me percaté de cuán incontrolable era. Recordé cuán insensible había sido con los sentimientos de otras personas. Entonces le dije a Dios que iba a ser más benigno. ¿Se da cuenta del problema?

- «Tengo que ser más cariñoso»
- «Debo ser más paciente»
- «Necesito ejercer mayor templanza»
- «Voy a ser una persona más fiel»
- «Yo... Yo... Yo... Yo... Yo... Yo...»

Creo que hay una razón por la cual Pablo enumeró estas virtudes y prosiguió. Estas no fueron dadas como metas a alcanzar. ¿Por qué? Porque usted y yo no podemos producir frutos. ¿Recuerda? Esa no es nuestra responsabilidad. El Espíritu Santo es el productor. Somos sólo portadores. Nunca se pretendió que los frutos del Espíritu fueran una evidencia de nuestra dedicación y firmeza. Lo son de nuestra dependencia y sensibilidad en cuanto a los impulsos del Espíritu.

¡Abróchese el cinturón!

No puedo pensar en una explicación perfecta, pero he aquí una que se le acerca. Cuando subo al auto, por instinto me abrocho el cinturón de seguridad. No lo pienso. Simplemente lo hago. Pero no siempre fue así. Hubo una época en que rara vez lo utilizaba. Pasaba por la rutina de decirme a mí mismo que debería usarlo, pero... En algunas ocasiones lo hacía y en otras no. ¿Qué me hizo cambiar? ¿Era asunto de disciplina o compromiso? ¿De pronto me comenzó a encantar usar el cinturón de seguridad? ¿Fue la nueva ley? No. Lo que me hizo cambiar de parecer no tenía nada que ver con los cinturones. Tenía que ver con la seguridad.

Hace varios años el Departamento de Transportes, junto con los fabricantes de autos, empezaron una campaña nacional de seguridad. Al poco tiempo todos estábamos convencidos de que *¡los cinturones de seguridad salvan vidas!* Ahora, para ser sincero, no estoy interesado en los cinturones de seguridad, ¡pero sí estoy interesado en vivir! A medida que me convencí más en cuanto a ellos, comencé a desarrollar, instintivamente, el hábito de abrocharlo. Ahora ya no me siento a gusto sin el cinturón de seguridad.

Ahora no me interesan los cinturones de seguridad. Ni siquiera pienso en ellos. No creo siquiera poder describirlos. Pero es parte de mi vida. ¿Por qué? Porque estoy interesado en la seguridad. Y los cinturones salvan vidas.

El fruto del Espíritu es resultado de estar sintonizados

con el Espíritu de Dios. Llevaremos más fruto a medida que estemos más conscientes del Espíritu. Caminar en el Espíritu no es concentrarse casi en sus frutos. Es en la sensibilidad del Espíritu. El fruto no debe ser el centro de nuestra atención. No debemos comenzar el día con el compromiso de llevar frutos. Nuestro compromiso debe ser andar en el Espíritu. El resultado de esa decisión será el fruto del Espíritu.

Un maravilloso descubrimiento

No es infrecuente que el fruto del Espíritu nos tome por sorpresa. He visto esto varias veces en en especial en las vidas de nuevos creyentes. Omar es un buen ejemplo. Todo el mundo lo conocía. Creció en nuestra iglesia. Durante su penúltimo año de secundaria se juntó con varios amigos rebeldes. Cuando se graduó ya había creado verdaderos problemas. Su madre y su padre estaban consternados, pero nadie podía acercársele. Era un joven de la iglesia que ya lo sabía todo. Luego de varios años de rebeldía llegó el fin.

Omar volvió a la fraternidad de la iglesia a través del departamento de jóvenes. Se sentía a gusto con los adolescentes y creía que sus experiencias podían ayudar a otros. En poco tiempo vimos una impresionante transformación. Su ira y sus frustraciones fueron reemplazadas por la paz y el gozo. Su comportamiento intimidante desapareció y se convirtió en un de los caballeros más gentiles que uno podría imaginarse. Tomó un grupo de niños de secundaria como su proyecto ministerial y demostró una paciencia sobrenatural. Cuando se le preguntaba acerca de sus viejos amigos decía que ya no le tentaba nada de eso. Ya había perdido su deseo por esa manera de vivir.

Si le preguntara a Omar qué es lo que habia ocasionado esos cambios dramáticos en su vida, la respuesta que no escuchará es: «Mi compromiso». Estuve bastante cerca de la situación para saber que nunca se concentró en su transformación. No trató de dominar la lista de cualidades de Gálatas 5. Cuando se le pregunta a Omar qué causó el

Nunca se pretendió que los frutos del Espíritu fueran una evidencia de nuestra dedicación y firmeza. Son la muestra de nuestra dependencia y nuestra sensibilidad en cuanto a los impulsos del Espíritu.

cambio, responde: «Simplemente le entregué todo a Dios. Le dije que no podía hacerlo y que Él tendría que hacerlo por mí. Me mantuve concentrado en Él».

El fruto sorprendió a Omar. Eso sucede cuando dejamos de concentrarnos en nosotros mismos y lo hacemos en el Espíritu. Permanecer en el Espíritu lo libera para hacer lo que sólo Él puede hacer. Los resultados son un carácter poco común, un cambio sin esfuerzo alguno, y un fruto que permanece (véase Juan 15.16).

Semanas después de mi prueba en Miami, hacía cosas y dejaba de hacer otras fuera de lo común. En lo que por lo general serían situaciones tensas para mí, sentía paz. En vez de reaccionar a la defensiva cuando se me confrontaba estaba sosegado. Las tentaciones que normalmente me vencían las manejaba con templanza. Se me hacía más fácil admitir que erraba. Perdí mi temor a la falta de preparación. Y lo extraño del caso es que nada de esto fue resultado de mi determinación a cambiar. Sencillamente sucedió. Era más benigno, bondadoso y sensible.

Esa es la naturaleza del fruto. Nos toma por sorpresa. No lo producimos; lo descubrimos. Una vez que usted comienza a caminar en el Espíritu, se apartará de una agitada discusión y se sorprenderá porque no perdió la templanza. Terminará una discusión con sus hijos y se dará cuenta de que no subió el tono de su voz. Se le pedirá que vaya hacia alguna parte a la que no debería ir y se escuchará decir: «No, gracias». En ocasiones escuchará a alguien decir algo así como: «No sé qué le ha ocurrido, pero en realidad es diferente». Y se percatará de que la persona es correcta. Pero no debido a que se propuso cambiar. Sólo sucederá cuando se rinda a los impulsos iniciales del Espíritu Santo. Recuerde, el fruto no es algo que usted produce, es algo que lo sorprende porque el Espíritu Santo lo produce por medio de usted.

¡Cuidado con los falsificadores!

La señal que distingue a los hombres y mujeres llenos del Espíritu es el fruto que llevan. El fruto es *el* modelo para medir nuestro andar con Dios. La Biblia es muy clara en este punto. Con todo, nunca deja de sorprenderme cómo los creyentes tienden a sustituir este modelo por otras medidas o patrones. R.C. Sproul lo dice perfectamente:

> No es casualidad que el fruto del Espíritu no se eleve entre nuestras filas como la prueba suprema de justicia. Somos tan carnales que preferimos otra medida. La prueba del fruto es demasiado alta; no podemos alcanzarla. Así que dentro de nuestras subculturas cristianas preferimos elevar alguna que otra medida menor mediante la cual podamos evaluarnos con mayor éxito. Podemos competir los unos contra los otros con mayor facilidad si mezclamos un poco de carne con el Espíritu. ¡Cuán difícil resulta que se nos evalúe por nuestro amor![1]

Los dos sustitutos más populares para los frutos son (1) los dones espirituales y (2) el talento natural. Observaremos en detalle los dones más adelante. Pero baste decir que los dones espirituales nunca tuvieron por fin ser una medida de nuestra espiritualidad. Como veremos, estos juegan un papel muy importante, pero en ninguna parte de la Escritura son descritas como una herramienta para medir la espiritualidad. Aun los creyentes más mundanos tienen dones. Dios ha dotado a cada creyente. No hay mérito alguno en tener un don. Y en la carne no hay mérito alguno en ejercer su don.

No es difícil percatarse por qué los dones y los talentos están por consiguiente preparados para sustituir tan fácilmente a los frutos. Es más fácil ejercer un don que caminar en el Espíritu. No sólo eso, sino que ciertos dones y talentos tienen un alto valor de entretenimiento. Cuando se explotan

---

[1] R.C. Sproul, *The Mystery of the Holy Spirit*, [El misterio del Espíritu Santo], Tyndale, Wheaton, Illinois, 1990, p. 165.

de manera correcta, los dones y los talentos pueden ser verdadero deleite de multitudes. También pueden proporcionar muy buenas ganancias. Puede organizar conferencias y reavivamientos con los dones. Puede administrar eventos para recolectar fondos con los dones. Los dones son una gran ayuda para escribir libros y para predicar sermones cargados de emoción. Pero ninguna de estas cosas son evidencia de que una mujer o un hombre está bajo el dominio del Espíritu Santo. Jesús tenía mucho que decir de los hombres y mujeres que sustituyen los dones por el fruto:

> Guardaos de los falsos profetas, que vienen a vosotros con vestidos de ovejas, pero por dentro son lobos rapaces[...] Así que, por sus frutos los conoceréis. No todo el que me dice: Señor, Señor, entrará en el reino de los cielos, sino el que hace la voluntad de mi Padre que está en los cielos. Muchos me dirán en aquel día: Señor, Señor, ¿no profetizamos en tu nombre, y en tu nombre echamos fuera demonios, y en tu nombre hicimos muchos milagros? Y entonces les declararé: Nunca os conocí; apartaos de mí, hacedores de maldad.
> —*Mateo 7.15-23*

Jesús advirtió a la gente de Su tiempo que estuvieran pendientes de líderes dotados que tomarían ventaja de ellos y los extraviarían. Serían hombres bien vistos por fuera pero corruptos por dentro. Actuarían bien. Sabrían qué decir. No tendrían problema alguno en atraer muchedumbres. Pero, dijo Él, habría una manera de averiguar lo que en verdad pasa. Busquen los frutos. Esa fue su manera de decir que habría un señalado contraste entre su ejecución pública y su carácter.

Miremos una vez más a las cosas que estas personas harían en el nombre de Jesús. Estos no serían meramente buenos oradores. Realizarían cosas sorprendentes. Los falsos profetas profetizarían. Serían reconocidos por su habilidad de sacar malos espíritus. Y llegarían realizando milagros. Note cuán espectaculares y llamativas son todas estas cosas.

Cosas que agradan a las muchedumbres. La gente vería sus dones y pensaría: *estos deben ser de Dios.* Pero Jesús dijo: «No se impresionen. En lugar de eso examinen sus frutos. Y si salen vacíos, busquen otro lugar».

Estar dotado no determina grandeza en el libro divino. Jesús dijo: «Por sus frutos los conocereis». No por cuán *ungidos* parezcan. Ni por los milagros que realicen. Tampoco por el conocimiento por revelación que dicen tener. Usted reconocerá la mano bendita de Dios en las mujeres y los hombres por los frutos que llevan. *Una persona que dice hacer milagros por el poder del Espíritu, pero que no exhibe los frutos del Espíritu en su vida, está mintiendo o está confundido.* Eso fue lo que dijo Jesús.

Francamente, los grandes predicadores no son necesariamente grandes cristianos. Lo mismo se aplica a los reconocidos cantantes y escritores evangélicos. Si quiere saber que tipo de cristiano soy, entreviste a mi familia y a mis compañeros de trabajo. Ese es el verdadero indicador. Me resulta mucho más fácil predicar un gran sermón acerca de la paciencia que ser paciente. La predicación es algo natural para mí, es algo para lo cual tengo el don. Siguiendo la misma línea de pensamiento, R.C. Sproul escribe: «Se me hace más fácil escribir un libro acerca de la paz que practicarla».[2]

Nuestra carne esta orientada hacia los logros. Como consecuencia de esto, siempre seremos tentados a sustituir éstos por los frutos. Pero al hacer esto nos engañamos a nosotros mismos. Las cosas que nos resultan naturales pueden fácilmente ser malinterpretadas por otros, y por nosotros mismos, como la madurez espiritual.

- Una mujer con el don de la enseñanza salta cuando se le pide enseñar una clase de mujeres y todos se maravillan de su «compromiso».
- Un padre amantes de los deportes, y que tiene un hijo en el equipo, se ofrece de voluntario para dirigir el

[2] *Ibid.*, p. 166.

equipo de softball de la iglesia, y automáticamente lo proclaman líder en la iglesia.

• Una dotada administradora, que está cansada de permanecer en la casa todo el día, se ofrece de voluntaria para trabajar en la oficina de la iglesia. Ella realiza un trabajo tan excelente que el pastor la llama a la plataforma durante un servicio matutino y proclama que ella es «un don del Señor».

• Un dotado orador da su testimonio en la iglesia y no pasa mucho tiempo antes de que sea invitado a dirigirse a iglesias en toda la ciudad. Pronto se riega la voz: «Está verdaderamente ungido».

Sucede todo el tiempo, ¿verdad? No debe sorprendernos que haya tantas divisiones en nuestras iglesias. Estamos cortejando problemas en tanto que los dones y talentos son consideraciones primarias para elegir a nuestros líderes. Deténgase un momento a pensar en esto. ¿Alguna vez ha oído de una iglesia que tuvo problemas porque no tenía suficiente gente con dones y talentos? Yo jamás he oído esto. Los problemas en la iglesia que conozco son motivados por los que tienen muchos talentos, pero pocos fruto.

Muchas iglesias sufren de escasez de fruto. Esto continuará así hasta que el fruto, y no los talentos y los dones, se convierta en el criterio principal del liderazgo. Recuerde: «por sus frutos los conoceréis». Puede que él sea capaz de comunicarse bien, quizás sea ella una gran solista, los libros de tal autor han cambiado su vida; pero, ¿son bondadosos?, ¿son temperantes?, ¿aman a los que le rodean?, ¿son pacientes? No se deje engañar y no se engañe usted mismo. Resista el deseo de utilizar los logros como una vara de medir.

Una característica distintiva

Una de las cosas que aprendí a comienzos del matrimonio fue que las áreas en las que Anna y yo somos diferentes proveen las mejores oportunidades para demostrarnos un amor incondicional. Por ejemplo, ambos amamos la carne a la parrilla. Así que cuando digo: «vamos a prepararnos unos emparedados de carne a la parrilla para la cena», ella no sabe si lo digo porque yo la deseo o porque sé que a ella le gusta. Pero suponga que a mi no me guste la carne a la parrilla y que a ella le encante. Entonces cuando yo sugiera la parrilla, ella sabrá que lo hago por ella. Las diferencias brindan oportunidades para expresar el amor incondicional. Cuando mis sugerencias van en contra de lo que ella sabe que en realidad quiero, ella sabe que lo hago en consideración a ella.

Este mismo principio se aplica en la distinción entre los creyentes llenos del Espíritu y «la gente buena». Después de todo, los incrédulos pueden demostrar paciencia y benignidad. Prácticamente todo el mundo ejercita algún tipo de templanza. Así que simplemente porque una persona es paciente no quiere decir que ella o él está andando lleno del Espíritu. Lo mismo se aplica con las otras ocho cualidades. De hecho, he conocido algunos incrédulos que demuestran más «frutos» en su carácter que muchos cristianos que conozco.

Lo que separa el fruto del Espíritu de su contraparte es que el fruto del Espíritu no depende de las circunstancias. Una cosa es tener paz y gozo cuando todo sale a su manera. Otra cosa completamente diferente es mantener gozo y paz cuando las cosas salen mal. Una cosa es amar a sus hijos, otra cosa es amar a su enemigo.

Lo que generalmente pasa como fruto del Espíritu no es nada más que el fruto de ambientes favorables o relaciones mutuamente beneficiosas. Este fruto circunstancial tiene profundas raíces en el medio circundante. Como resultado de esto, cuando el ambiente cambia, el fruto se reseca y muere, y usualmente es una rápida muerte.

Eso explica por qué «maravillosos cristianos» pueden convertirse en ogros. También explica por qué «hombres consagrados» dejan a su mujer y a sus hijos. Explica por qué «mujeres cristianas ideales» algunas veces se quiebran moral y emocionalmente. Mientras el carácter de la persona se vincule a su medio ambiente, lo mejor que puede esperarse de él es que sea frágil. Estará tan sujeto a cambios como lo está el clima. Esas personas realmente no tienen control de sus vidas. Son esclavos de su medio ambiente. El problema es que nadie lo sabe hasta que las tempestades del cambio comienzan a tocar a la puerta.

La mayoría de la gente nunca cambia. Su medio ambiente sí cambia. La gratificación que reciben por sus relaciones cambian. Lo que parece ser cambio es simplemente una reacción a lo que sucede a su derredor. La gente cuyo carácter está atado a su medio ambiente invariablemente responderá de acuerdo al mismo. En tal sentido son muy consistentes.

La paz y el gozo que experimenta una persona inconversa es el fruto de circunstancias pacíficas. Una vez que éstas cambian, esa misma persona puede mostrar un temperamento violento. El afecto que demuestra una mujer o un hombre que está locamente enamorado puede ser simplemente el fruto de la infatuación. Pero una vez que disminuye, sus expresiones de amor pueden ser menos frecuentes. El dominio propio que demuestra un empleado que no gusta de su jefe puede ser el fruto de su sabiduría política. Pero el día que su jefe le entregue una nota de despido, y cesen los beneficios de la bondad, podríamos ver un lado totalmente distinto de esta amable persona.

Así como el amor incondicional brilla más en medio de nuestras diferencias, el fruto del Espíritu demuestra su fuente divina cuando las circunstancias y las relaciones empeoran. La razón es que el fruto del Espíritu es simplemente eso mismo: *fruto producido por el Espíritu.* No es frágil. No está sujeto a cambio. Su raíz esta profundamente arraigada en la persona de Cristo. Cuando habitamos en Él y le permitimos que viva a través de nosotros, resultará en un carácter que soporta el caos de la vida.

El fruto del Espíritu es:

- amor: para aquellos que no aman recíprocamente.
- gozo: en medio de circunstancias dolorosas.
- paz: cuando algo con lo que usted contaba no ocurrió.
- paciencia: cuando las cosas no ocurren lo suficientemente rápido.
- bondad: hacia aquellos que le tratan sin misericordia.
- benignidad: hacia aquellos que han sido intencionalmente insensibles hacia usted.
- fe: cuando los amigos han sido infieles.
- mansedumbre: hacia aquellos que le han tratado bruscamente.
- templanza: en medio de la tentación intensa.

El ejemplo perfecto

No es poco usual que la gente reaccione de manera un tanto negativa a todo esto. A primera vista todo el panorama tiende a verse un tanto débil e irreal a la luz del medio ambiente en el cual uno se ve forzado a trabajar. Como dijo una persona: «Me paso de diez a doce horas al día luchando con cocodrilos. Si comienzo a actuar gentil y bondadosamente, ¡me comen!» Escuché a otra decir: «La gente con la que trabajo no comprende la bondad».

Anímese. El Espíritu Santo jamás ha producido un debilucho o un fracasado. Todo lo contrario. Cientos de creyentes atribuyen su éxito a los cambios que ocurrieron en sus vidas una vez que se rindieron a los impulsos del Espíritu Santo. Considérelo de esta forma. Las siguientes características, ¿aumentarán o decrecerán su productividad en el trabajo?

- El odio
- La depresión
- La tensión
- La impaciencia
- La rudeza
- La insensibilidad
- La traición
- La grosería
- La intemperancia

Permítame preguntarle de otra manera. Si tuviera la oportunidad de elegir nueve cualidades que caracterizarían a la gente con la cual o para quien trabaja, ¿cree que algunas de las nueve características antes mencionadas aparecería en su lista? Lo dudo.

Las virtudes encarnadas en el fruto del Espíritu son todas de naturaleza tal que están estrechamente vinculadas con todo tipo de relaciones. La presencia de estas características hace más atractiva a una persona, más agradable su compañía, y un gozo el trabajar para ella o con ella. Estas resultan en mejores relaciones con los clientes, mejores matrimonios, mejor trato entre los padres y los hijos; todo mejora. No se puede perder si se anda en el Espíritu.

El mejor ejemplo de una persona llena del Espíritu es Cristo. Su vida se caracterizó por el amor, el gozo, la paz, la paciencia, etc., en medio de un mundo que se distinguía exactamente por características opuestas. Él, definitivamente, no era un debilucho. Confrontó a sus detractores cuando fue necesario. Pero también sabía cuándo callarse. Tenía el valor y el humor para enfrentarse a los intelectuales de su tiempo en su propio terreno y bajo sus propias condiciones. Hablaba con autoridad. La gente, particularmente los niños, eran atraídos a Él. Hasta a los pecadores les encantaba estar en su presencia. Era un hombre muy seguro de sí. No necesitaba artificios. Y al final de su vida confrontó la situación más difícil de todas: la muerte. ¡Y venció!

Este mismo Jesús, que vivió una vida tan excepcional, ha enviado a su Espíritu a morar dentro de usted. Su meta es reproducirse a sí mismo a través de usted: su valor, su templanza, el amor, en fin todo. Note lo que le dijo a sus discípulos:

> La paz os dejo, *mi* paz os doy; yo no os la doy como el mundo la da. No se turbe vuestro corazón, ni tenga miedo.
>
> —*Juan 14.27, énfasis añadido*

Su paz está disponible para usted y para mí. Su paz no desaparece cuando se cae el techo. Su paz es la que soporta hasta ser abandonado por un amigo cercano en una hora siniestra. Es el tipo de paz que sobrevive a un aparente juicio basado en falsas acusaciones que llevaron a la pena de muerte. Su paz es de tal calidad que soporta la muerte, hasta la muerte en la cruz.

Su paz no es como la del mundo, que se altera con los cambiantes vientos de las circunstancias. Oh, no. Su paz es la paz que permanece, la paz que halla su fuente en la incambiable naturaleza de Dios. La vida en el Espíritu no es una vida pasiva. No es asunto de hacerse el muerto. Se trata de reinar en la vida a través de Cristo Jesús nuestro Señor (véase Romanos 5.17).

Una rápida recuperación

Las mujeres y los hombres llenos del Espíritu no están aislados de lo que les rodea ni libres de faltas. Experimentan el dolor y el desengaño como cualquier otra persona. Tienen sus luchas diarias con la tentación.

Lo que les separa del resto del mundo es su reacción. Cuando las circunstancias causan estragos en la paz de las personas llenas del Espíritu se sufre por un tiempo. Pero no se quedarán sufriendo. Ellos se concentran de nuevo en la realidad en general, reconocen la verdad de que su paz es del Señor y continúan adelante. No niegan o huyen de estas cosas. Pero no se quedan en ellas tampoco. Reincorporan sus mentes con las cosas de arriba. Conocen que «ocuparse del Espíritu es vida y paz» (Romanos 8.6).

Cuando los creyentes son tratados injustamente, sienten la frustración y la ira que acompaña a tales actos. Quizás hasta haya un período de tiempo en el cual los pensamientos de venganza oscurezcan su manera de pensar. Pero antes de que pase mucho tiempo, recuperan la perspectiva. Se enfocan en la verdad. Se recuerdan a sí mismos que «todas las cosas... ayudan a bien» (Romanos 8.28), y que como creyentes ellos no reciprocan el mal (véase 1 Pedro 3,9). Una vez más, no niegan el dolor; pero lo ven desde una perspectiva diferente. Eligen no amargarse. Perdonan y continúan adelante. Su tiempo de recuperación es sumamente corto.

Los cristianos llenos del Espíritu no son perfectos. Todavía tienen que luchar con la carne. Pueden ser tan inmisericordiosos e insensibles como cualquiera otra persona. De nuevo, es su reacción lo que les separa del resto. Cuando se percatan de su pecado están prestos a excusarse. La reconciliación es una importante prioridad para ellos. Los creyentes que caminan en el Espíritu no tienen dificultad alguna en admitir que están equivocados. Su seguridad interna les permite la libertad de ser transparentes.

En el próximo capítulo discutiremos la relación entre el poder de Dios y el fruto del Espíritu. Pero antes de llegar allá creo que sería bueno que usted haga un inventario. Ahora, no cometa el mismo error que yo cometí. Recuerde, Dios nunca pretendió que el fruto fuera nuestro foco de atención. Es simplemente una medida objetiva de nuestra dependencia y de nuestra sensibilidad al Espíritu.

Para meditar

- ¿Podría decir que su vida se caracteriza por las siguientes cualidades?

Amor	Paciencia	Fe
Gozo	Bondad	Mansedumbre
Paz	Benignidad	Templanza

- ¿Qué diría su mejor amigo? ¿Qué diría su cónyuge?
- Su carácter, ¿depende de las circunstancias? ¿Pierde usted el gozo y la paz de acuerdo con las circunstancias? ¿Cuánto tiempo pasa antes de que pueda recuperarlas?
- ¿Cuán fácil le resulta excusarse? ¿Es algo que pospone, o se le hace difícil continuar hasta que haya resuelto ese asunto?
- La gente que usted admira en la comunidad cristiana, ¿tienen vidas caracterizadas por el fruto del Espíritu? ¿Qué de las que apoya financieramente?
- ¿Cuál de las nueve cualidades enumeradas le gustaría que el Espíritu produjera en su vida? ¿Está dispuesto a comenzar a orar con ese fin?

CAPÍTULO 9

El poder de las provisiones

A nadie le gusta la gente ansiosa de poder. Para ellos todo y todos son medios para lograr un fin. Están motivados por el deseo de controlar su medio y todo lo que lo rodean. No manejan bien la autoridad. No se puede confiar en ellos. Y por lo general hieren a la gente más cercana a ellos.

¿Recordó a alguien mientras leía el párrafo anterior? ¿Su jefe? ¿Su padre? ¿Un personaje en una película? ¿Un ejecutivo? Resulta fácil sentarnos a sacudir la cabeza en desaprobación de la gente deseosa de poder en este mundo. Pero creo que tienen su equivalente en la iglesia. No me refiero a pastores y ancianos ansiosos de poder. Hablo de creyentes obsesionados con el deseo de controlar el poder del Espíritu Santo.

A nivel superficial, eso quizás no suene tan mal. Después de todo, ¿Jesús no envió al Espíritu Santo para dar poder a los creyentes? ¿No es deber nuestro aprender a activar Su poder dentro de nosotros? ¿No seríamos pobres mayordomos si permitiéramos que todo el poder permaneciera durmiente dentro de nosotros? ¿No sería mejor que nos conectáramos con el inagotable poder de Dios?

Preguntas como esas tienen la tendencia a descontentarnos. Nos hacen pensar que nos falta algo, que Dios ha puesto a nuestra disposición más de lo que podemos utilizar. Si no es cuidadoso, estas preguntas le impulsarán a buscar algo equivocado, en un lugar errado.

En mi experiencia he encontrado que la gente que habla mucho de activar o extraer el poder del Espíritu Santo dice muy poco de la santidad personal. Su énfasis por lo general se apoya en cosas espirituales espectaculares tales como los milagros, la sanidad y las lenguas. Hay algo obviamente egocentrista en cuanto a esto. Se trata al Espíritu Santo como un niño mandadero y no como un Dios santo.

PRECAUCIÓN: Manténgase alejado de cualquier maestro, predicador u otra persona que le anime a controlar el poder del Espíritu Santo. El poder del Espíritu Santo no puede ser controlado. Su poder no puede ser utilizado para lograr nada más que la voluntad del Padre. Él no es una máquina en la que se introduce monedas para obtener caramelos o sodas. Tampoco es un genio que espera que alguien encuentre su lámpara para frotarla. Es un Dios santo.

La gente que siempre busca alguna manera de dirigir o controlar el poder del Espíritu Santo está confundida. *¡El Espíritu Santo fue enviado para controlarnos a nosotros!* No está dispuesto a aceptar nuestras ofertas. Busca creyentes que se rindan a hacer su voluntad. Note lo que dijo Jesús:

> Pero recibiréis poder, cuando haya venido sobre vosotros el Espíritu Santo, y me seréis testigos en Jerusalén, en toda Judea, en Samaria, y hasta lo último de la tierra.
>
> —*Hechos 1.8*

El poder del Espíritu Santo fue dado para un propósito específico: para capacitarnos a ser testigos efectivos de Jesucristo. Uno creería, basado en la manera en que alguna gente habla acerca del poder del Espíritu Santo, que éste fue dado para que nos simplificara la vida. Si he leído mi Biblia correctamente, la vida se complicó para aquellos que recibieron el poder en ese día. ¡La mayoría, si no todos, fueron asesinados o ejecutados! Si evalúo mi experiencia como debe ser, mi vida sería mucho más fácil si no tuviera que ser su testigo.

El Espíritu Santo manifiesta su poder de cualquier manera que considere necesaria para capacitar a los creyentes para ser testigos efectivos de Cristo. He notado que es sumamente flexible en cuanto a las formas, pero nunca en relación con el enfoque o el énfasis. Su propósito es lograr una sola cosa. Dado ese caso, aquellos que están convencidos de su causa pueden esperar ver la manifestación del poder del Espíritu Santo a través de sus vidas. Y aquellos que no lo están no verán esto. No podemos forzar su mano, mediante la fe, la oración, o cualquiera otra cosa. Él es Dios. Nos iría mejor si dejáramos de tratar de controlar su poder y, a la vez, concentrarnos en permitirle controlarnos.

Resguardar lo principal como tal

El poder del Espíritu Santo se manifiesta en la vida del creyente a través de dos canales: los dones y los frutos del Espíritu. Discutiremos los dones en el próximo capítulo. En éste quiero examinar con más detenimiento la frecuentemente ignorada relación entre el poder de Dios y el fruto del Espíritu.

Una razón por la cual esta relación es ignorada es la confusión que circunda el poder del Espíritu Santo. Cuando pensamos acerca del poder, tenemos la tendencia a recordar el caso del ciego que recuperó la vista; la resurrección, la Segunda Venida, y así por el estilo. Nuestras mentes son lanzadas hacia el campo de lo espectacular y lo milagroso. En consecuencia, muchos están atrapados en la búsqueda de estas cosas.

El propósito en que se fundamenta la disponibilidad del poder del Espíritu Santo dado a la humanidad no era el espectáculo. Tampoco era realizar milagros por hacer milagros. Su poder fue dado con el expreso propósito de permitir

a los creyentes a ser testigos más efectivos. Si esto significaba sanar a alguien, Él podría hacerlo. Si implicaba capacitar a una persona para presentar el evangelio de manera
clara, también podría hacerlo. Pero ninguno en sí es una
mayor o menor demostración de su poder.

No debemos permitirnos caer en la búsqueda de las
manifestaciones más espectaculares del poder del Espíritu
Santo. Hacer esto es peligroso. Jesús advirtió a la gente de
su tiempo sobre las mismas cosas. Se enamoraron de su
habilidad para realizar lo poco común. Por último, le pre-
guntaron cómo hacerlo.

> Entonces le dijeron: ¿Qué debemos hacer para poner
> en práctica las obras de Dios?
>
> —*Juan 6.28*

En su respuesta Jesús los desvió de lo espectacular y los
orientó hacia lo principal.

> Respondió Jesús y les dijo: Esta es la obra de Dios,
> que creáis en el que Él ha enviado.
>
> —*Juan 6.29*

Esto no los satisfizo. Querían ver más milagros. Habían
perdido de vista el propósito tras las cosas que Jesús hacía.
Así que trataron de engañarle para que realizara otra maravilla.

> Le dijeron entonces: ¿Qué señal, pues, haces tú, para
> que veamos, y te creamos? ¿Qué obra haces? Nues-
> tros padres comieron el maná en el desierto, como
> está escrito: Pan del cielo les dio a comer.
>
> —*Juan 6.30-31*

Como muchos hoy día, se desviaron por lo inusual. Pero
Jesús rehusó utilizar su poder —el poder divino— para
satisfacer la vana curiosidad humana. Jesús les señaló de
nuevo el verdadero asunto: quién era Él, por qué vino y
cómo entrar a la vida eterna (véase Juan 6.32-35).

Jesús no se reduciría a un acto de circo. Y no permitirá

tal cosa hoy día. Las mujeres y los hombres que reclaman hacer milagros en el poder del Espíritu Santo, pero que lo hacen de tal forma que llaman la atención al milagro en lugar de a Cristo, son unos engañadores. Jesús no participó de eso en aquel entonces, y tampoco lo hará ahora.

Poder, fruto y testigos

De todo lo dicho en el último capítulo, se podría aceptar equivocadamente que el propósito del fruto del Espíritu es sólo convertirnos en buenas personas. Ese de veras es un buen resultado. Pero hay todavía más. El fruto del Espíritu es uno de los dos canales mediante los cuales Dios desata su poder en el y a través del creyente. Cuando quiera y como quiera que se produzca el fruto, se manifiesta el poder divino. Este poder, como se expresa a través del fruto del Espíritu, nos permite ser testigos suyos de tres maneras:

1. Atrae a los incrédulos al cuerpo de Cristo.
2. Provee las cualidades necesarias para relacionarse de manera tal que capacite a los miembros del cuerpo para trabajar juntos en armonía.
3. Protege a los creyentes de las destructivas consecuencias del pecado.

Una atractiva invitación

Nada hace el Reino de Dios más atractivo a los incrédulos que los creyentes cuyas vidas están caracterizadas por el fruto del Espíritu. Por otro lado, no hay mayor obstáculo para los incrédulos que los creyentes cuyas vidas están caracterizadas por las obras de la carne, en particular los cristianos carnales quienes siempre hablan de Jesús. Jesús lo dijo de esta manera:

Así alumbre vuestra luz delante de los hombres, para

*El poder del Espíritu
Santo no se puede
controlar. Su poder no
se puede utilizar para
lograr nada más que
la voluntad del Padre.
Él no es máquina a la
que se introducen
monedas para obtener
caramelos o sodas.
Tampoco es un genio que
espera que alguien
encuentre su lámpara
para frotarla.
Es un Dios santo.*

que vean vuestras buenas obras, y glorifiquen a vuestro
Padre que está en los cielos.

—*Mateo 5.16*

El fruto del Espíritu es la herramienta evangelística más
efectiva que tenemos. Nada es más poderosa que una vida
caracterizada por amor, gozo, paz, paciencia, bondad, benignidad, fe, mansedumbre y templanza. El sermón más
poderoso del mundo no puede igualarse al poder de una
vida llena de fruto. ¿Por qué? Porque los incrédulos no están
tan impresionados con lo que creemos y predicamos, sino
que se impresionan con nuestra manera de actuar, en especial cuando estamos bajo presión. Si cree que no prestan
atención, pronuncie algunas palabras obscenas y observe
su reacción. Si hubiera sido uno de ellos no dirían nada.
Pero ¡USTED! ¡USTED se supone que sea cristiano! Y los
cristianos no hablan de esa manera. Por lo menos los
incrédulos piensan así.

Nuestra luz no está ante todo en las palabras que decimos. Está en la vida que vivimos. Una vida llena del fruto
del Espíritu *es* el sermón más poderoso que cualquiera
pueda predicar. Es un sermón que deja estupefactos a los
críticos. Pedro dice que los «silencia»:

> Por causa del Señor someteos a toda institución
> humana, ya sea al rey, como a superior, ya a los
> gobernadores, como por él enviados para castigo de
> los malhechores y alabanza de los que hacen bien.
> Porque esta es la voluntad de Dios: *que haciendo
> bien, hagáis callar la ignorancia de los hombres in-
> sensatos.*
>
> —*1 Pedro 2.13-15, énfasis añadido*

En un mundo como el nuestro, la vida en el Espíritu es una
anomalía. No tiene sentido alguno. Fuerza a la gente a
hacerse la tan importante pregunta: «¿Por qué?»

• «¿Por qué no vas con nosotros?»

- «¿Por qué no te diviertes un poco?»
- «¿Por qué no tomas venganza?»
- «¿Por qué eres tan fiel a ella?»
- «¿Por qué no los demandas?»
- «¿Por qué no estás enojado?»

La vida caracterizada por el fruto del Espíritu no puede pasar inadvertida. Se destaca como una vela en cuarto oscuro. Atrae la atención. Hace que algunos se sientan incómodos. Otros se enojan. Pero captará, consistentemente, la curiosidad de muchos. Siempre habrá unos pocos que digan: «hay algo distinto en cuanto a ti. ¿Qué cosa es?»

Ese es el poder del Espíritu Santo en acción —producir fruto— y llamar a mujeres y hombres. En el discurso de despedida de Jesús, se llama la atención a un interesante paralelo entre el poder asociado con el Espíritu Santo y los incrédulos (véase Hechos 1.8).

Como mencioné con anterioridad, el poder del Espíritu Santo estaba directamente asociado con la comisión de ese grupo como testigos. En otras palabras, estos recibirían el poder necesario para ser testigos efectivos. Cualquiera que utilizó esto para convencer a la gente tuvo el poder para lograrlo.

Hoy día nuestro mundo necesita ver, desesperadamente, a mujeres y hombres cuyas vidas trasciendan la norma. El mundo necesita ver cónyuges que de verdad se amen. El mundo necesita ver mujeres y hombres de negocio, cristianos, que valoran más la honestidad que las ganancias y la integridad más que un cheque. Esta generación necesita ver adolescentes y estudiantes universitarios que no sólo digan «¡No!» a las drogas sino que digan «¡Sí!» a una vida de pureza. Nuestro mundo necesita ver algún fruto. Verdadero fruto. Del tipo que permanece.

Si eso es lo que el mundo necesita ver, el Espíritu Santo lo llevará para producirlo a través de nosotros. Esa es la promesa de Hechos 1.8. Permitirle al Espíritu Santo producir fruto en nuestras vidas es servirle de canal para su poder. De esta manera llegamos a ser sus testigos, porque conocemos la influencia de una vida que lleva frutos. Aunque los dones del Espíritu son para la edificación del cuerpo (véase Efesios 4.12), el fruto del Espíritu es la fragancia que invita a los incrédulos a convertirse en miembros del cuerpo.

Trabajar juntos

Hay otra manera en la cual el fruto del Espíritu sirve como canal para el poder del Espíritu Santo. El fruto del Espíritu provee las cualidades relacionales para capacitar a los miembros del cuerpo para trabajar juntos con éxito. Como mencioné con anteriordad, el fruto del Espíritu se orienta hacia las relaciones. El cuerpo de Cristo es un gran conjunto de relaciones. Está compuesto de todo tipo de personas de las cuales se espera que actúen juntas para lograr los propósitos de Dios. Para que esto suceda, debe haber fruto.

En este sentido, el fruto del Espíritu funciona como el aceite de motor. Sin aceite, un motor sólo puede funcionar por corto tiempo. Finalmente, la fricción entre las piezas causa su destrucción. ¡Y el motor se detiene! ¿Le suena familiar?

Cuando los creyentes que no están caminando en el Espíritu se unen para realizar la obra de la iglesia, es como si funcionara un motor sin aceite. Tienen todas las piezas (dones) pero no la lubricación necesaria. Habrá fricción. Al fin y al cabo, se arruinará. Los llamamos cismas eclesiásticos.

Por otro lado, cuando un grupo de creyentes llenos del Espíritu se unen, hay una dinámica sobrenatural. El todo es significativamente más grande que la suma de sus partes. Suceden cosas que no tienen explicación humana. Pueden caminar en medio de ellos y sentir la excitación y la anticipación. Es el poder de Dios. Y es liberado como resultado de la disposición de los creyentes a permitirle que produzca Su fruto en sus vidas. Mire, nuestro Dios ama llamar la atención hacia los creyentes que llevan frutos. ¿Por qué? Porque cuando la gente ve nuestro fruto ¡glorifican a nuestro Padre en los cielos!

La protección divina

Hay una tercera forma en la cual el fruto del Espíritu sirve como canal para el poder del Espíritu Santo. El fruto del Espíritu nos protege de las fuerzas destructivas del pecado. Discutimos esto en detalle en el capítulo anterior. Lo traigo a colación una vez más sólo para subrayar la relación entre el poder de Dios y el fruto del Espíritu.

Cuando permitimos que el Espíritu Santo produzca en nosotros las raras virtudes de la fe y la templanza, le consentimos que nos provea con un poderoso sistema defensivo. De las nueve cualidades mencionadas por Pablo, estas dos son las que más necesito cuando la tentación llega a mi puerta. Por consiguiente, tengo la tendencia a tratar de producirlas por mi propio esfuerzo.

Mi victoria nunca es el resultado de mis intentos por tener mayor templanza. Piénselo. ¿Cómo puedo controlar mi *yo*? ¿Puede un animal salvaje domesticarse a sí mismo? ¿Se bañará un perrito por iniciativa propia? Seguro que no. Estas cosas son opuestas a su instinto natural. De forma similar, el yo nunca va a negarse a algo que considere deseable.

La victoria llega cuando me concentro no en lograr más templanza, sino en las cosas del Espíritu. Es en ese entonces, y sólo después, que la templanza y la fe se producen en mi vida. Es en ese instante que experimento el poder necesario para vencer la tentación.

Moverse hacia una posición

El Espíritu Santo desea hacer de usted un testigo efectivo de Cristo. Está deseoso de manifestar su poder a través de usted para lograrlo. Pero primero hay dos cosas que tienen que ser ciertas: (1) debe tener el deseo de ser utilizado como testigo y (2) debe llevar fruto.

El Espíritu Santo trabaja a través de nuestro fruto. Debe tener algo con qué hacerlo. Una vez que estos dos elementos estén en su lugar, preste atención. Se sorprenderá y admirará Su poder. Dirá cosas que jamás soñó diría. Hablará a gente a la que por lo general temería hacerlo. Caminará a través de puertas abiertas las cuales antes le hubieran espantado.

Cada una será una demostración del poder del Espíritu Santo. Él está listo. Es creativo. Conoce lo que hace falta. Sólo aguarda por nosotros para que estemos a su disposición.

──────────── **Para meditar** ────────────

- En una escala del uno al diez, ¿cómo evaluaría su testimonio por Jesucristo?
- ¿Tiende a concentrarse en las demostraciones más espectaculares del poder del Espíritu Santo o en lo que Jesús consideró como principal, es decir, *su persona*?
- ¿Experimenta «milagrosamente» el poder necesario para vencer la tentación al concentrarse en las cosas del Espíritu?
- ¿Está su vida ayudando a proveer el «aceite» para capacitar a los miembros del cuerpo de Cristo para trabajar juntos con éxito?
- ¿Está dispuesto a ser utilizado como testigo?
- ¿Está llevando fruto por medio del Espíritu Santo?

CAPÍTULO 10

El dador de los dones

De todas las series de sermones que he predicado, ninguna ha captado la atención de la gente como una sobre los dones espirituales. Las personas están interesadas en los dones del Espíritu. Se ha escrito sobre el tema. Hay todo tipo de pruebas que pueden hacerse para determinar su don o dones. Sin embargo, a pesar de toda la información disponible, todavía existe mucha confusión y hasta controversia.

La Biblia tiene mucho que decir acerca de los dones del Espíritu. Y por mi parte, quisiera llevarle a través de un análisis cuidadoso de cada uno y todos los versículos. En lugar de ello, he decidido limitar nuestra exposición al significado de los dones espirituales en relación con la vida en el Espíritu. Creo que mucha de la confusión acerca de los dones procede de un intento de entenderlos aparte de la vida llena del Espíritu.

Un recuerdo inesperado

No hace mucho tiempo tomaba fotografías a un hermoso desfiladero. Caminaba a orillas de un arroyo en busca de un lugar para sentarme, y de pronto me encontré de bruces, con mi brazo izquierdo doblado debajo de mí. Como todo fotográfo responsable, lo primero que hice fue buscar mi cámara. Para sorpresa, todavía la tenía en la mano derecha. Ni siquiera se rasguñó. Muy despacio, rodé sobre mi cuerpo para ver cómo estaba mi brazo. El brazo y el hombro estaban bien, pero mi muñeca estaba fracturada en dos lugares.

Puse la cámara en el suelo y con lentitud me levanté. Comencé a buscar un sitio en donde recuperarme. Vi una roca lisa a unos metros. Llegué hasta ella y me senté. Al poco rato, mi amigo me alcanzó. Le conté lo sucedido, o al menos lo que podía recordar.

—¿Cómo pudiste salvar la cámara? —me preguntó.

—No lo sé —respondí—. Quizás cuando perdí el equilibrio de forma instintiva la levanté y usé mi brazo izquierdo para amortiguar mi caída.

Luego de una par de radiografías el médico confirmó mis sospechas. Había utilizado mi brazo izquierdo para contener la caída. De no haberlo hecho, me hubiera lastimado más.

Esta situación me recordó de cuán dependiente de los otros es cada miembro del cuerpo físico. Mi muñeca soportó el impacto de la caída. Mis piernas me ayudaron a levantarme. Mis ojos localizaron un lugar para sentarme. Mis pies llevaron mi muñeca lastimada (así como mi estima personal) a un lugar seguro. Y mi otra mano y brazo se ocuparon de mi muñeca lastimada mientras salíamos del desfiladero.

Utilicemos la imaginación por un momento. Haga de cuenta que mis brazos, piernas, manos y muñecas tuvieran personalidad propia. Mientras comenzaba a caer, mi brazo izquierdo le gritó a mi brazo derecho: «¡Oye, mejor te preparas para soportar peso extra!»

El brazo derecho respondió: «¿Estás loco? ¡Él se cae para tu lado, no el mío! Además, esto es culpa del pie. Si hubiera mirado por donde iba nada hubiera ocurrido».

La nariz entra en la conversación: «¡Que alguien haga algo, esto es cosa seria!»

«No me grites», respondió el brazo izquierdo. «Yo no hice nada. Y yo no voy a...»

En ese momento me encuentro de cara en las rocas con una preocupación más importante que una muñeca lastimada. Si los miembros de nuestro cuerpo físico actuarán de modo independiente los unos de los otros, ¡nos meteríamos en un tremendo lío!

Un cuerpo

La vida en el Espíritu es una vida de interdependencia. Debemos continuar dependiendo *en* el Espíritu Santo. Pero debemos vivir *interdependientemente* con otros creyentes. Así como los miembros del cuerpo físico actúan interdependientemente para realizar la voluntad del cerebro, así también los miembros del cuerpo de Cristo trabajarán juntos para ejecutar Su voluntad. El apóstol Pablo declaró:

> Porque así como el cuerpo es uno, y tiene muchos miembros, pero todos los miembros del cuerpo, siendo muchos, son un solo cuerpo, así también Cristo. Porque por un solo Espíritu fuimos todos bautizados en un cuerpo, sean judíos o griegos, sean esclavos o libres; y a todos se nos dio a beber de un mismo Espíritu. Además, el cuerpo no es un solo miembro, sino muchos[...] Vosotros, pues, sois el cuerpo de Cristo, y miembros cada uno en particular.
> —*1 Corintios 12.12-27*

Miremos una vez más esta conocida analogía.

Todo el mundo es alguien en el cuerpo

Usted es parte de un organismo viviente llamado el cuerpo de Cristo, o la Iglesia. Usted no es un organismo entero, es sólo una parte. En términos espirituales, así como biológicos, su supervivencia depende de la salud y el bienestar de otros miembros del organismo. Y, a la inversa, la salud y el bienestar de estos depende de la suya. Usted no es un operador independiente.

Si cualquier miembro de su cuerpo físico comenzara a funcionar de manera independiente de los demás o dejara de funcionar, de inmediato haría algo para corregir la situación. No diría: «Al fin de cuentas es sólo un pulmón. Después de todo tengo dos». O «tengo nueve dedos más. Simplemente no utilizaré el fracturado». Los miembros de su cuerpo físico son tan interdependientes que el cuidado mutuo es una de sus prioridades. Volvamos a la ilustración paulina.

> Ni el ojo puede decir a la mano: No te necesito, ni tampoco la cabeza a los pies: No tengo necesidad de vosotros.
> —*1 Corintios 12.21*

Lo que resulta cierto del cuerpo físico también es cierto para el cuerpo de Cristo. No puedo decirle a *cualquier* miembro: «No te necesito. No hace falta restaurar mi relación contigo. Puedo arreglármelas sin ti. Puedo apartarme de ti y eso no me afectará en nada». Eso sería engañarme a mí mismo.

Refiriéndose al cuerpo de Cristo, Pablo dijo:

> Para que no haya desavenencia en el cuerpo, sino que los miembros todos se preocupen los unos por los otros. De manera que si un miembro padece, todos los miembros se duelen con él, y si un miembro recibe honra, todos los miembros con él se gozan.
> —*1 Corintios 12.25-27*

¿Lo entendió? *NO* debe haber división en el cuerpo. Al contrario, debemos considerar como una prioridad el cuidado mutuo. ¿Por qué? Porque cuando un miembro sufre, todos sufrimos: igual que el cuerpo físico.

¿Qué le sucedería al cuerpo físico si los miembros enfermos no se cuidaran? Primero, los miembros que funcionan se verían forzados a llevar la carga de los que no funcionan. Con el tiempo, la desproporcionada división de trabajo causará desgaste excesivo en los miembros buenos y estos comenzarán a dañarse. Una muerte prematura será inevitable. ¿Le resulta conocido? Así debiera ser.

Examine en detalle la condición de la iglesia en los Estados Unidos. Veo muchos miembros «disfuncionales» del cuerpo que no son atendidos o que rehúsan atención. Veo miembros saludables que hacen lo mejor posible para suplir el vacío dejado por los miembros «disfuncionales» y, por eso, se mueren debido al esfuerzo. Y veo la muerte en congregaciones a través de nuestro país. En lugar de *la no* división, muchas iglesias están caracterizadas por la división.

Cada semana, y quiero decir en realidad *cada* semana, recibo una llamada telefónica o una carta de un pastor cuya iglesia atraviesa por un cisma o se dirige hacia un cisma. He escuchado una historia tras otra. Y siempre tiene que ver con un problema en específico: los miembros «disfuncionales» del cuerpo.

No hace mucho, un domingo en la mañana, mi esposa y yo viajábamos en automóvil desde Carolina del Norte. Al pasar por un pueblo pequeño me sorprendió su cantidad de iglesias. Estaban por todas partes. Pero cada una tenía sólo unos pocos autos en el área de estacionamiento. Le comenté a mi esposa: «Imagínate el impacto que podrían tener si unieran sus esfuerzos para evangelizar esta ciudad». Todos los pueblos pequeños que atravesamos esa mañana estaban llenos de iglesias. No me malinterpreten. Estoy a favor de la libertad de culto, en una atmósfera agradable para cada persona. Pero sé lo suficiente como para imaginarme que muchas de esas iglesias están muertas. Pude notarlo al observar sus áreas de estacionamiento.

Piense en esto. ¿Por qué un pueblo de cinco o diez mil personas necesita cinco o seis iglesias bautistas? Puedo decirle la razón. Porque muchas de las personas en esas iglesias no se llevan las unas con las otras. Así es, compiten. La competencia entre las iglesias —sin una denominación o entre ellas— ¡de veras debe entristecer a nuestro Señor Jesucristo! Imagínese a los miembros del cuerpo físico rivalizando, una pierna tratando de avanzar más que la otra, cada dedo intentando escribir, los pies probando a funcionar mejor que las manos. Un cuerpo en esa situación ni siquiera podría realizar las tareas más simples.

Los cuarteles generales

«Así que», dirá usted, «¿cuál es el problema? Y, ¿qué tiene esto que ver con la vida llena del Espíritu o los dones?» No se apure que ya llegaremos allí.

Si el cuerpo físico tiene un miembro que actúa de forma independiente (o no funciona), por lo general el problema procede de la incapacidad de esa parte del cuerpo de recibir la debida señal del cerebro. Hay varias razones, pero usualmente la solución implica el restablecimiento del contacto apropiado.

Los miembros «disfuncionales» en el cuerpo de Cristo sufren de una enfermedad similar. La diferencia es que en lugar de ser *incapaz* para recibir la señal apropiada del cerebro, no están *dispuestos* a seguir la orden. No es un problema de capacidad, sino de disponibilidad.

La Cabeza del cuerpo es Cristo (véase Efesios 5.23). Él funciona como el centro direccional de la iglesia. Debemos obtener nuestras instrucciones de Él tanto individual como corporativamente. Él tiene un plan y un propósito para su iglesia así como tiene una voluntad individual para su vida. Es más, las dos se conjugan. *Como miembro de Su cuerpo, lo que usted hace o rehúsa hacer como individuo afecta todo el cuerpo.* Su participación cuenta. La voluntad divina para su vida incluye (1) descubrir su lugar en el cuerpo y (2) el cumplimiento de su correspondiente responsabilidad.

Nosotros resistimos este tipo de responsabilidad. A la mayoría de nosotros nos gustaría llevar una vida cristiana independiente. Tener que responderle a Cristo es una cosa; hacerlo a todo el cuerpo de Cristo es otra.

No importa de cuán lejos avance en su santidad personal,

siempre necesitará de otros creyentes. No por razón de sus debilidades. Tampoco porque Dios no sea suficiente para usted. Al contrario, Dios lo planeó de esa manera. Es diseño suyo. Andar en el Espíritu no es una misión solitaria. No es una excusa para separarse o aislarse de otros cristianos. Un creyente que se aparta del grupo para hacer su propia cosa «espiritual» no puede caminar en el Espíritu.

No puede andar en el Espíritu aparte del cuerpo de Cristo. No puede. No dará resultado. Nunca ha servido. No fue diseñado para actuar de esa manera. Los cristianos controlados por el Espíritu no se conducen como lobos solitarios. Ellos no andan con una filosofía individualista acerca de su relación con Dios. En lugar de ello buscan vincularse de modo activo con otros creyentes. Buscan las maneras de asociarse. No se sientan y dejan que otros trabajen. Los hombre y mujeres llenos del Espíritu aprovechan la oportunidad de compartir su justa carga.

La división del trabajo

La función de una persona en el cuerpo de Cristo está determinada por sus dones espirituales. Un don espiritual es una habilidad especial. Un escritor la definió como: «La habilidad para actuar efectiva y significativamente en un servicio particular como miembro del cuerpo de Cristo, la iglesia».[1] Billy Graham compara los dones espirituales a herramientas.[2] Cada miembro del cuerpo de Cristo ha recibido a lo menos una de estas herramientas para utilizarla en la edificación del cuerpo de Cristo.

Hay mucha discusión en cuanto a las diferencias entre un don espiritual y una habilidad o talento natural. Pero la

---

[1] William McRae, *Dynamics of Spiritual Gifts*, [Dinámica de los dones espirituales], Zondervan, Grand Rapids, Michigan, 1976, p. 18.
[2] Billy Graham, *The Holy Spirit* [El Espíritu Santo], Word, Dallas, 1988, p. 134.

Biblia no dice nada en cuanto a ese tema, así que yo tampoco diré nada. Algo que sé a ciencia cierta es que tanto los dones espirituales como los talentos naturales son del Señor.

Mediante la distribución y el funcionamiento mutuo de los dones espirituales, Dios ha creado un sistema que asegura (1) que cada creyente tenga una función significativa en el cuerpo de Cristo y (2) que los creyentes trabajen juntos para realizar su propósito general.

El Espíritu Santo distribuye los dones de acuerdo con Su voluntad. Y Su voluntad está de acuerdo con el plan del Padre para la Iglesia.

> Ahora bien, hay diversidad de dones, pero el Espíritu es el mismo... Pero a cada uno le es dada la manifestación del Espíritu para provecho. Porque a éste es dada por el Espíritu palabra de sabiduría; a otro, palabra de ciencia según el mismo Espíritu... Pero todas estas cosas las hace uno y el mismo Espíritu, repartiendo a cada uno en particular como Él quiere.
> —*1 Corintios 12.4-11*

Es necesario subrayar tres verdades de estos versículos.

1. Los dones espirituales son manifestaciones del Espíritu (véase 1 Corintios 12.7).

Cuando un creyente ejerce su don, es una exhibición del poder del Espíritu a través de esa persona. No es un simple asunto de que haga algo para lo cual tiene talento. Los dones espirituales son manifestaciones del Espíritu Santo. Esto se reconoce enseguida cuando se ejercen los dones más espectaculares. Por ejemplo, estamos prestos a darle crédito a Dios cuando alguien sana milagrosamente. Pero si un creyente con el don de la misericordia ejerce ese don, decimos cosas tales como: «¡Qué dulce es ella!» o «A él le gusta escuchar». El don de la misericordia, la dadivosidad o la administración no es una manifestación menor del Espíritu Santo que el don de la sanidad o la realización de milagros (véase 1 Corintios 12.10).

Ahora bien, deseo que piense acerca de algo. Si andar lleno del Espíritu otorga sensibilidad a los impulsos del Espíritu Santo y si el Espíritu se manifiesta a través de los dones, ¿será posible que alguien pueda caminar en el Espíritu sin ejercer sus dones? Definitivamente no. El Espíritu Santo se revelará de manera especial a través de usted, mediante el ejercicio de su don. Rehusar utilizarlo es decirle no al Espíritu Santo.

2. Los dones espirituales son para el bien común del cuerpo (véase 1 Corintios 12.7).

El propósito primordial de los dones espirituales es la edificación del cuerpo, no la satisfacción personal del miembro en particular. Su nariz no valdría nada aparte de su servicio al cuerpo. Y lo mismo es cierto de cualquier don espiritual. Su valor se determina por su utilidad y disposición para el cuerpo.

A la luz de la ilustración paulina, esto no debería ser una sorpresa. Pero me asombro de continuo de la actitud elitista que desarrollan algunos creyentes. Es como si fueran demasiado espirituales para su propio bienestar. Esta tendencia caracteriza a menudo a aquellos que piensan haber descubierto alguna verdad más *profunda*. Sienten que son mejores que los cristianos promedio. Así que se apartan del cuerpo. Dicen cosas como: «Pastor, usted sabe que ya no aprendo mucho de las predicaciones». Note la orientación individualista. *Yo* no me beneficio de estar aquí.

Mientras más espirituales sean las personas, más comprometidos estarán con el cuerpo de Cristo. ¿Por qué? Porque al permitirle libre dominio al Espíritu Santo, Él continuará dirigiéndoles en el ejercicio de sus dones espirituales para el bienestar común del cuerpo. Y esto implica participación.

Entonces están los que van en contra de la religión organizada o que dicen que adoran en sus hogares. Los cristianos adheridos a esta filosofía no están llenos del

Espíritu. No pueden estarlo. No ejercen sus dones para el bien común tal y como les urge de continuo el Espíritu. Se han negado al Espíritu.

No quiero ser malinterpretado. Conozco muchos creyentes que se han hastiado de la religión organizada. Pero les guste o no (o lo sepan o no, y usualmente no lo saben), son parte de un cuerpo organizado. Un cuerpo en el cual cada miembro tiene una parte significativa. Un cuerpo sin ellos no puede funcionar tan bien como con ellos. Para experimentar el poder del Espíritu en sus vidas y en su plenitud, estos deben ubicarse en una posición en donde el Espíritu esté libre para expresarse a través de ellos para el bien común de los otros creyentes. Las hombres y mujeres que son dirigidos por el Espíritu serán guiados a ejercer sus dones espirituales dentro del cuerpo de Cristo. Aquellos que andan en la carne por lo general se excusarán.

Cuando hablamos de edificar el cuerpo, no nos referimos necesariamente a la creación de un cuerpo más grande. Los dones también fueron otorgados para desarrollar un cuerpo sano. Los dones espirituales son la manera divina de administrar su gracia a otros. Cuando ejercemos nuestros dones funcionamos como las manos y los pies de Cristo. Somos algo más que representantes. Nuestros dones nos permiten llegar a ser canales mediante los cuales fluye la vida y el ministerio mismo de Cristo.[3] Cuando ejercemos nuestros dones para el bien común manifestamos la persona de Cristo en la tierra.

Por ejemplo, cuando un hombre pierde a su esposa, resulta reconfortante saber que algún día volverá a verla.

---

[3] Con esto no quiero decir, como han dicho algunos, que nos convertimos en miniaturas de Jesús. Convertirnos en canal de Su vida y ministerio está muy distante de llegar a ser Él. Segundo, el hecho de que nadie tiene todos los dones también es argumento contrario a este punto de vista. De la misma manera que un brazo no es una persona en miniatura, tampoco somos miniaturas de Jesús.

Pero eso no consuela tanto como la presencia de amistades que estén a su lado orando y escuchándole. Cuando los creyentes con el don de la misericordia se unen alrededor suyo para escucharle, cuando otro con el don de la administración se encarga de los arreglos funerarios, cuando un vecino con el don de la hospitalidad le invita a pasar unos días con su familia, cuando todo eso sucede, es como si Cristo mismo cuidara personalmente de uno de los suyos. A través del ejercicio de estos dones, los creyentes dispensan una saludable porción de la gracia divina a esta alma adolorida.

Cuando alguien con el don de la dadivosidad paga la cuenta de la electricidad de otro creyente, esto sucede por la gracia de Dios. Cuando un pastor dotado con la exhortación se levanta a pronunciar un mensaje, es la gracia divina a su pueblo. Cuando un creyente con el don del servicio invierte su tiempo en satisfacer una necesidad, vemos la gracia divina en acción. En todas estas ocasiones Cristo trabaja por medio de su cuerpo. Más que un asunto de ser buena gente, esto es la manifestación de Cristo en la tierra.

Este principio me recuerda al pintor que resbaló y se cayó mientras trabajaba en un techo. Justo cuando rodaba por el alero gritó: «¡Señor, ayúdame!» Casi de inmediato sus pantalones se engancharon en un clavo y quedó colgando del borde. Cuando se aprestaba a subirse otra vez al techo, dijo: «No te preocupes, Dios, que este clavo me ayudó».

Muchos creyentes, así como el pintor, no se dan cuenta de lo que Dios está haciendo. Lo que ven en términos puramente humanos es, en realidad, un acto divino. Cuando servimos a otros mediante el uso de nuestros dones somos canales por medio de los cuales se manifiestan la gracia y el poder de Dios. Cuando escuche algo acerca de algún creyente en necesidad, no se limite a orar. Sea parte de la oración. Ejerza su don. Después de todo, ¿no resulta un tanto extraño orar por alguien que tiene problemas financieros cuando uno tiene los recursos para resolver el problema? ¿Cree usted que Dios va a acuñar dinero y tirarlo desde el cielo? Seguro que no. Su plan es satisfacer las necesidades de su pueblo por medio *de su pueblo*. Por eso es que nos ha dotado. Cuando se clava una astilla en una mano, ¿qué hace la otra mano? ¿Orar? Por supuesto que no. Enseguida se pone a obrar para remediar la situación. Y cuando usa su don para solucionar alguna dificultad de otro creyente usted se convierte en la mano de Cristo.

Es lamentable que la iglesia moderna haya perdido este punto de vista. En lugar de organizarse para satisfacer los requerimientos del cuerpo, empleamos pastores y esperamos que sean ellos los que hagan el trabajo. Cuando el rendimiento de un pastor demuestra deficiencia en uno o más de los dones, es cambiado por uno nuevo. El nuevo modelo por lo general tiene los dones que el otro no exhibía, pero, por supuesto, carece de las virtudes del anterior. Cuando esas debilidades salen a la luz, la búsqueda continúa.

Dios no le dio los pastores a la iglesia para satisfacer las necesidades del cuerpo. Están allí para entrenar a los otros miembros en la satisfacción de sus necesidades mutuas:

> Y Él mismo constituyó a unos, apóstoles; a otros, profetas; a otros, evangelistas; a otros, pastores y maestros, a fin de perfeccionar a los santos para la obra del ministerio, para la edificación del cuerpo de Cristo.
>
> —*Efesios 4.11-12*

Un cuerpo local que no comprende estos versículos no merece tener un pastor. ¿Por qué? Porque mientras la gente no lo entienda pretenderá que el pastor sirva como si tuviera todos los dones. Es una situación en la cual nadie puede ganar. En consecuencia, muchos hombres y mujeres en proporciones epidémicas abandonan el ministerio.

Me refiero a los dones presentados en Efesios 4 como *dones de capacitación*. Su propósito en el cuerpo es capacitar a los otros miembros para realizar la tarea del ministerio: no para que ellos mismos lo hagan.

Hace varios años empleamos un evangelista como parte de nuestro personal. No hay duda alguna de que este joven tiene el don de la evangelización. Donde quiera que va evangeliza de una manera poderosa, aunque no agresiva. Pero su mayor contribución a nuestra iglesia no se apoya en la gente que personalmente trae a Cristo. Su principal responsabilidad es entrenar a nuestra gente en el arte de la evangelización personal. Como resultado de su imperceptible obra cientos de personas han llegado a la fe en Cristo. No como resultado de poderosos reavivamientos, sino por medio del entrenamiento y la aplicación de lo aprendido por alguna de nuestra gente. Tal es el poder de los dones cuando éstos son puestos en práctica.

Piense un momento en cuanto a esto. Si los dones espirituales son el medio primordial mediante el cual Dios administra gracia a su pueblo, ¿qué dice esto en cuanto a los creyentes que rehúsan ejercer sus dones para el bien del cuerpo? Puedo pensar al menos en cuatro cosas:

1. Están hurtándole al cuerpo de Cristo.
2. Están forzando a otros miembros del cuerpo a llevar su carga.
3. Son un peso muerto en el cuerpo: extremidades «disfuncionales».
4. No están en contacto con el Espíritu de Dios.

Este no es un reporte muy animador. Una vez más, se nos recuerda que no somos islas espirituales. Nuestro progreso espiritual, así como el progreso de toda la iglesia, depende de nuestra disposición a trabajar juntos.

¿Qué le parece? ¿Está trabajando? ¿Utiliza su don para el bien común del cuerpo de Cristo? ¿Anima a otros miembros de su familia a utilizar sus dones? ¿O impide su avance?

Sé que está ocupado. Esta se ha convertido en la regla, más bien que en la excepción. Los domingos puede ser el único momento en que todos en su familia puede hacer algo juntos. Si viaja durante la semana, podría necesitar el domingo por la tarde para prepararse para la semana siguiente. Sus viajes durante los fines de semana podrían impedirle ejercer algún liderazgo en su iglesia local. Otras actividades sociales, familiares y deportivas, podrían imposibilitar su participación en los servicios semanales o en algún comité. Pero si me permite ser un tanto atrevido, ninguna de estas actividades le excusan de su responsabilidad con el cuerpo de Cristo. Usted tiene una función importante, un papel que sólo usted puede desempeñar. Su don divino podría servirle en sus actividades seculares, pero éstas deben ocupar un segundo plano a su participación en la obra divina. Es la voluntad de Dios para usted y su familia que ejerzan sus dones para el bien común de su pueblo. Si la iglesia a la que asiste no le provee flexibilidad o suficientes oportunidades para hacerlo, busque otra. Pero no importa lo que haga, ¡ejerza ese don! Pedro exhortó a los creyentes de su tiempo de manera similar cuando les escribió:

> Cada uno según el don que ha recibido, minístrelo a los otros, como buenos administradores de la multiforme gracia de Dios. Si alguno habla, hable conforme a las palabras de Dios; si alguno ministra, ministre conforme al poder que Dios da, para que en todo sea Dios glorificado por Jesucristo, a quien pertenecen la gloria y el imperio por los siglos de los siglos. Amén.
>
> —*1 Pedro 4.10-11*

Una vez más vemos el énfasis en la importancia de utilizar nuestros dones para servir a otros, no a nosotros mismos. Pedro estaba tan convencido de que Dios sirve directamente a través de nuestros dones, que hasta se atrevió a decir que la persona que tiene el don del habla debería hacerlo como si fuera Dios mismo quien hablara. El que tenga un don de servicio lo hará con la fortaleza de Dios.

Esta última ilustración explica un fenómeno que he visto en iglesias de los Estados Unidos. Cuando las personas sirven dentro del contexto de sus dones espirituales, parecen hacerlo sin esfuerzo alguno. Hay poca tensión. Y no se cansan con facilidad. A decir verdad, emergen de su servicio con tal excitación que por lo general están listos para continuar. Por otro lado, déle el mismo trabajo a alguien que no tenga el don para ello, y se convertirá en una espantosa tensión. Dentro de poco tiempo la persona se agota.

Mary Gellerstadt es un ejemplo perfecto de lo que refiero. Mary sirvió en nuestro iglesia por varios años. Sus dones estaban en el área de la organización y la administración. No importaba cuánta responsabilidad se delegaba en ella, la podía manejar. Parecía florecer en medio de este proceso. ¡A *mí* me preocupaba pensar en sus responsabilidades! Nunca la vi apurarse. Que yo sepa, nunca se retrasó. Desde su inicio en la administración y la organización estuvo en su elemento. Se adelantaba a las nuevas responsabilidades para ejercer sus dones.

Soy todo lo opuesto. Deletreo la palabra *tensión* de la siguiente manera: A-D-M-I-N-I-S-T-R-A-C-I-Ó-N. Sólo pensar en ello me cansa. Nada agota más mis energías. Temo a las responsabilidades que me obligan a administrar. Son momentos en los cuales tengo tentación a llamar y decir que estoy enfermo. ¡Desafortunadamente no tengo a quien llamar!

Por otro lado, no entiendo por qué alguien tendría temor de pararse frente a un gran auditorio para hablar. ¡Qué oportunidad! No puedo esperar hasta que llegue el domingo por la mañana. Algunas veces estoy tan excitado que no puedo dormir los sábados. Nada me motiva más que predicar la Palabra. No siento prácticamente tensión alguna predicando y estoy tan motivado al final del servicio como al principio.

Cuando servimos a otros a través de nuestros dones estamos conectados a la inagotable energía y motivación de Dios. Cuando ejercemos nuestros dones, el Espíritu Santo fluye a través de nosotros de manera única. Hacemos aquello para lo cual hemos sido llamados y capacitados. Experimentamos una medida adicional de gozo y energía.

La historia es totalmamente distinta cuando servimos fuera del área de nuestros dones. Creo que esta es una de las principales razones por las cuales muchos cristianos se agotan en el trabajo de la iglesia. En vez de encontrar un lugar donde utilizar sus dones, se integran a lo primero que encuentran. Hacen lo mejor posible mientras pueden, luego se rinden.

Conozco un hombre que asiste a un clase de Escuela Dominical donde los miembros se turnan para enseñar. Para decirlo suavemente, a él no le agrada hacerlo. Ama al Señor y a su clase, pero la enseñanza no es lo suyo. Le espantan los domingos cuando tiene esa tarea. Él dice que prefiere «cortar suficiente madera para llenar un camión».

Alguna persona que no le conozca podría escuchar un comentario como ese y verse tentada a decir: «Bueno, ¡parece que no es muy consagrado!» Pero eso no es cierto. No es cuestión de consagración o compromiso. Es asunto de los dones. Este mismo hombre sirve en el comité de planeamiento a largo plazo de su iglesia. Cuando se decidió construir un nuevo edificio, se sugirió que el pastor y varios miembros del comité visitaran otras iglesias para mirar sus edificios. Este hombre de inmediato se ofreció para llevar al grupo en su avión privado y costear los gastos. Basado en lo que conozco de él me encantaría que sirviera en todos nuestros comités. ¡Pero no le pediría que enseñara!

3. Los dones espirituales se distribuyen de acuerdo con la voluntad del Espíritu Santo (véase 1 Corintios 12.11).

El último punto que quiero subrayar en los comentarios paulinos sobre los dones espirituales es que el Espíritu Santo es el que decide quién recibe qué. En estos días hay mucha discusión en cuanto a *obtener* los dones. Pero sería mejor que le dejáramos la administración de los dones al Espíritu Santo. El apóstol Pablo dijo:

Pero todas estas cosas las hace uno y el mismo

> Espíritu, repartiendo a cada uno en particular *como Él quiere.*
> —*1 Corintios 12.11, énfasis añadido*

Y después de unos cuantos versículos añade:

> Mas ahora Dios ha colocado los miembros cada uno de ellos en el cuerpo, *como Él quiso.*
> —*1 Corintios 12.18, énfasis añadido*

Dios tiene una amplia perspectiva. Sabe con exactitud cuánto de qué hace falta en la iglesia. Desde su punto de vista las cosas se pueden mantener en perfecto orden y equilibrio.

Empero, muchos cristianos buscan dones distintos. Es algo así como cuando aquí en los Estados Unidos, nos ponemos a buscar huevos del conejito de la pascua: siempre andamos buscando uno nuevo.

Una vez escuché a una joven decir: «¡Tengo nueve!»

Me incliné hacia el hombre a quien se dirigió ella y le pregunté:

—¿Nueve qué?

—Ella tiene nueve dones —me respondió—. Ha pedido doce y cuando Dios le da uno nuevo me lo deja saber.

Quise decirle: «Perdóneme joven, pero, ¿cuánto del fruto del Espíritu muestra consistentemente?» Pero eso hubiera sido innecesario. Además, con probabilidad era víctima de enseñanzas incorrectas.

Una de las razones por las cuales tanta gente está envuelta en la búsqueda de nuevos dones es porque parece que Pablo anima a los creyentes a hacer precisamente eso:

> Procurad, pues, los dones mejores.
> —*1 Corintios 12.31*
> Así que, hermanos, procurad profetizar, y no impidáis el hablar lenguas.
> —*1 Corintios 14.39*

Asumamos por un momento que estos versículos se refieren a la adquisición de nuevos dones. Es decir, que Pablo anima a los creyentes a pedirle a Dios nuevos y distintos dones. Si ese fuera el caso, hemos atrapado a Pablo en una contradicción. Permítame mostrarle por qué.

Él dice que a cada creyente no se le da un solo don:

> ¿Son todos apóstoles? ¿son todos profetas? ¿todos maestros? ¿hacen todos milagros?
> —*1 Corintios 12.29*

En esta lista él menciona específicamente el don de la profecía. Entonces de inmediato dice: «Así que, hermanos, procurad profetizar [...]» (1 Corintios 14.39). Ahora bien, si todos no pueden profetizar, ¿por qué animar a pedirlo?

La confusión procede de un malentendido de lo que Pablo quiere decir con la frase: «procurad profetizar». Se supone que significa: «pedirle a Dios» u «orar o trabajar por». Pero no es así. Ha dicho en tres ocasiones que el Espíritu Santo decide quién recibe cada don. ¿Por qué habría de animar a los creyentes a orar por dones diferentes a los que Dios ha elegido para ellos? Hacerlo sería expresar falta de fe en el juicio divino.

La frase «procurad profetizar» viene de una palabra griega. Resulta interesante que aparezca una vez más a la mitad de la misma sección. Pero esta vez es traducida de manera distinta. Mire a ver si puede encontrarla:

> El amor es sufrido, es benigno; el amor no tiene envidia, el amor no es jactancioso, no se envanece.
> —*1 Corintios 13.4*

¿La encontró? Créalo o no, la misma palabra traducida «procurad» en los capítulos 12 y 14 significa «envidia» en el capítulo 13. ¿Cuál es la relación?

Esta misma palabra aparece en tres ocasiones en los escritos paulinos y en cada caso implica la idea de envidia en un sentido positivo, casi sinónima de admiración (véase

2 Corintios 11.2; Gálatas 4.17,18). Así que, ¿por qué Pablo eligió este término para describir la actitud propia hacia los dones?

Pablo instruye a los creyentes a orar insistentemente (véase Colosenses 4.12; 1 Tesalonicenses 3.10). Pero utiliza términos distintos en el griego. Si no se refiere a la oración por nuevos dones, ¿a qué se refiere?

Pablo instruye a los creyentes en Corinto que tengan en alta estima los dones espirituales. «Procurad», dice, «los dones mejores». Insinúa que los creyentes debieran estimar el don profético de tal manera que envidien (no que codicien) a todos aquellos que lo tienen porque ese es el mayor don luego del apostolado. Pero, en lo referente a proseguir algo, dice: «Seguid el amor» (1 Corintios 14.1). Jamás agotaremos su medida. ¡De pronto hemos regresado al principio! Pablo define el amor como caracterizada por el fruto del Espíritu (véase 1 Corintios 13). En resumidas cuentas, el argumento paulino es el siguiente: «Puede tener todos los dones del mundo, pero si su vida no está caracterizada por el fruto del Espíritu, ¡ellos no significan nada!» Los dones son muy importantes. Pero sin el fruto del Espíritu no tienen valor alguno.

Si los cristianos emplearan tanto tiempo en busca del fruto del Espíritu como lo hacen con los dones del Espíritu, el cuerpo de Cristo estaría mucho mejor. ¿Le gustaría trabajar para una persona que constantemente busca nuevos dones o alguien que busca nuevos frutos? ¿Preferiría tener un cónyuge concentrado en ejercer un don o uno que le permite al Espíritu Santo producir su fruto a través de su vida?

Es la presencia del fruto, no los dones, lo que demuestra la dependencia de un creyente en el Espíritu Santo. Todo el mundo tiene algún don. *Tener* un don no dice nada acerca de la conformidad de ese creyente a los impulsos del Espíritu. *Ejercitar* un don tampoco es prueba. He ejercido mi don de manera egoísta en muchas ocasiones. Como dice el apóstol Pablo, el foco de nuestra búsqueda debería ser el amor.

El descubrimiento de nuestros dones

Es posible que la siguiente pregunta es la que con más frecuencia se hace en cuanto a los dones: «¿Cómo puedo saber qué dones tengo?» Cuando la gente me hace esa pregunta, siempre respondo: «¿Qué es lo que más disfruta en su servicio al Señor?» Note que no pregunto: «¿*Cómo* le sirve al Señor?» Lo que me interesa saber es en qué *disfruta*.

Usted disfrutará con el ejercicio de su don. Anticipará las responsabilidades que le han sido dadas para utilizarlo. Por otro lado, no estará motivado para las tareas fuera de ellos.

Hay varias buenas pruebas de los dones.[4] Pero es posible que la mejor forma de descubrir su don es servir en una variedad de ministerios. Cuando encuentre uno ajustado a su don, lo sabrá.

Una agradable mujer es voluntaria de una iglesia en Mississippi. Todas las primaveras organiza una gran conferencia juvenil que incluye varias iglesias de la zona. Es una gran organizadora. Lo que la gente no puede comprender es que hace todo este trabajo voluntariamente. Todo esto implica mucho esfuerzo. Ella se encarga del lugar, los conferencistas y los músicos. Organiza un comité para las inscripciones y otro para la promoción. Ella lo hace todo. Cientos de adolescentes han sido bendecidos como resultado de su ardua labor y su dedicación.

Andy hablaba con ella una tarde luego de una sesión y le preguntó cómo comenzó a trabajar con adolescentes. Ella le dijo que entendía que Dios quería que se ocupara en servirle, pero que no sabía qué podía ofrecer.

«Traté de trabajar en la guardería, pero no me gustaba. Después pensé enseñar, pero me asustaba la idea. Entonces escuché que necesitaban alguien para ayudar a organizar la comida para nuestro campamento de verano. Pensé: *oye, yo puedo hacer eso*. Pronto estuve a cargo de ese trabajo y me encantó».

---

[4] Hay una excelente descripción de todos los dones y algunas pistas para descubrir los suyos en William McRae, *op. cit.*

El ministro de jóvenes de la iglesia de Brenda se percató de que las habilidades de ella eran en la organización y la administración. En cambio, sus dones eran la orientación y discipulado. Así que le entregó gran parte del trabajo administrativo del ministerio. Ella había encontrado su lugar. No sabía mucho acerca de los dones espirituales en aquel entonces. Sólo que había hallado algo que disfrutaba hacer en gran medida.

Mientras servía como asistente voluntaria del ministerio de jóvenes, comenzó a pensar en la organización de una conferencia juvenil. Por fortuna, su iglesia reconoció sus dones y la animó en su deseo. En la primavera siguiente tuvieron su primera conferencia. El año pasado celebraron el octavo aniversario.

La mayoría de la gente descubre sus dones como hizo Brenda. Salen y se ocupan en algo. Si decide hacerlo de esta manera, recuerde que tomará algún tiempo. No tema cambiar de posiciones de vez en cuando. No significa renunciar. Estará buscando un lugar dónde asentarse.

Quisiera ofrecerle un segundo consejo sobre la búsqueda de su don: concéntrese en llevar fruto y tal vez descubrirá su don. El Espíritu Santo desea que usted sepa cuál es su don. Siga su dirección y lo encontrará.

No se olvide que usted es una mezcla singular de talentos, habilidades y dones: es un miembro indispensable del cuerpo de Cristo. Puede hacer lo único que puede hacer. Así que no nos robe eso a nosotros. ¡Salga y ocúpese en algo! Porque también esto es parte de la maravillosa vida en el Espíritu.

Para meditar

- ¿Tiende a ser un llanero solitario espiritual? De ser así, comience hoy a orar para que Dios le dé el deseo de interactuar con el cuerpo de Cristo.
- ¿Ha identificado las áreas en donde el Espíritu Santo le ha dotado particularmente?
- ¿Cómo puede conectarse y poner a funcionar sus dones de manera tal que aumente su contribución al cuerpo de Cristo?

CAPÍTULO 11

La obra de Dios
a la manera de Dios

¿Por qué tantos hombres y mujeres que están en el ministerio sucumben en la jornada? Conozco las actuales circunstancias. Algunos lo abandonan debido a crisis morales. Otros simplemente se agotan. Pero, ¿cuál es la raíz de todo esto? ¿No se pregunta por qué tanta gente que sirve al Dios viviente se desanima tanto que tiran la toalla y se van? En la mayoría de los casos no tiene sentido alguno. Seguro que hay presiones. Pero cualquier persona con responsabilidades va a afrontar alguna presión.

Creo que hay un denominador común. Muchos de los siervos de Dios no hacen Su obra a la manera que Él quiere. Debido a esto están destinados al fracaso desde el principio de sus ministerios. Esto no es un problema del siglo veinte. Comenzó con Adán y continuará hasta que regrese Jesús. Siempre tendremos la tendencia a hacer la obra de Dios a nuestra manera. Pero hacer eso es tonto y contraproducente.

No es con fuerza...

Zorobabel fue un hombre llamado por Dios para hacer

un trabajo importante, es decir, terminar la reconstrucción del templo en Jerusalén. Un grupo de israelitas, incluido Zorobabel, habían sido puestos en libertad de su cautiverio en Babilonia y se les permitió regresar a su tierra para realizar una tarea monumental. Empero, confrontaron oposición y abandonaron el proyecto. No se hizo trabajo alguno en quince años. Entonces Dios habló en detalle por medio del profeta Zacarías a Zorobabel y le dio la responsabilidad de finalizar la obra.

Dios sabía que Zorobabel y su equipo, como sus predecesores, afrontarían oposición. Para prepararlos para lo que les esperaba, le envió instrucciones específicas a Zorobabel a través del profeta.

> Y el ángel que hablaba conmigo respondió y me dijo: ¿No sabes qué es esto? Y dije: No, señor mío. Entonces respondió y me habló diciendo: Esta es palabra de Jehová a Zorobabel, que dice: No con ejército, ni con fuerza, sino con mi Espíritu, ha dicho Jehová de los ejércitos. ¿Quién eres tú, oh gran monte? Delante de Zorobabel serás reducido a llanura; él sacará la primera piedra con aclamaciones de: Gracia, gracia a ella.
> —*Zacarías 4.5-7*

Esa era la manera divina de decirle a Zorobabel: «La obra puede ser completada. No hay obstáculos insalvables. Y cuando se complete habrá una gran celebración».

La obra del Señor

Muy pocos de nosotros, si acaso alguno, será comisionado como Zorobabel. No había manera alguna de evitar comprender lo que Dios quería que hiciera. Para él fue sencillo identificar la obra divina. No siempre es así de fácil para nosotros. Por consiguiente, pensamos que la obra divina es lo que hace el predicador o quizás el trabajo general de la iglesia: cantar en el coro, enseñar en la Escuela

Dominical, servir en algún comité, etc. Pero eso no es toda la obra del Señor. Pablo escribió:

> Y todo lo que hagáis, hacedlo de corazón, como para el Señor y no para los hombres; sabiendo que del Señor recibiréis la recompensa de la herencia, porque a Cristo el Señor servís.
>
> —*Colosenses 3.23-24*

Pablo definió la obra del Señor como «todo lo que hagáis». Todo lo que hacemos se considera como parte de ese servicio porque somos siervos de Dios. Dios no hace distinción entre qué es lo religioso y qué es lo secular. Debemos considerarle como nuestro jefe independientemente de donde trabajemos. Así como nuestros jefes terrenales nos pagan un sueldo, Pablo dijo que Dios haría lo mismo. Pablo hasta señaló que nuestra recompensa eterna estaba vinculada de alguna manera con la forma en que desempeñemos nuestro trabajo.

¿No es cierto que todos necesitamos que el Espíritu Santo nos ayude a cumplir nuestras responsabilidades vocacionales? Cada vez que oramos por alguien que va a ser operado, ¿cómo oramos? «Señor, guía las manos del cirujano». Cuando una mujer pierde su trabajo, ¿cómo oramos? «Señor, dale el empleo que tú desees, en algún lugar donde pueda ser utilizada para glorificarte». Es casi seguro que un vendedor que ha tenido la oportunidad de abrir una gran cuenta ore para recibir sabiduría. Cuando los cristianos realizan un trabajo excepcional en su empleo, siempre habrá alguna oportunidad para que puedan compartir la gloria con Dios.

El mercado es un territorio especial para realizar la obra de Dios. Nos ha puesto donde estamos por un propósito. Nuestra clase de trabajo es parte del plan de Dios para nuestras vidas. La obra divina se hace donde quiera que se encuentran los hijos de Dios.

Todos los que conocemos al Señor —amas de casa, banqueros, mecánicos, operarios de fábricas, trabajadores de construcción— estamos comprometidos en la obra divi-

na. Somos parte de lo que Él está haciendo. Demanda tanta
dependencia en el Espíritu Santo hacer estas obras como
predicar un sermón o cantar en el coro. En algunos casos
demanda mucha más. Muchos de los hijos de Dios se ven
forzados a trabajar en ambientes por completo hostiles a las
cosas del Señor. Se requiere de gran fe y resistencia para ser
luz en tales tinieblas.

Espiritual y secular

Me temo que el diablo ha engañado a muchos de nosotros
para que creamos que hay componentes espirituales contra
componentes seculares en nuestras vidas. Cualquier división que podamos percibir entre *la obra de Dios* y *nuestros
trabajos* es falsa. Cuando usted fue salvado por gracia, Dios
lo salvó completamente. Una vez que se convirtió en un ser
espiritual, el Espíritu Santo vino a establecer residencia en
su ser. Cada faceta de su vida física es una expresión de la
espiritual. Usted no es dos personas. La vida en el Espíritu
Santo alcanza todas las áreas de la vida, incluída su ocupa-
ción. En efecto, con la excepción de su casa, su trabajo será
el lugar donde el Espíritu Santo le necesitará más.

Una razón por la cual muchos cristianos no están con-
tentos en sus carreras es que no las perciben como obra
divina. Las ven como empleos. Aman enseñar en la Escuela
Dominical. Aman trabajar con los jóvenes. Desearían servir
a tiempo completo en la iglesia, pero odian sus trabajos. No
pueden ver que su ministerio principal *es* su trabajo.

No necesitamos más empleados a tiempo completo en la
iglesia. Lo que necesitamos es empleados cristianos a tiempo completo en el mercado, con gente que necesita escuchar
la verdad. Por favor, no utilice el trabajo en la iglesia como
excusa para escaparse del ministerio para el cual Dios le
eligió. Alguna gente con la cual se relaciona a diario jamás
se acercará a la puerta de una iglesia. Usted es el único
vínculo con la verdad. Humanamente hablando, es su única

esperanza. Y esto es porque Dios lo puso allí. Escribir informes, archivar registros, vender cositas: todo esto es obra de Dios. Su excelencia y su actitud en el trabajo son el puente hacia el corazón de alguna persona.

El Espíritu Santo es suficiente para usted, aparte de lo que tenga que soportar. Mientras más pronto los principios de este libro comiencen a convertirse en parte de su manera de pensar y su perspectiva, más rápido observará un cambio en su actitud hacia el trabajo. Sé esto porque el Espíritu Santo conoce dónde necesita usted más ayuda. Y Él tiene una maravillosa habilidad para mostrarse precisamente en esas áreas.

Dos opciones

Hay dos maneras de acercarse a la obra divina. El ángel describió la primera a Zorobabel en la forma siguiente: «No con ejército, ni con fuerza». En otras palabras, el éxito de este trabajo no depende de las cosas que uno pueda considerar como esenciales para realizar la obra. Para Zorobabel acercarse a este trabajo mediante «ejército» y fuerza hubiera implicado la búsqueda de suficientes empleados y materiales para la labor. También habría requerido mucho poder militar para proteger a su gente. El ángel le dejaba saber desde el principio que había algo más comprometido en esta obra que buscar protección y empleados. Dios no obtendría gloria alguna si eso era todo lo que hacía falta. Zorobabel recibiría la gloria. Ese era el acercamiento equivocado.

La primera forma de hacer la obra divina es en la carne. Obrar en la carne es abordar una tarea con la actitud de que Dios nos ha dejado un trabajo para hacer y espera que nos comprometamos y lo hagamos. Hacer la obra divina en la carne se reduce a la dependencia en la influencia, la personalidad, los dones, los recursos naturales, la educación y la experiencia.

El éxito del pasado y la emoción del reto llegan a ser la

La característica
más impresionante
de los hombres y
mujeres que están
haciendo la obra de
Dios es su carencia
de tensión.
Los creyentes que
andan en el Espíritu
llegarán a
experimentar la paz.

fuerza en un proyecto realizado en la carne. La suposición es: «Yo puedo manejar la situación». Y el hombre o la mujer que labora en la carne se lanza a combinar las herramientas, estrategias y el personal necesario, para hacer el trabajo. La planificación y la solución de los problemas se efectúan mediante consulta a la sabiduría de los expertos. La comprensión y determinación humanas son la máxima autoridad. Y se evalúa el éxito en términos de números, dólares y ganancias.

No estoy en contra de los negocios profesionales. La mayoría de las iglesias caminan de la misma manera. Si los hombres y las mujeres no saben nada acerca de andar llenos del Espíritu, van a acercarse a todo en la vida desde el punto de vista de la carne. Mientras un comité eclesiástico sea dirigido por una persona que camina en la carne, sus decisiones van a ser carnales. De nuevo, no existe la dicotomía de lo secular contra lo espiritual. Como son los seres humanos en un lugar lo serán en otro. No quiero decir que actuarán de la misma manera. Pero tendrán la misma orientación. O están en la carne o en el Espíritu.

Pero, ¿y qué de...?

«Un momento», dirá, «conozco alguna gente que actúa en la carne y tiene mucho éxito». ¿En qué medida? He vivido lo suficiente para ver el desarrollo y el fracaso de docenas de hombres y mujeres que eran considerados como personas exitosas en el mundo. Son como ráfagas de luz, o como dice el salmista: «[...] son como el tamo que arrebata el viento» (Salmo 1.4).

Cantantes, negociantes o pastores: aquellos que andan u obran en la carne tendrán vidas caracterizadas por los actos de la carne. Y una manera de vivir llena de ese tipo de cosas tal vez pague su precio. No de la noche a la mañana. Sino a veces. Nadie viola los principios de Dios y vive para regocijarse de ello. Tenga cuidado en cuanto a alabar aquellos que andan y trabajan en la carne. Examine con cuidado todas las áreas de su vida: no sólo sus negocios o sus ministerios. Es fácil verse bien en un área. Sólo la vida en el Espíritu tiene el balance necesario para tener éxito en todos los frentes.

Dios no puede bendecir a la persona que está haciendo Su obra a su manera. Obrar en la carne bordea con la idolatría. Los que hacen esto se dicen: «Puedo hacerlo. Soy suficiente para esta tarea. Tengo todo lo que hace falta para esto. Nadie puede detenerme. Soy mejor que los demás. Estoy a un nivel superior». Sin percatarse de ello, una persona al trabajar en la carne tiende a idolatrarse. Ahora bien, no debemos esperar nada diferente de un inconverso. *Él* o *ella* es lo único que tiene. No debemos criticarlos. Pero el creyente no tiene excusa alguna.

Cuando llegamos a Cristo para la salvación, venimos con una actitud de humildad: «Señor, aparte de ti no tengo oportunidad alguna». Sabemos que sin Él nada somos. También aprendemos pronto que no podemos vivir la vida cristiana sino caminamos en unión con el Espíritu. Así que es absurdo pensar siquiera por un minuto que podemos hacer Su labor mediante nuestras fuerzas. Pero todos somos culpables de probar en alguno u otro momento.

Diferentes enfoques

Si alguna vez hubo un grupo de personas que tenían habilidad, talento, experiencia y motivación necesarias para realizar la tarea asignada, estos fueron los discípulos. ¡Piense en todo lo que vieron! ¡Se habla de la preparación, pero no se menciona al Maestro! Y sin embargo, con todo eso, Jesús sabía que no estaban listos.

Lo tenían todo: experiencia, talento, motivación, disposición, preparación e instrucciones claras. Pero no era lo suficiente. Necesitaban el Espíritu Santo. ¿Por qué? Porque Dios deseaba que su obra se hiciera a su manera.

*La segunda manera de acercarse a la obra divina es rea-
lizarla bajo la dirección del Espíritu y en el poder del Espíritu.*
En palabras del ángel: «No con ejército, ni con fuerza, *sino
con mi Espíritu*, ha dicho Jehová de los ejércitos» (Zacarías
4.6, énfasis añadido). Cuando la obra de Dios se hace a Su
manera, tendrá la indisputable marca del Espíritu Santo.
Habrá algo inexplicable en cuanto a ello. La gente sabrá que
lo sucedido no podrá repetirse sólo mediante el mismo
proceso. El todo es divinamente mayor que la suma de sus
partes. La gente se moverá por el espíritu del asunto, más
bien que por el asunto mismo.

La máxima meta de Dios para el ser humano exige que
su obra sea realizada en el Espíritu. Él está afuera para
alterar el corazón del ser humano y ocasionar una renovación desde adentro.

Esto no puede ser una hecho aislado de la influencia del
Espíritu Santo. Sólo el Espíritu de Dios puede transformar
el espíritu humano. La obra hecha en la carne no va más
allá de las emociones. Podría mostrarse muy impresionante
a primera vista, pero nadie cambia por ello. Emocionarse sí,
pero transformarse no.

Por eso es que no debemos juzgar la potencia de un
ministerio por el entusiasmo y la muchedumbre que genera
y atrae. La marca del Espíritu Santo no está en las multitudes y la emoción. Siempre hallará fruto, carácter, relaciones
restauradas y personas que irradian el amor de Cristo,
cuando el Espíritu ha sido parte de algo.

Enfoques equivocados

He aquí tres aspectos que a menudo pasan fuera de la
manera de Dios:

1. Orar

Realizar la obra de Dios a Su manera no significa sólo
orar por cada asunto. La oración es esencial, pero no es en

lo absoluto evidencia de que uno depende del Espíritu Santo. Podría ser todo lo contrario. He escuchado muchas oraciones que no eran nada más que un intento de lograr que Dios ayudara a alguien a alcanzar algo en la carne. Esa es una razón por la cual Dios capta tanta atención al comienzo de un proyecto y muy poco crédito al final. Cuando obramos en la carne, olvidamos expresar nuestra gratitud. La oración se convierte en un formalismo. Es sólo algo que hacemos.

2. Desespero

Dios no quiere que trabajemos hasta morir y luego levantemos las manos para decir: «Me rindo. Por favor, que alguien se encargue de esto. Ya no puedo más». Eso es la desesperación. Y por lo general es un grito angustiado a Dios para que nos saque de un enredo que creamos (o complicamos) al intentar hacer Su obra a nuestra manera.

3. El método de «dejarle las cosas a Dios»

Soy sincero y en realidad no estoy seguro qué piensa la gente cuando dice esto. Pero me incomoda. Dios ha elegido realizar su labor a través de seres humanos. Nos ha dotado a cada uno para una tarea específica. Somos Su medio para sus fines. «Dejarle las cosas a Dios» implica que no tenemos parte en ello. La Escritura claramente ilustra que tenemos una función importante en el cumplimiento de la voluntad divina en la tierra.

Su manera

En mi estudio de la Escritura he descubierto cinco características en todas las personas que hacen el trabajo divino a la manera de Dios. Usted sabrá si está realizando la obra de Dios a su manera cuando sucedan estas cinco cosas.

1. Estaban convencidos de que si Dios no hacía lo suyo, el proyecto estaba destinado al fracaso.

Los mayores logros registrados en la Escritura se alcanzaron mediante hombres y mujeres que estaban convencidos de su dependencia en Dios. Lean sus oraciones. Dios ama escuchar a Sus hijos confesar su dependencia en Él. El salmista escribe:

> Ten misericordia de mí, oh Dios, porque me
>   devoraría el hombre;
> me oprime combatiéndome cada día.
> Todo el día mis enemigos me pisotean;
> porque muchos son los que pelean contra mí
>   con soberbia.
> En el día que temo, yo en ti confío.
> En Dios alabaré su palabra; en Dios he confiado;
>   no temeré;
> ¿Qué puede hacerme el hombre?
>
> —*Salmo 56.1-4*

La gente que hace la obra de Dios a Su manera no espera que sus esfuerzos fracasen antes de comenzar a confiar en Él. *Comienzan* sus proyectos como gente dependiente. Y en muchos casos, mantienen su espíritu dependiente hasta el final. Dios siempre permite que se derrumben por sí mismos cuando empiezan a confiar en su propia fortaleza.

Un espíritu autosuficiente no es evidencia de la confianza en sí mismo. ¡Es evidencia de la estupidez! No hay persona autosuficiente.

Ninguno de nosotros puede determinar nuestra entrada a este mundo, la próxima vez que habremos de respirar, o el momento de nuestra partida. Somos dependientes en todo el sentido de la palabra.

Comienzo cada mañana confesando mi dependencia en Cristo. Antes de que mis pies se pongan sobre el suelo, le dejo saber lo que ya conoce: que no puedo hacer nada bien sin Él. Le necesito debido a mi función como pastor, padre y esposo. La única manera de asegurarme de que cumplo con las responsabilidades que me ha dado, a su manera, es acercarme a ellas desde el punto de vista de la total dependencia.

2. Ellos vieron a Dios como la única fuente para todo lo que necesitaban.

Para hacer la obra de Dios a su manera, debemos verle como la fuente de todo lo que necesitamos. De nuevo, el salmista escribe:

> El que habita al abrigo del Altísimo
> morará bajo la sombra del Omnipotente.
> Diré yo a Jehová: Esperanza mía, y castillo mío;
> mi Dios, en quien confiaré.
> Él te librará del lazo del cazador,
> de la peste destructora.
> Con sus plumas te cubrirá,
> y debajo de sus alas estarás seguro;
> escudo y adarga es su verdad.
> No temerás el terror nocturno,
> ni saeta que vuele de día,
> ni pestilencia que ande en oscuridad,
> ni mortandad que en medio del día destruya.
> Caerán a tu lado mil, y diez mil a tu diestra;
> mas a ti no llegará.
> Ciertamente con tus ojos mirarás y verás
> la recompensa de los impíos.
> Porque has puesto a Jehová, que es mi esperanza,
> al Altísimo por tu habitación,
> no te sobrevendrá mal, ni plaga tocará tu morada.
> Pues a sus ángeles mandará cerca de ti,
> que te guarden en todos tus caminos.
> —*Salmo 91.1-11*

Dios usará varios recursos y personas para satifacernos. Pero ÉL es la fuente. Recuerde que esa es la clave para permanecer dependiente. Tenemos la tendencia a confundir el don con el dador. Es fácil enfocar nuestros ojos primero en la provisión que en el proveedor. Cuando eso sucede, nuestra confianza y nuestra lealtad también cambian. Comenzamos a buscar cosas y gente en lugar de Dios. Sin darnos cuenta, nos convertimos en idólatras.

Dios es la fuente de todo lo que requiere. Sus niños, el trabajo, su cónyuge y sus amistades sólo son herramientas que Él utiliza para satisfacer sus necesidades. Sin embargo, Él es la fuente. Alguna o todas estas cosas podrían desaparecer mañana, pero sus necesidades serán satisfechas, porque nada puede separarle de la Fuente (véase Romanos 8.35).

3. Ellos buscaron evidencia de la intervención del Espíritu.

La razón por la cual no buscamos evidencia de la intervención divina es que en realidad no creemos que hace falta. Oramos y planificamos como si el poder de Dios estuviera reservado para los misioneros y los predicadores. Mientras pensemos que nuestras vidas no requieren intervención de Dios, haremos la obra divina a nuestra manera y mediante nuestros esfuerzos.

Si no cree que necesita el poder de Dios para criar a sus niños, ¡no está prestando atención! Si no cree que es necesario su poder para mantenerse puro, se engaña. Necesita su intervención en cada momento del día. Quienes buscan, encuentran. Se dice: «Sólo Dios pudo haber hecho eso. Si no hubiera intervenido, no sé qué hubiéramos hecho».

Si Dios no interviene por usted hoy, ¿cuál sería la diferencia? Su respuesta a esta pregunta revelará cuán consciente es su dependencia. Esta divulga su espíritu autosuficiente. Usted no está buscando mucha evidencia de la intervención del Espíritu, si nada fuera diferente. Está haciendo Su obra a su manera.

¡Planifique algo grande sin Su intervención y se hundirá! No estoy propugnando una tontería. Pero, sin duda, sería bueno ver a unos cuantos cristianos al borde del abismo de vez en cuando.

4. No estaban tensos

Es probable que la característica más sorprendente de los hombres y mujeres que están haciendo la obra de Dios a Su manera es su serenidad. En ocasiones se considera como falta de preocupación. Pero ese no es todo el caso. Los creyentes que andan en el Espíritu van a experimentar la paz. La tensión y la paz no pueden coexistir. Una reemplazará a la otra. Cuando estamos convencidos de que Dios intervendrá por nosotros, la tensión desaparece.

«Espere un momento», dirá el incrédulo. «Usted no sabe el tamaño de los proyectos en los cuales estoy metido. No conoce el peso que tengo sobre mis hombros».

Permítame preguntarle algo. ¿Cómo compara el tamaño de sus proyectos con el poder de Dios? ¿Acaso puede calcular Su fortaleza? El mismo Espíritu que maneja mis cien dólares puede manejar un millón. A Él no le amenaza (o le impresiona) eso. Además, ¿qué le ha producido la tensión? Es *por* hacer bastante, pero no mucho para usted.

Dios envió al Espíritu Santo a morar en usted para que dependa de Él. A Él le encanta influir sobre este mundo lleno de tensiones al mover a uno de sus hijos en un medio ambiente de perfecta paz. Esa es su manera.

El manejo de la tensión es un asunto de fe y de perspectiva. Requiere de perspectiva eterna y fe en Dios. Esa es una combinación triunfante. Lea las historias de hombres y mujeres de ayer. Con frecuecia afrontaban situaciones de vida o muerte. Pero lo hacían con una perspectiva y fe de tal magnitud que la tensión no hallaba morada en sus corazones.

La vida en el Espíritu no es una vida sin responsabilidades ni presiones. Sin embargo, es una vida en la cual se percibe a Dios como un fiel proveedor, que nos libera para hacer lo que sabemos hacer y confiarle todas las cosas que están más allá de nuestro control. Esa es la esencia de la vida en el Espíritu.

5. Se pasaron más tiempo alabando y agradeciendo a Dios que pidiéndole cosas.

Las personas que Dios usó pasaban más tiempo agradeciendo que pidiendo. Cuando realizamos la obra de Dios a Su manera, no nos levantaremos cada mañana rogando y pidiendo. Comenzamos agradeciendo. La verdadera dependencia y confianza siempre estallará en alabanza. La duda por lo común se reduce al envilecimiento y al convenio: «Muy bien, Dios, si tú intervienes esta vez, yo jamás...».

Dios no puede ser sobornado. Y en verdad Él no es honrado cuando nuestra relación se reduce al trueque. Él ama la alabanza. *Nada honra tanto a Dios como el alabarle por lo que prometió antes de que se cumpla la promesa.* Esa es la máxima expresión de fe.

Juzgue por sí mismo

Así, ¿diría que hace la obra divina a la manera de Dios o a la suya? ¿Actúa basado en Su fortaleza o en la suya? Si usted es como yo, con probabilidad va y viene por este camino.

He descubierto que no realicé nada al actuar con mi propia fortaleza. Termino trabajando en contra mía. La tensión disminuye mi energía. Comienzo a ver los recursos y la gente como medios para mis fines. Mis oraciones se convierten en una lista de compras. Todo parece moverse a cámara lenta.

Pero los días en que trabajo y ando lleno del Espíritu, las cosas son diferentes. Hay un sentimiento de entusiasmo mientras aguardo la intervención divina. La presión se mantiene a cinco centímetros sobre mis hombros. Y soy libre de amar a la gente en lugar de utilizarla. Mis oraciones están llenas de agradecimiento y alabanza. Hago mucho más en menos tiempo. Y no me preocupo de lo que no pueda finalizar.

¿Le parece fácil? No lo es. Pero es mucho más fácil que

trabajar con mi propia fuerza. Quiero animarle a copiar estas cinco características para que pueda leerlas a menudo. Examínese durante el transcurso del día. ¡Y comience a realizar la obra de Dios a su manera!

Para meditar

Cuando haga la obra de Dios a Su manera...

- Actuaré convencido de que si Dios no interviene, mi proyecto fracasará.
- Veré a Dios como la única fuente de lo que necesito.
- Buscaré evidencias de la intervención sobrenatural divina.
- No tendré tensiones.
- Pasaré más tiempo alabando y agradeciendo a Dios que requiriéndole cosas.

CAPÍTULO 12

El bautismo del Espíritu Santo

Ningún ministerio del Espíritu Santo ha sido tan malinterpretado como el bautismo del Espíritu Santo. Mientras crecía, escuché siempre explicar el bautismo del Espíritu Santo como una experiencia que ocurría en algún momento después de la salvación. De vez en cuando encontraba personas que hablaban de «haber recibido el bautismo» o «haber recibido el don». Al preguntar sobre ello, descubrí que las frases se utilizaban para referirse a la experiencia de ser bautizado por el Espíritu Santo. Tales frases todavía son usadas hoy día.

Recuerdo la primera vez que vi a una persona «recibir» el bautismo. Para ser sincero, me asustó. Es más, ¡me molestó tanto que decidí que no lo quería! Por desgracia, pasaron años antes de que dedicara tiempo para escudriñar las Escrituras y entender lo que la Palabra de Dios decía acerca del bautismo del Espíritu Santo. Cuando lo hice, concluí lo siguiente:

1. La Biblia es clara y consistente en su explicación del bautismo del Espíritu; la confusión es innecesaria.

2. Hay poca similitud entre lo que la Biblia enseña en

cuanto al bautismo del Espíritu y las experiencias de muchos de los que reclaman haber sido bautizados por el Espíritu.

Decidí al comienzo de mi ministerio permitirle a la Biblia determinar mi conducta e interpretar mi experiencia. Por «determinar mi conducta» me refiero al hecho de que la Biblia es mi patrón para vivir; es mi código de conducta. Cuando digo «interpretar mi experiencia», aludo al hecho de que siempre daré prioridad a lo que las Escrituras digan sobre lo que mis vivencias parezcan indicar. No interpretaré las Escrituras a través de mi experiencia. Hacer esto es peligroso. Me eleva al lugar de juez y jurado sobre la Biblia. Quiero que Dios ajuste mi experiencia a la verdad de su Palabra.

Como mencioné antes, conozco muchos creyentes que han tenido una significativa vivencia luego de su salvación. Algunos la han atribuido al bautismo del Espíritu Santo. A mí no me corresponde juzgar si algo le sucedió o no a alguien. Siento, sin embargo, la responsabilidad de advertir en contra de justificar o explicar su experiencia a expensas de la integridad de la Palabra de Dios. Con esto en mente, vamos a echarle una ojeada a lo que la Biblia dice acerca del bautismo del Espíritu Santo.

El testimonio de la Escritura

Juan el Bautista puso la pelota en movimiento. Como precursor de Cristo, Juan tenía la responsabilidad de preparar a la gente para Su llegada. Habían pasado cuatrocientos años desde que el último profeta legítimo se dirigió a la nación judía. La gente estaba recelosa. Juan tenía una misión desafiante.

Juan habló con frecuencia acerca del bautismo del Espíritu Santo. Enfatizó de continuo que una vez el Mesías llegara, Él bautizaría a sus seguidores con el Espíritu Santo:

> **Si ha confiado en Cristo como su Salvador, usted «tiene el bautismo».**
>
> **No sólo eso, sino que ha sido lleno y el Espíritu mora en usted. Por lo tanto, usted tiene todo lo necesario para experimentar la maravillosa vida en el Espíritu.**

Yo a la verdad os bautizo en agua para arrepentimiento; pero el que viene tras mí, cuyo calzado yo no soy digno de llevar, es más poderoso que yo; Él os bautizará en Espíritu Santo y fuego.

—*Mateo 3.11*

Y también dijo:

Y yo no le conocía; pero el que me envió a bautizar con agua, aquél me dijo: Sobre quien veas descender el Espíritu y que permanece sobre Él, ése es el que bautiza con el Espíritu Santo.

—*Juan 1.33; busque también Mateo 3.16;*
Marcos 1.8; Lucas 3.16

Es muy probable que la gente de aquel entonces no tuviera idea de lo que significaba ser bautizado en el Espíritu Santo. Habría algunas teorías, pero nadie sabía con exactitud a qué se refería Juan.

Ahora la trama se pone más interesante. Jesús llegó. Juan

le reconoce como al que bautiza con el Espíritu Santo. Pero nadie es bautizado. Por espacio de tres años no escuchamos nada más en cuanto al bautismo del Espíritu Santo; o algo parecido. Entonces, por fin, el día que Él asciende al cielo, Jesús vuelve a tocar el tema.

> Y estando juntos, les mandó que no se fueran de Jerusalén, sino que esperasen la promesa del Padre, la cual, les dijo, oísteis de mí. Porque Juan ciertamente bautizó con agua, mas vosotros seréis bautizados con el Espíritu Santo dentro de no muchos días.
> —*Hechos 1.4-5*

En estos versículos, Jesús iguala el bautismo del Espíritu Santo con «la promesa del Padre» y, todavía más importante, con lo que «oísteis de mí». Piense un momento. ¿A qué se refiere? ¿Qué había prometido el Padre? ¿Qué habían «escuchado» de parte de Jesús en cuanto al Espíritu Santo? Él nunca mencionó específicamente el bautismo del Espíritu Santo durante su ministerio. Pero ahora le dice a sus seguidores que esperen en Jerusalén por el bautismo, al que en apariencia se había referido antes, prometido por el Padre. ¿A qué se refiere?

Jesús se esta refiriendo a una serie de conversaciones que tuvo con Sus discípulos justo antes de su arresto. Prometió enviar al Espíritu Santo antes de partir:

> Y yo rogaré al Padre, y os dará otro Consolador, para que esté con vosotros para siempre: el Espíritu de verdad, al cual el mundo no puede recibir, porque no le ve, ni le conoce; pero vosotros le conocéis, porque mora con vosotros, y estará en vosotros.
> —*Juan 14.16-17; véase Juan 15.26*

Observe que Jesús dijo que pediría al Padre que enviara al Espíritu y que Él lo haría. Jesús hizo una promesa de parte del Padre. Es lo mismo que si el Padre prometiera el Espíritu Santo.

Jesús describió el bautismo del Espíritu. No utilizó la misma frase. Pero sus comentarios en Hechos 1.5 claramente vinculan las dos discusiones. No hablaba de dos sucesos distintos: la llegada del Espíritu Santo (véase Juan 14) y el bautismo del Espíritu Santo (véase Hechos 1.5). Son una y la misma cosa.

Mientras tanto...

Unos días después se cumplió lo prometido. El Espíritu Santo llegó. Pero, ¡no hay mención del bautismo del Espíritu Santo! La Biblia dice que todos fueron «llenos» del Espíritu. ¿Qué pasó?

> Cuando llegó el día de Pentecostés, estaban todos unánimes juntos. Y de repente vino del cielo un estruendo como de un viento recio que soplaba, el cual llenó toda la casa donde estaban sentados[...] Y fueron todos llenos del Espíritu Santo, y comenzaron a hablar en otras lenguas, según el Espíritu les daba que hablasen.
>
> *—Hechos 2.1-4*

¿Por qué no dice: «Y fueron bautizados con el Espíritu Santo»? ¿No es lo que prometió Jesús que ocurriría? ¿No fue eso lo que predijo Juan el Bautista? ¿No fue esa la promesa del Padre?

Perfectamente. Y eso es con exactitud lo que sucedió. Fueron bautizados, llenos de ríos de agua viva (véase Juan 7.38-39), fortalecidos; y el Espíritu vino a hacer su morada en ellos. No hay distinción. Todo es la misma cosa. Jesús, Mateo, Juan, Marcos, Lucas: todos utilizaron en forma alternada estos términos para describir la llegada inicial del Espíritu Santo en el corazón de los creyentes.

Mucho después del actual día de Pentecostés, Lucas y Pedro añadieron dos expresiones a la lista. Pedro estaba predicando a grupo de gentiles cuando, de pronto, en palabras de Lucas:

> Mientras aún hablaba Pedro estas palabras, el *Espíritu Santo* cayó sobre todos los que oían el discurso. Y los fieles de la circuncisión que habían venido con

Pedro se quedaron atónitos de que también sobre los gentiles *se derramase el don del Espíritu Santo.*
—*Hechos 10.44-45, énfasis añadido.*

Ahora tenemos al Espíritu Santo *cayendo* y *derramándose.* ¿Es este un nuevo ministerio del Espíritu Santo? Seguro que no. Es sólo otra manera de describir la llegada inicial del Espíritu Santo en el corazón del creyente.

Sabemos que es así por la forma como Pedro interpretó lo que ocurrió. Note cómo compara el incidente:

> Y cuando comencé a hablar, cayó el Espíritu Santo sobre ellos también, como sobre nosotros al principio. Entonces me acordé de lo dicho por el Señor, cuando dijo: Juan ciertamente bautizó en agua, mas vosotros seréis bautizados con el Espíritu Santo. Si Dios, pues, les concedió también el mismo don que a nosotros que hemos creído en el Señor Jesucristo, ¿quién era yo que pudiese estorbar a Dios?
> —*Hechos 11.15-17; véase Hechos 15.8*

Debemos permitir que Pedro lo describa a su manera. Un grupo vino a la fe y de inmediato —sin ruegos, oraciones, lamentos o demandas— cayó el Espíritu Santo. De acuerdo con Pedro, fue lo mismo que sucedió en el aposento alto. Y fue la misma experiencia que predijo Juan el Bautista al principio.

Ahora miremos la interpretación de los líderes de Jerusalén:

> Entonces, oídas estas cosas, callaron, y glorificaron a Dios, diciendo: *¡De manera que también a los gentiles ha dado Dios arrepentimiento para vida!*
> —*Hechos 11.18, énfasis añadido.*

¿Por qué mencionar la vida y el arrepentimiento? ¿Por qué no dijeron: «Bueno, entonces, Dios les bautizó con el Espíritu tal y como hizo con nosotros» o «Parece que Dios va a permitir que los gentiles se llenen del Espíritu junto con los judíos»? ¿Por qué hablar en términos de salvación? Porque todo esta vinculado. Todo es la misma cosa.

El bautismo del Espíritu significa que una persona ha puesto su fe en Cristo. Por eso es que el apóstol Pablo pudo escribir:

> Porque por un solo Espíritu fuimos todos bautizados en un cuerpo, sean judíos o griegos, sean esclavos o libres; y a todos se nos dio a beber de un mismo Espíritu.
>
> —*1 Corintios 12.13, énfasis añadido.*

Cada creyente ha sido bautizado por el Espíritu Santo. El bautismo simboliza nuestra identificación con el cuerpo de Cristo.

Ser bautizado en el cuerpo implica ser puesto en Él, lo cual sucede en el momento de la salvación. Billy Graham coincide:

> En mi estudio de las Escrituras a través de los años me he convencido de que hay un solo bautismo del Espíritu Santo en la vida de cada creyente y este acontece en el momento de la conversión.[1]

La fuente de confusión

Quizá estará pensando que *si es así de sencillo, ¿por qué tanta confusión? Ciertamente debe haber algo más. De no ser así, ¿por qué hay tantos cristianos con una opinión diferente?*

La confusión procede ante todo del lapso en Hechos entre la conversión y el bautismo del Espíritu. Algunos creen que es el patrón normal. Así que animan a los creyentes a buscar el bautismo del Espíritu. Después de todo, los discípulos lo recibieron tarde. Pablo lo recibió más tarde. Y también los discípulos de Juan (véase Hechos 19.1-7).

El retraso fue necesario en aquel entonces porque el Espíritu Santo no podía llegar hasta que Jesús se marchara. No había otra alternativa. Bueno, quizás había una. Jesús también pudo haber demorado su oferta de salvación. Pero eso hubiera complicado las cosas para Juan el Bautista, sin mencionar a miles de creyentes del Antiguo Testamento. El

[1] Billy Graham, *op. cit.*, p. 62.

orden de sucesos predestinado por Dios hizo necesario que se demorara el bautismo del Espíritu Santo para todos aquellos que se salvaron antes del día de Pentecostés. Pero algo sucedió ese día de Pentecostés que demostró el deseo divino para poner fin a la demora.

La primera invitación

El fenómeno del aposento alto causó una conmoción en la comunidad. Judíos de todas partes se habían reunido para celebrar la fiesta de Pentecostés. Cuando escucharon a los galileos hablar varios idiomas extranjeros se sorprendieron. No pasó mucho tiempo antes de que comenzaran a preguntarse: «¿Qué quiere decir esto?» (Hechos 2.12).

Pedro aprovechó la oportunidad. Les llamó la atención y explicó lo que pasaba (Hechos 2.14-36). Cuando terminó, la Biblia dice:

> Al oír esto, se compungieron de corazón, y dijeron a Pedro y a los otros apóstoles: Varones hermanos, ¿qué haremos?
> —*Hechos 2.37*

Pedro estaba listo. Dijo:

> Arrepentíos, y bautícese cada uno de vosotros en el nombre de Jesucristo para perdón de los pecados; y recibiréis el don del Espíritu Santo.
> —*Hechos 2.38*

De acuerdo con Pedro, ellos no tenían que esperar para recibir el Espíritu Santo. Ni siquiera necesitaban pedirlo. Les hacía falta salvarse. Esa era la única condición. John Stott escribe:

> Los 3.000 no parecen haber experimentado el mismo fenómeno milagroso (el viento recio, las lenguas de fuego, o los idiomas extranjeros). Pero debido a la certeza de la acción divina por medio de Pedro, éstos deben haber heredado la misma promesa y recibido el mismo don (versículos 33, 39). Sin embargo, había una diferencia entre ellos: los 120 que ya habían sido regenerados y recibieron el bautismo del Espíritu

sólo después de esperar diez días por Dios. Los 3.000, por otra parte, eran incrédulos y les fue otorgado el perdón de sus pecados y el don del Espíritu al mismo tiempo, y sucedió tan ponto se arrepintieron y creyeron sin necesidad de espera alguna.

Esta distinción entre los dos grupos, los 120 y los 3.000, es de gran importancia debido a que *la norma actual debe ser por seguro la del segundo grupo, los 3.000, y no (como casi siempre se supone) la del primero.*[2]

El otro ejemplo claro de una demora entre la salvación y el bautismo del Espíritu está en Hechos 8. Allí encontramos a Felipe (véase Hechos 6.5) cuando predica a los samaritanos y realiza señales que validaban su mensaje. Un gran número de samaritanos expresó interés y muchos llegaron a la fe.

Cuando los apóstoles en Jerusalén escucharon lo que sucedió, decidieron enviar a Pedro y a Juan a Samaria para ayudarle con el trabajo e investigar a Felipe. Cuando llegaron, descubrieron que los nuevos creyentes no habían recibido el Espíritu Santo. Lucas escribe:

> Porque aún no había descendido sobre ninguno de ellos, sino que solamente habían sido bautizados en el nombre de Jesús. Entonces les imponían las manos, y recibían el Espíritu Santo.
> —*Hechos 8.16-17*

Algunos utilizan este incidente para apoyar la idea de que el bautismo del Espíritu Santo viene a través de la imposición de manos. Pero ese no es aquí el asunto. Si eso fuera todo, Felipe pudo haberlo hecho con los nuevos creyentes. Después de todo, Dios estaba realizando milagros a través de su persona (véase Hechos 8.6). ¿Por qué no le impuso las manos a este grupo? ¿Por qué tuvieron que esperar por Pedro y Juan?

Como se sabe, los judíos odiaban a los samaritanos. Los

---

[2] John R. Stott, Bautismo y plenitud, Editorial Caribe, Miami, FL, Inter-Varsity Press, Londres, 1975, págs. 28ss.

consideraban como una semiraza. No era raro que los judíos
se desviaran varias millas de su camino para evitar pasar
por territorio samaritano. Imagínese, si los creyentes samaritanos hubieran recibido automáticamente el Espíritu Santo el día que Felipe les predicó, ¿qué cree que hubiera
sucedido? Este hubiera sido el comienzo de la Primera
Iglesia de Samaria y la Primera Iglesia de Jerusalén. La
demora forzó a los judíos a reconocer el hecho de que Dios
había aceptado a los samaritanos como a ellos. Este atraso
unificó a la iglesia primitiva.

El significado de este incidente no es la demora. Ni es la
relación entre la imposición de manos y el bautismo en el
Espíritu. El significado es que los apóstoles imponían sus manos
en los creyentes samaritanos. Al hacerlo, ponían su sello de
aprobación al movimiento misionero de los samaritanos.

El tener y el no tener

A veces, cada dos o tres meses, alguien se me acerca y
me pregunta si tengo el bautismo. Siempre respondo afirmativamente. Algunas veces digo: «Pero no de la manera
que usted piensa». Lo que me molesta de esa pregunta es
que impone una dicotomía falsa en el cuerpo de Cristo.
Recuerde que una de las funciones del Espíritu Santo es
capacitar a los creyentes a trabajar juntos, para edificar la
unidad en el cuerpo. Pensar en términos de «tener o no
tener» predispone en contra de la unidad del cuerpo. Por lo
tanto no puede ser del Espíritu.

La Biblia no apoya la noción de un grupo de creyentes
que tiene el bautismo y otro que no: «No hay dos niveles de
creyentes: los dotados y los que no lo son, los bautizados en
el Espíritu y los no-bautizados en el Espíritu».[3] Esta manera
de pensar contradice todo lo que la Biblia enseña acerca de
los dones espirituales y el cuerpo de Cristo.

He conversado con docenas de creyentes sinceros que

---

[3] R.C. Sproul, *op. cit.*, p. 157.

reclaman que el bautismo del Espíritu mejoró dramáticamente su experiencia cristiana. Su vida de oración es mejor, tienen mayor desenvoltura y su hambre por la Palabra aumentó. Digo: «¡FANTÁSTICO!» Estoy muy a favor de una mejor experiencia cristiana. «Pero, ¿por qué», pregunto, «tiene que llamar a lo sucedido el bautismo del Espíritu? Llámelo de otra manera. Confunde las cosas». Algunos responden llamándolo: «el segundo bautismo del Espíritu». Eso es peor. La Biblia nunca habla de un segundo bautismo del Espíritu.

Como dije al principio de este capítulo, no me toca juzgar cuán correcta o incorrecta es la experiencia de un creyente. Una experiencia es una experiencia. Pero no puedo quedarme callado y ver a la gente abusar de la Palabra de Dios para validar sus vivencias. R.C. Sproul lo dice de manera muy hermosa:

> Estoy encantado de escuchar del crecimiento de la fe, del entusiasmo, de la diligencia en la oración y todo lo demás. Mi preocupación no es por lo significativo de la experiencia sino la comprensión de su significado. Es la interpretación de la experiencia lo que tiende a ir contra la Escritura. Nuestra autoridad no está en nuestra experiencia, sino en la Palabra de Dios.[4]

Andy me contó una graciosa historia que ilustra lo que trato de decir. Hace varios meses comenzó a dirigir un servicio de adoración en nuestra nueva propiedad. No pudo dormir bien durante los tres o cuatro meses antes de la fecha de inicio. No podía quitarse el nuevo servicio de adoración de la cabeza. Decía que oraba toda la noche hasta la madrugada. Sucedía noche tras noche. Luego de dos o tres días comenzó a levantarse y se iba a otro cuarto a orar. Estaba convencido de que el Señor le mantenía despierto para orar. Cuando me contó lo que le sucedía estaba tan entusiasmado por lo que Dios hacía en su vida de oración, que dijo: «Ni siquiera me siento cansado por la mañana».

Luego de dos semanas, su esposa se preocupó un poco.

[4] *Ibid.*, p. 158.

Él estaba tomando unas medicinas para el resfriado, y Sandra creía que había alguna relación. Ella llamó al médico. Era cierto, uno de los medicamentos era un estimulante. Andy dejó de tomarlo y comenzó a dormir como un bebé. ¡Tremenda vida de oración! Creo que Dios honró las oraciones de Andy. Pero la verdad es que Andy malinterpretó lo que estaba pasando.

Una vez más recordé cuán fácilmente podemos malinterpretar nuestras experiencias. Tenemos que ser cuidadosos. Es peligroso saltar a conclusiones. Mientras alineamos las interpretaciones de nuestras experiencias con la enseñanza de la Escritura, estaremos bien. Pero, nos metemos en problemas, cuando usamos la Biblia para sancionar la validez de *nuestras* interpretaciones. Si ha confiado en Cristo como su Salvador, usted «tiene el bautismo». No sólo eso, sino que ha sido lleno y el Espíritu mora en usted. Por lo tanto, usted tiene todo lo que necesita para experimentar la maravillosa vida en el Espíritu.

─────────── **Para meditar** ───────────

- ¿Qué se le ha enseñado acerca del bautismo del Espíritu Santo durante su experiencia cristiana?
- ¿Ha tenido en alguna ocasión una experiencia espiritual que fue malinterpretada? Explique qué causó esa malinterpretación.
- ¿Por qué hay tanta confusión entre los creyentes acerca del bautismo del Espíritu Santo?
- ¿Cuáles son los peligros de esta confusión?
- Lea 1 Corintios 12.13 y Hechos 2.38. Pase algún tiempo meditando acerca de la seguridad ofrecida en estos versículos de que si ha confiado en Cristo como su Salvador, ha sido bautizado en el Espíritu Santo.

Mire adelante

La función del Espíritu Santo en las decisiones

Y cuando llegaron a Misia,
intentaron ir a Bitinia, pero el
Espíritu no se lo permitió.
—*Hechos 16.7*

CAPÍTULO 13

El Espíritu Santo:
nuestro guía

No hace mucho tomaba fotografías en una de las islas de las Bahamas, llamada Inagua. Hay un pequeño puerto comercial en esa isla donde anclan los barcos de carga para llenar sus bodegas con gran cantidad de sal para exportación. Mientras observaba la actividad alrededor de los muelles, vi tres grandes postes de madera. Estaban alineados a varios metros de distancia uno del otro, a un lado del sector de entrada de las embarcaciones. Los postes, o torres, de unos 15 metros de alto, tenían un faro en la parte más alta.

Como pasé varios años en Miami, estaba familiarizado con las boyas y los marcadores de canales. Así que supuse que los postes daban algún tipo de orientación a las naves. Pero como estaban en tierra y no en el canal, no podía determinar su función exacta. Por eso pregunté.

Los contornos geográficos de Inagua forman un puerto natural. Con excepción de un estrecho canal, no hay suficiente profundidad para que los barcos entren. Los tres postes guían a los barcos saleros a través del canal y aseguran que estos no se desvíen. Cuando uno de estos navíos debe ingresar al puerto, el capitán lo alinea de tal manera que los tres postes se vean como uno. De esta manera sabe que está en el canal.

Marcadores espirituales

Una de las funciones primordiales del Espíritu Santo es la de guiar. Empero no siempre es fácil discernir su voz. La gente con frecuencia me pregunta: «¿Cómo sé que está hablándome? ¿Cómo puedo distinguir entre mis pensamientos y los de Dios?» En los siguientes capítulos vamos a observar algunos de los marcadores espirituales que siempre se alinean cuando el Espíritu Santo nos guía. Como Dios no es autor de confusión, Él no desea que nos perdamaos en un área tan vital como ésta. Así que nos ha dado algunos marcadores claros para asegurar que nos mantengamos en curso con su voluntad para nuestras vidas.

Antes de examinar en detalle cada uno de ellos, quisiera hacer una pausa y llamarle la atención sobre algo que Jesús dijo acerca del Espíritu Santo como guía. Al conversar con los discípulos sobre este mismo tema, Jesús dijo:

> Pero cuando venga el Espíritu de verdad, Él *os guiará* a toda la verdad; porque no hablará por su propia cuenta, sino que hablará todo lo que oyere, y os hará saber las cosas que habrán de venir.
> —*Juan 16.13, énfasis añadido.*

Este versículo dice mucho, pero necesitamos analizar cuatro verdades claves antes de continuar con nuestra discusión.

1. El Espíritu Santo nos guiará.

El énfasis está en la palabra *guiar*. Jesús no promete que el Espíritu Santo nos *controlará*. No promete que nos *conducirá*. No dice que el Espíritu Santo nos *forzará* a hacer algo. Simplemente dice que nos *guiará*.

Admito que hay ocasiones en las cuales quisiera que el Espíritu Santo me controlara. Por ejemplo, cuando estoy tentado. O cuando me hago de tantas tareas que me vuelvo muy insensible. O cuando en una hermosa tarde de sábado debo estudiar, pero me entran inmensos deseos de agarrar mi cámara fotográfica y largarme a las montañas. La vida sería muchísimo más fácil —y yo sería una persona mucho más agradable— si el Espíritu Santo me agarrara y me controlara.

Pero ese no es el caso. Él es nuestro guía, no nuestro controlador. En ningún momento perderemos nuestra habilidad para decidir si seguiremos sus directrices o no. A raíz de esto, siempre seremos responsables por nuestras palabras y nuestras acciones.

2. El Espíritu Santo es un guía confiable.

Al Espíritu Santo se le llama el Espíritu de la *verdad*. Guía a los creyentes a la verdad y de acuerdo con lo que es cierto. Esto hace de Él un guía confiable.

El Espíritu Santo ayuda a los creyentes a discernir entre lo verdadero y lo falso, lo sabio y lo tonto, lo mejor y lo simplemente aceptable. Cada día está lleno de decisiones. La mayoría de ellas se relacionan con asuntos que no están claramente descifrado en las Escrituras. Por ejemplo, la Biblia no puede decirle a qué escuela asistir, si debe emplear o no a alguna persona en particular, cuánto dinero debe ahorrar para sus vacaciones, etc.

El Espíritu Santo le guiará mientras es bombardeado por los asuntos de la vida diaria. Le aumentará su sentido del discernimiento, pues lo necesitará para tomar decisiones tanto grandes como pequeñas. Y lo maravilloso es que a medida que desarrolle una mayor sensibilidad a Su guía, se preocupará mucho menos de sus determinaciones. ¿Por qué? Por que el Espíritu Santo es un guía confiable.

3. El Espíritu Santo es el vocero divino para los creyentes.

El Espíritu Santo no habla por sí mismo. Como Cristo, este miembro de la Trinidad se ha sometido voluntariamente a la autoridad del Padre. Todo lo que nos comunica proviene del Padre: «No hablará por su propia iniciativa».

Dios ha elegido comunicarse con Sus hijos mediante el Espíritu Santo (véase Hechos 11.12). Él es el portavoz divino para los creyentes. Cuando Dios decida hablarle, será por medio del Espíritu Santo.

Esto tiene perfecto sentido si piensa en ello. Después de todo, ¿dónde reside el Espíritu Santo? ¡En usted y en mí! Por lo tanto, Él es el candidato perfecto para comunicar la voluntad divina a los cristianos. Porque vive dentro de nosotros, tiene acceso directo a nuestras mentes, nuestras emociones y nuestra conciencia.

4. El Espíritu Santo habla.

La pregunta de si Dios todavía habla hoy ha dado lugar a numerosos libros, artículos y conferencias. No me propongo presentar un impenetrable argumento acerca del por qué creo que Dios todavía habla hoy. Baste decir que Dios, por medio del Espíritu Santo, se comunica directamente con los creyentes. No escribo estas revelaciones en la parte de atrás de la Biblia para llamarlas inspiradas. Tampoco le digo a todos «lo que Dios me dijo».

Mi experiencia (así como la de muchas personas consagradas) es que el Espíritu Santo, inducido por el Padre celestial, todavía se comunica con los creyentes hoy día. En las siguientes páginas describiré varias ocasiones cuando sentí que el Espíritu Santo me habló. Ninguna de ellas fue audible. Pero eso no debe sorprendernos. El Espíritu Santo mora en mí. No necesita mis oídos. Lo que requiere es un corazón que escuche y una mente renovada.

El libro de Hechos registra varias ocasiones en que el Espíritu Santo le habló a Pedro y a Pablo (véase 11.12; 13.2; 16.6; 20.23). No puede negarse que estas personas tenían un don y un llamado especial en sus vidas. Eran apóstoles, hombres elegidos por Cristo para llevar el evangelio al mundo. Pero el mismo Espíritu Santo que moraba en aquellos hombres mora en cada creyente. Así como ellos necesitaron dirección divina en los momentos críticos de sus vidas, nosotros la necesitamos hoy.

En sus cartas a los cristianos en Roma y Galacia, el apóstol Pablo se refirió a los creyentes como personas guiadas por

el Espíritu Santo (Romanos 8.14; Gálatas 5.18). Sería difícil
dirigir a alguien con quien no puede comunicarse. Lo mismo se aplica al Espíritu Santo. Si vamos a ser orientados
por el Espíritu Santo, sólo podemos suponer que Él está más
que dispuesto y capacitado a comunicarse con nosotros.

Confesiones

No siempre he buscado la guía del Espíritu Santo. No
porque pensara que Él no era confiable. Tampoco porque
fuera incapaz. Con sinceridad debo decir que por mucho
tiempo no estuve convencido de que Dios estaba interesado
en guiarme. No estaba persuadido de que Dios en realidad
cuidara mis decisiones diarias. Las decisiones que afectaban nuestra iglesia eran una cosa, pero la mayoría de ellas
no son difíciles y monumentales. Se me hacía difícil creer
que Dios pudiera interesarse en los detalles de mi vida. En
ocasiones me sentía un tanto culpable molestándole con los
asuntos mundanos que llenan mi tiempo.

Quizás usted ha tenido dudas parecidas. Con frecuencia
hablo con cristianos que luchan con este asunto: «¿En
verdad le importa a qué universidad voy? ¿Importa en
realidad qué trabajo obtengo? ¿Qué diferencia hace la adquisición de esta o aquella casa? ¿Le importa en verdad a
Dios a qué escuela elemental asisten nuestros hijos?» A
veces pienso: *¿Cómo es posible que el Dios del universo, que
contempla sucesos en lugares tan importantes como Washington, el Medio Oriente y Moscú, de veras tome en serio
mis insignificantes decisiones?* Así que acudí a Él para las
cosas grandes e hice lo mejor que pude para manejar los
asuntos pequeños. No me malinterprete. Oraba en cuanto a
las cosas pequeñas. Siempre oré. Pero en realidad no esperaba dirección divina, así que no la buscaba. Sencillamente
iba al paso y hacía lo mejor posible.

Pero un día, un pasaje familiar de la Escritura cobró
nuevo significado para mí:

> Humillaos, pues, bajo la poderosa mano de Dios, para
> que Él os exalte cuando fuere tiempo; echando toda
> vuestra ansiedad sobre Él, porque Él tiene cuidado
> de vosotros.
>
> —*1 Pedro 5.6-7*

De pronto me di cuenta. Debe existir alguna razón por la cual Dios me anima a descargar en Él todas mis ansiedades. De acuerdo con este pasaje la razón es *que Él verdaderamente cuida de mí.* No está demasiado ocupado para no estar pendiente de lo que me preocupa.

Si tiene niños, experimenta todo el tiempo este fenómeno. Vienen a carreras con lo que creen que es una crisis mayor. Pero para usted, en su mundo adulto, no lo es. ¿Cómo responde? Se inclina y escucha con atención. Los toma en sus brazos y les asegura que todo saldrá bien. Cuando pueda les ayudará a resolver el problema. ¿Por qué? ¿Debido a la naturaleza de la crisis? ¡No! Porque afecta a alguien a quien usted quiere.

Cuando usted está preocupado, Dios se preocupa. Jesús se hizo eco de esta idea en el Sermón del Monte cuando dijo:

> No os afanéis, pues, diciendo: ¿Qué comeremos, o
> qué beberemos, o qué vestiremos?[...] pero *vuestro
> Padre celestial sabe* que tenéis necesidad de todas
> estas cosas.
>
> —*Mateo 6.31-32, énfasis añadido.*

¡Qué consuelo! Él sabe lo que necesitamos. Nota hasta los detalles más insignificantes. Los principios que discutiremos se aplicarán a cada faceta de su vida. Dios está preocupado en cuanto a su empleo, su casa, sus niños, sus vacaciones, la iglesia a la que asiste, sus finanzas y hasta sus entretenimientos. Si le importa a usted, le importa a Dios. ¿Por qué? Porque USTED le importa a Dios.

-------------- **Para meditar** --------------

• Describa una experiencia que haya tenido en la cual estuvo seguro que el Espíritu Santo le estaba hablando.
• ¿Puede recordar algún momento en el cual ignoró la dirección del Espíritu Santo?
• ¿Cree usted que cualquier cosa que le preocupa a usted le preocupa a Dios?
• ¿Vive como si creyera en esto?
• Revise por un momento las cuatro verdades presentadas en Juan 16.13:
    • El Espíritu Santo nos guiará.
    • El Espíritu Santo es un guía confiable.
    • El Espíritu Santo es el comunicador de Dios.
    • El Espíritu Santo habla.
• ¿Está dispuesto a tratar de echar *todas* sus ansiedades sobre Dios durante la siguiente semana?

CAPÍTULO 14

Preparación para escuchar: el principio de la neutralidad

E n los últimos dos años nuestra iglesia y ministerio de televisión han experimentado cambios maravillosos. Estamos en otro lugar. Hemos transformado nuestra estructura organizacional. Hemos redefinido nuestros propósitos y objetivos. Hasta hemos cambiado algunos miembros claves del personal y la descripción de su trabajo.

Pero el cambio nunca es fácil. Siempre hay un grupo que quiere moverse demasiado rápido. Al mismo tiempo hay hermanos que con muy buenas intenciones se adhieren a la filosofía de que «¡si no está roto, no hay que arreglarlo!»

Los cambios significan decisiones, determinaciones que, en nuestro caso, afectaban a cientos de familias. Durante los dos últimos años, a medida que laboraba para conocer la voluntad de Dios para nuestra iglesia, aprendí mucho acerca de la participación del Espíritu Santo en el proceso de tomar decisiones. No me sorprendí al descubrir que estos principios se aplican tanto a las grandes decisiones como a las cotidianas que afectan nuestras vidas.

Durante este emocionante, pero un tanto tumultuoso período en la vida de nuestra iglesia, fuimos forzados a crear una solución temporal para nuestro problema de espacio. Mudarnos era la respuesta definitiva. Pero esto tomaría dos años y medio. Mientras tanto estábamos hacinados y era difícil imaginarse que podríamos dejar las cosas como estaban por mucho tiempo. Discutimos cuánta opción podría imaginarse: tener tres servicios dominicales, tener un servicio vespertino los sábados, rotar grupos de personas en distintos locales, etc. Las discusiones eran interminables y las conclusiones poco convincentes.

Añadir un culto de adoración significaba tener que predicar tres veces los domingos por la mañana, o dos veces el domingo por la mañana y una vez el sábado en la noche. Esa era una de las aristas del problema. Antes, en un breve período, ya había intentado predicar tres veces los domingos en la mañana, y por poco me muero. Después de sólo tres meses, ¡estaba en verdad asustado por los domingos!

A pesar de esa experiencia, en junio de 1991 decidimos que al comienzo del otoño comenzaríamos tres servicios dominicales. La diferencia entre esta ocasión y la anterior era que mi hijo Andy se haría cargo del servicio vespertino. De esa manera, cuando terminara el domingo por la mañana, no tendría que regresar a predicar una vez más en la noche.

Otra ventaja de este plan era que reduciría mi tiempo de preparación. Prepararía sólo un sermón para el domingo en lugar de dos. Predicar tres veces los domingos por la mañana sería difícil, pero sabía que sólo tendría que hacerlo por dos años y medio, así que había *luz* al final del camino.

Todos estaban muy entusiasmados con el cambio. Se veía muy bien en el papel. Nos permitiría crecer sin forzar a la gente a sentarse en salas aparte. Cada departamento comenzó a prepararse para el cambio. Creamos un programa de reclutamiento de líderes en toda la iglesia en previsión de las nuevas personas que vendrían atraídas por nuestro tercer servicio.

Pero, había la otra arista del problema. Nuestro plan fue

el resultado de mucha planificación y poca oración. Cada vez que salía de una de las reuniones me sentía bien por el hecho de tener una solución a corto plazo. Pero siempre que me sentaba solo y pensaba sobre al asunto, algo parecía no estar bien. No sabía qué era. De nuevo, todo parecía muy bien en el papel. No violábamos ningún principio bíblico. Sin embargo, no podía entusiasmarme.

Primero lo primero

Durante ese tiempo vimos a Dios trabajar de una manera poderosa para solucionar una dificultad similar en nuestro ministerio de radio y televisión. En ese asunto, el dilema se resolvió mientras estábamos en un retiro de oración de tres días. Contaré los detalles en el próximo capítulo. Baste decir que luego de ver a Dios obrar de forma tan poderosa en respuesta a nuestras oraciones, pensé que sería una buena idea que nuestro personal pastoral también dedicara algún tiempo concentrado en oración.

Referí a mis pastores asociados los detalles de cómo Dios obró para resolver el problema de nuestro ministerio de radio y televisión. Sugerí que fuéramos a orar un par de días. Estuvieron de acuerdo. La única dificultad sería tener que esperar hasta agosto para ir todos juntos. Nuestro nuevo programa dominical comenzaría el último domingo de ese mismo mes. Habíamos invertido tanto esfuerzo en prepararnos para el cambio que sabía que si ofrecíamos otra alternativa desalentaríamos al personal y los voluntarios. Pero el mes de agosto era el más oportuno para reunirnos, así que proseguimos con nuestros planes mientras anticipábamos el retiro de oración.

Cuando salimos para el retiro, ya todo estaba listo para comenzar un tercer servicio y una tercera Escuela Dominical. Se habían hecho los anuncios. Los materiales publicitarios estaban impresos. Reclutamos maestros y líderes. Todo estaba listo. Todavía no tenía paz acerca de este asunto, pero parecía que no había otra alternativa sino aguardar sin hacer nada más al respecto.

Cuando llegamos al centro de retiro, de inmediato comenzamos a orar. Todos sabíamos acerca de qué *debíamos* orar: «Señor, muéstranos qué hacer en cuanto a nuestro problema de espacio». Pero ya se había hecho tanto —los planes estaban tan avanzados— y era difícil orar de corazón. Lo que realmente queríamos decir era: «¡Señor, bendice nuestros planes!»

Aunque no queríamos admitirlo, habíamos llegado hasta Dios con una propuesta: *la nuestra*. Admito que era un buen plan. Lo habíamos planeado y discutido mucho. Quizás habría funcionado, pero Dios tenía algo distinto en mente.

No éramos los primeros

En algún momento de nuestra oración uno de nosotros leyó un versículo que me cautivó. El contexto era una situación parecida a la nuestra. Los discípulos, acuartelados en Jerusalén, trataban de tomar una decisión sobre qué esperar de los creyentes gentiles en cuanto a lo que la ley determinaba. No querían crear expectativas innecesarias o poco reales en los nuevos creyentes en Cristo. Por otro lado, no deseaban que los gentiles hicieran nada ofensivo a los creyentes judíos que dividiría a la iglesia. ¡Y seguro que todos los creyentes en esa reunión tenían un propósito!

Cuando finalmente llegaron a una conclusión, escribieron una carta con sus sugerencias acerca de este delicado asunto. La lista de requisitos que el grupo acordó se introduce en la carta con la siguiente aseveración, que leyó uno de mis asociados durante un receso en nuestra reunión de oración:

> Porque ha parecido bien al Espíritu Santo, y a nosotros, no imponer a ustedes ninguna carga más que estas cosas necesarias.
>
> —*Hechos 15.28*

No sé cuántas veces he leído este pasaje. Pero nunca

antes pude comprender su significado. De alguna manera los discípulos pudieron expresar sus opiniones acerca del asunto, discutir sus diferencias, aunque permanecieron receptivos a la influencia del Espíritu. Al final estaban convencidos, como grupo, que el Espíritu Santo les había llevado a esa conclusión. Les *pareció bien*. Estaban conscientes de Su presencia y dirección a través del proceso.

Al escuchar este versículo inmediatamente comenzamos a pedirle al Espíritu Santo que nos hiciera saber Su voluntad a medida que orábamos y hablábamos. Se nos ocurrió que necesitábamos llegar a una conclusión que *pareciera buena* no sólo para nosotros sino también para el Espíritu Santo. Una vez que decidimos hacer de esto nuestra prioridad, fuimos forzados a expresar nuestros propósitos personales. Sabíamos que debíamos ser objetivos acerca del tema. Nos percatamos de que no habríamos de encontrar lo que agradaba al Espíritu Santo mientras escucharle no fuera lo más importante para nosotros.

Eso fue muy difícil para mí. Observé mi agenda. Comprendí que simple y llanamente *no quería* predicar tres veces el domingo en la mañana. Antes de poder escuchar al Espíritu Santo, sabía que debía ser neutral. No pasó mucho tiempo antes de que los otros pastores comenzaran a confesar que ellos también tenían un propósito que deseaban someter ante Dios para ser neutrales por completo.

A medida que orábamos y disfrutábamos del compañerismo durante esos dos días, Dios nos quebrantó lentamente hasta el punto de que cada uno de nosotros quería en realidad saber qué agradaba al Espíritu Santo antes que hacerlo todo a nuestra manera. El proceso nos unificó tanto que estábamos entusiasmados acerca de lo que Dios quería hacer mucho antes de que se revelara Su voluntad.

En la última noche recibimos por fin una clara dirección para el otoño. Nos pareció bien a nosotros y al Espíritu Santo que *no* comenzáramos un tercer servicio de adoración. ¿Cómo lo supimos? No teníamos paz en cuanto a proseguir

El Espíritu Santo se comunica maravillosamente. Pero no habla sólo para informar. Habla para obtener una respuesta. Espera que lleguemos a ser lo suficientemente equilibrados como para escuchar y al final obedecer.

con nuestros planes. Ni tampoco en ninguna de las otras opciones discutidas. Se veían muy bien en el papel. Y quizás llevemos a la práctica una o más de esas estrategias en el futuro. Pero en ese momento (así como ahora) sabíamos que eso no era lo que debíamos hacer.

Dejamos el centro de retiro con muchas preguntas sin respuesta. Salimos sin estrategia alguna para manejar la muchedumbre. Pero nos fuimos con la certeza de que hacíamos lo correcto. Y salimos unidos.

Neutralizándonos

El Espíritu Santo habla a corazones neutrales. Con esto no quiero decir corazones pasivos o indiferentes. Dios nos dio la habilidad de soñar y hacer planes. Muchos de los líderes en el Antiguo y el Nuevo Testamento eran hombres y mujeres de visión y ambición.

Lo que quiero decir por neutralidad es que *debemos estar consumidos por el deseo de descubrir lo que agrada al Espíritu Santo en lugar de obrar para convencerle de la sabiduría y la brillantez de nuestros planes.* Me temo que muchos de nosotros oramos con el propósito de hablar a Dios de las cosas en vez de tratar de descubrir su voluntad. Por consiguiente, nunca lo escuchamos. Jesús comprendió la importancia de la neutralidad. Lo puso de ejemplo ante sus discípulos cuando oraba. «Venga tu reino, hágase tu voluntad». La inferencia era: «Padre, lo que tú quieras, es lo que a la larga yo quiero». Pero en el jardín de Getsemaní, la noche en que fue traicionado, oró:

> Padre mío, si es posible, pase de mí esta copa; *pero no sea como yo quiero, sino como tú.*
> —*Mateo 26.39, énfasis añadido.*

Decir que Jesús tenía fuertes convicciones en cuanto a lo que deseaba que el Padre hiciera sobre este asunto, sería proponer la expresión más exageradamente moderada de todos los tiempos. Él no quería morir. Pero aun cuando Su vida estaba en juego, era capaz de permanecer tan neutral como para escuchar al Padre y aceptar su decisión.

La cuestión básica

Desde la perspectiva divina, el contenido de nuestras oraciones toma un lugar secundario al hecho de si estamos dispuestos o no a obedecerle. *Su deseo máximo es mentes y corazones en completa armonía con el propósito de su reino.* Su plan para nosotros es movernos al lugar donde podamos con sinceridad decir con Cristo: «Venga tu reino [no importa cómo interfiera con mis planes], hágase tu voluntad [a pesar de lo que yo quiera y espere]».

El corazón neutral es aquel capaz de mantener sus propias cargas, dolores y peticiones en una perspectiva correcta. El corazón neutral, al que el Espíritu Santo le habla con facilidad, es el que busca descubrir la voluntad perfecta de Dios. El corazón neutral siempre se acerca al trono de la gracia con su propia agenda escondida.

¿Quién habla?

Una de las razones por las cuales es tan importante acercarse a Dios con un corazón neutral radica en nuestra extraordinaria capacidad para confundir Su voluntad con la nuestra. Si tiene hijos, sabrá cómo ellos, cuando son niños, confunden con facilidad la frase: «voy a pensarlo» con «te prometo». Usted lo sabe. Sus niños le piden que los lleve a tal o cual sitio un día en particular. Les responde: «tengo que pensarlo» o «vamos a ver». Luego se olvida del asunto, pero sus hijos no. Pasan los días y están entusiasmados por el paseo prometido. «Nunca lo prometí, dije que lo pensaría», les dice. Pero están convencidos de que usted lo prometió.

¿Por qué pasa esto? He aquí mi teoría. Cuando los niños

(o también los adultos) en realidad quieren algo, hay un momento emotivo de tal magnitud que cualquier respuesta, excepto un «no absoluto» es interpretado como «sí». Si no rehúsa, entonces prometió. No debido a que de veras lo haya hecho, sino porque las circunstancias se movían en esa dirección. Toman cualquier esperanza de un «sí» y la exageran. Mientras más tiempo pase entre la petición y el acontecimiento, mayor será la esperanza y el entusiasmo. A medida que aumenta la emoción, la promesa (que en realidad no era tal) se petrifica. El tiempo borra cualquier vestigio de duda de sus mentes.

Estoy convencido de que hacemos lo mismo con Dios. Nos acercamos a Él con peticiones emocionales. Deseamos tanto lo que pedimos que podemos saborearlo. No podríamos escuchar un «¡NO!» si nuestras vidas dependieran de ello. Así que damos por sentado un «sí» como respuesta. Y si Dios dice «sí», es una promesa inalterable. Sucederá a pesar de lo que pueda decirse.

Cuando las cosas no salen como esperábamos —la persona que Dios *prometió* que se casaría conmigo se casó con otra, o el empleo que Dios *prometió* no se hizo realidad— nos desalentamos. El mundo está lleno de gente que abandonó la fe debido a que Dios no respondió. Pero en cada caso el problema no era Dios. El problema fue que pusieron su fe en una promesa que Dios nunca hizo.

Creo que Dios me ha hablado en varias ocasiones. Nuestra decisión de mudar la iglesia fue una de ellas. Así como confío en que Dios me habló, también confío en tener capacidad de interpretar mi voluntad como suya. Pero puedo malinterpretar a Dios. Por esta razón jamás me oirá alardear acerca del hecho de que Dios me habló. Dios siempre guarda sus promesas. Cuando las cosas no salen de la forma deseada, simplemente supongo que malinterpreté su voluntad o que he sido impaciente.

El factor del miedo

Ser neutrales mientras nos acercamos al trono de la gracia puede ser algo espantoso. «¿Qué haré si la voluntad divina es algo que no quiero hacer?» «¿Y si se niega?» A primera vista parece que hay algo cierto en el hecho de que lo desconocido puede herirnos. Pero ése no es el caso. No conformarnos a la voluntad divina es una tragedia que sólo podría ser superada por nuestro rechazo a su oferta de salvación. Dios tiene un nicho en el reino preparado para usted. Hay gente que Él quiere conocer, vidas en las que Él quiere influir. Está moldeando su personalidad de tal manera que pueda relacionarse con inconversos que de otra forma jamás tendrían la oportunidad de experimentar una relación con un creyente. Es el instrumento que Dios quiere utilizar para cambiar la percepción distorsionada que algunos tienen del cristianismo. Será a quien Dios utilizará para cambiar la manera de pensar de alguien y prepararle para el camino de la salvación. Esto, claro está, depende de su disposición a priorizar el descubrimiento de la voluntad de Dios.

No llegar a conocer la voluntad divina sería perderse la más emocionante aventura que la vida pudiera ofrecer. La voluntad divina no es algo a lo que debiéramos temer. En efecto, es justamente lo contrario. ¡Debemos temer no conocerla!

Piense. ¿No es cuando ignoramos Su voluntad (de manera accidental o a propósito) que la vida llega a ser confusa, complicada y, en ocasiones, hasta dolorosa? ¿Qué le produjo las mayores decepciones de su vida? ¿Obedecer o desobedecer a Dios?

Como la mayoría de personas, he tomado decisiones en el pasado que lamenté mucho después. Muchas de esas aún afectan mi vida. Sin excepción, éstas eran contrarias a la voluntad de Dios para mi vida. Algunas fueron motivadas por el deseo de salirme con la mía. Otras, por ignorancia. Pero en cada caso me he lamentado por ello.

Por otra parte, nunca me he arrepentido de seguir la voluntad revelada de Dios para mi vida. ¡Al inicio, como sabrá, no siempre tiene mucho sentido! Pero, *con el tiempo*, siempre logra tenerlo. Si vamos a temer a algo, debería ser a ignorar su voluntad, no a descubrirla.

Barreras para la neutralidad

Entonces, ¿por qué algunas veces nos sentimos amenazados por la noción de abandonar nuestros asuntos y acercarnos a Él con un punto de vista de neutralidad? Esto nos regresa a algo que hablamos antes. La neutralidad ante Dios amenaza lo que (o quien) actúe como centro de nuestras vidas. En otras palabras, mientras Cristo sea Señor, el conocimiento de su voluntad siempre parecerá una amenaza: porque es una amenaza. Amenaza con las cosas, la relación, los planes, la carrera o cualquiera otra cosa que esté sentada en ese momento en el trono de nuestras vidas. Y esto es precisamente por qué Dios demanda neutralidad. ¡Él quiere ser nuestro Señor!

Hombres y mujeres rendidos, que le han otorgado el control de sus vidas al Salvador, dan la bienvenida a la voluntad del Padre. No están asustados de la dirección del Espíritu. No se sienten amenazados. ¿Por qué? Porque Jesús no es amenazado por la voluntad del Padre. Y cuando Jesús esté como Señor en el trono de una vida, Él tampoco se siente amenazado por la voluntad del Padre.

El Espíritu Santo se comunica de maravilla. Pero no habla sólo para informar. Habla para obtener una respuesta. Y sabe que cuando nuestra actividad ocupa gran parte de nuestra atención es una pérdida de tiempo sugerirle cualquier otra cosa. Cuando ese es el caso, se queda callado. Espera que lleguemos a ser lo suficientemente equilibrados como para escuchar y al fin y al cabo obedecer.

¿Se encuentra en una de esas etapas de la vida en la cual necesita dirección? ¿Sabiduría? ¿Una respuesta? Quizás el

Espíritu Santo está esperando que se neutralice. Una vez que lo logre, tanto Él como usted sabrán que su propósito se ha convertido en el asunto más importante de su vida. Cuando esto sucede, la obediencia se hace mucho más fácil. Y con ella viene la paz que sobrepasa todo entendimiento.

Todavía no sé qué vamos a hacer con el problema del espacio en la iglesia. Empero, creo que Dios tiene una solución para nuestro problema. Aún no tenemos paz acerca de ninguno de nuestros planes. Así que mientras tanto planeo seguir orando y mantenerme neutral.

─────────── **Para meditar** ───────────

¿Se encuentra enfrascado en medio del proceso de tomar una gran decisión, una decisión personal o de negocios? Permítame ofrecerle las siguientes sugerencias en cuanto a la neutralidad:

- Escriba en una hoja de papel o en una tarjeta su preferencia personal en cuando a la decisión que debe tomar.
- Vaya a un lugar tranquilo en donde no pueda ser interrumpido y arrodíllese. Pídale a Dios su ayuda para que haga de usted absolutamente neutral en esa decisión.
- Rompa el papel o la tarjeta como un símbolo de su deseo de ser neutral.
- Continúe orando hasta que esté convencido de que sus manos están abiertas para ser neutral.

No dedique este tiempo de oración para convencer a Dios de sus planes. Eso arruinará todo el proyecto. Neutralícese, tome la decisión que Dios desea y experimente el gozo de saber que va en camino de descubrir la voluntad de Dios.

CAPÍTULO 15

Marcador 1: La paz

E l Espíritu Santo utiliza varios marcadores espirituales para indicar y confirmar su voluntad. El primero es el marcador de la paz.

Los vientos del cambio

Como indiqué en el capítulo anterior, los dos últimos años han sido un período de transición para nuestra iglesia y ministerio de televisión. La mayoría de los cambios se relacionan con nuestra decisión de mudar la iglesia.

Vendimos nuestra propiedad en el centro de la ciudad de Atlanta, Georgia, en el otoño de 1990. El nuevo propietario nos permitió ocupar los locales principales hasta la primavera del 1994. Eso nos daría la oportunidad de construir un edificio nuevo mientras continuábamos con el ministerio. El local que ocupaba el ministerio de radio y televisión no fue incluido en ese arreglo. De acuerdo con el contrato, teníamos que desocuparlo en julio de 1991.

En abril de ese mismo año encontramos un edificio que parecía perfecto. El único problema era que costaba $2.7 millones. Varios de los miembros de nuestra junta y del personal ejecutivo expresaban su agrado por la ubicación y el precio. Sugirieron que gestionáramos un préstamo para comprarlo, pero algunos no teníamos paz ni por el precio ni por concertar el préstamo.

Ese mismo mes, un miércoles por la tarde, discutíamos sentados en una mesa de conferencias nuestra mudanza y no llegábamos a nada. Era como si estuviéramos en medio de la neblina. Necesitábamos dirección divina y sabía que no habríamos de recibirla sentados alrededor de una mesa. Le pedí a mi secretaria llamar al Parque Nacional Unicoi para ver si podíamos reservar algunas cabañas para la siguiente semana. Me miró un tanto confundida cuando se fue a hacer la llamada. Era su forma de decirme que para hacer esas reservaciones debimos haber llamado cuatro o seis meses antes. Empero, diez minutos más tarde regresó y me indicó que todo estaba listo.

La mañana que partimos al parque le pedí a un amigo que comenzara a negociar el precio con el dueño del edificio. Le dije que hiciera lo posible para que rebajara el precio a dos millones.

Hice otra llamada antes de ir al parque. Instruí a nuestro administrador que se pusiera en contacto con los compradores de nuestra propiedad y les preguntara si podíamos quedarnos en el edificio hasta enero. Dijo que lo haría.

Las cabañas estaban a dos horas y media de Atlanta, así que tenía algún tiempo para orar y pensar. Durante el viaje comencé a pensar en un pasaje de la Escritura:

> Esta es palabra de Jehová a Zorobabel, que dice: No con ejército, ni con fuerza, sino con mi Espíritu, ha dicho Jehová de los ejércitos.
>
> —*Zacarías 4.6*

Tomé eso como una señal de que Dios deseaba hacer algo que no sabíamos. Mientras manejaba por las montañas del norte de Georgia oré: «Señor, no importa lo que tengas en mente, ¡no permitas que lo ignoremos!»

No hablamos mucho durante dos días, pero sí oramos. Clamamos a Dios con desesperación. Teníamos una fecha límite. También un plan. Pero no podíamos lograr la paz colectiva para proceder con la compra del edificio.

¡Buenas noticias!

Durante un receso llamé a nuestro administrador y me enteré que se extendió el tiempo de permanencia. No teníamos que mudarnos hasta enero. Eran gratas nuevas. Entonces el miembro de la junta que negociaba con el dueño del edificio me llamó para decirme que podríamos adquirirlo por dos millones. Sólo había un problema. El edificio estaba ocupado por alguien, cuyo contrato de alquiler no se vencía hasta después de enero. Hacer que se mudara antes nos costaría más. Seguimos orando.

Cuando nos marchamos de Unicoi dos días después todavía no teníamos una dirección clara de cómo comprar el edificio. Pero estábamos comprometidos a esperar por Dios. Confiábamos en que Él tenía algo en mente en lugar de concertar un préstamo. Es más, estábamos tan confiados que hablábamos como si ya fuera una realidad.

Cuando llegué a casa el martes por la noche, tenía un mensaje: debía llamar a un hombre a quien jamás había visto. Vivía en otro estado. El mensaje decía que él veía «In Touch», nuestro programa de televisión, y estaba interesado en ayudar a nuestro ministerio. ¡De inmediato respondí a su llamada! Dijo: «Dr. Stanley, últimamente he estado pensando en usted y su ministerio. Noté que nunca pide dinero en su programa y me pregunto si tiene alguna necesidad».

No sabía si echarme a reír o a llorar. Le expliqué la situación del edificio. Entonces le conté de nuestra reunión de oración. Me preguntó cuánto iba a costar. Respondí que tal vez podríamos comprarlo por dos millones. Entonces me dijo: «Creo que puedo costearlo». Y así mismo hizo. Noventa días después cerramos el negocio.

El principio de la paz

La ausencia o la presencia de paz es con frecuencia la primera indicación de que el Espíritu Santo está planeando algo. (Recuerde que la paz es un fruto o una expresión del

Espíritu). No tenía paz alguna pensando en un préstamo de $2.7 millones. No podía explicarlo. No era algo razonable en vista de nuestra fecha límite. Concertar un préstamo para comprar una propiedad no violaría ninguna de mis convicciones personales. Pero Alguien dentro de mí me decía «¡No!». Por extraño que parezca, cuando decidimos esperar y permitir que Dios manejara la situación, mi paz retornó.

La paz interna es un concepto difícil de definir, pero es fácil de describir su ausencia. Así como el gozo, ésta es más que una emoción. Y de veraz transciende las circunstancias. La paz es la tranquilidad de acostarse en la cama de noche, mirar al techo y saber que todas las cosas saldrán bien cuando en realidad no lo están. La paz es una serenidad interna.

El apóstol Pablo había dado en el blanco cuando habló de la paz como algo que «sobrepasa todo entendimiento» (Filipenses 4.7). Tanto la presencia como la ausencia de paz no tiene con frecuencia sentido alguno, hablando con lógica. La paz desafía a la comprensión humana.

¿Comprar o no comprar?

Un joven en nuestra iglesia buscaba su primera casa. Jaime tenía ingresos modestos, pero era una de las personas más generosas que he conocido. Su agente de bienes raíces era cristiana y sabía cuán importante era para Jaime hallar la casa que Dios quería para él.

Luego de cuatro meses de búsqueda encontraron lo que parecía un gran negocio. La casa era precisamente como Jaime la quería y hasta tenía una piscina. Era demasiado bueno para ser cierto. Pero Jaime no tenía paz. Se atormentó varios días mientras su agente movía la cabeza incrédula. No tenía sentido alguno. Varias de sus amistades comenzaron a presionarlo: «Vamos Jaime, sólo tienes miedo. Todo el mundo pasa por esto al comprar su primera casa». Pero Jaime no cedió y le dijo a su agente que continuara buscando.

Seis semanas más tarde encontraron otra gran oportunidad. Jaime sintió paz porque esta era la casa para él. Su agente se sintió aliviada. Cuando comenzaron las negociaciones, Jaime oró por cada oferta y cada contraoferta. Por fin, todo se redujo a una diferencia de $3.500. Para sorpresa de todos, Jaime le dijo a su agente que hiciera una oferta, que sería la última.

Después de que los dueños respondieron con una contraoferta la diferencia se redujo a $2.500. Jaime no cedió. Ninguna de sus amistades podía creer que estuviera dispuesto a perder la casa por no pagar $18 al mes. Pero no se sentía bien en cuanto a continuar la gestión.

Sin mucho ánimo, la agente le anunció a los dueños que su cliente retiraba su oferta y que se había acabado el negocio. Todo el mundo pensó que Jaime estaba asustado. Pero Jaime confiaba en que había hecho lo correcto.

Dos días después los dueños de la casa regresaron a la agente de Jaime e hicieron otra oferta. Jaime oró y sintió perfecta paz para continuar las negociaciones. Ahora es dueño de una casa, y, por supuesto, todos le felicitaron por ser un tenaz negociador. Pero Jaime no lo ve de esa manera. Piensa que era cuestión de ser sensible y responder a la paz que «sobrepasa todo entendimiento».

No se preocupe...

Necesitamos paz cuando estamos en el camino correcto, aunque otros nos digan lo contrario. La paz, tal y como es administrada por el Espíritu Santo, nos asegura que estamos al paso con la voluntad de Dios para nuestras vidas.

Mire el contexto de la descripción paulina de la paz:

> Por nada estéis afanosos, sino sean conocidas vuestras peticiones delante de Dios en toda oración y ruego, con acción de gracias. Y la paz de Dios, que sobrepasa todo entendimiento, guardará vuestros corazones y vuestros pensamientos en Cristo Jesús.
>
> —*Filipenses 4.6-7*

Dios no violará nuestro libre albedrío para forzarnos a hacer lo correcto. Nunca perderemos nuestra libertad de cometer errores. Por eso es tan importante que desarrollemos una sensibilidad continua a la ausencia o la presencia de la paz de Dios en nuestras vidas.

Amo estos versículos. «¡No se preocupen y oren!» dice Pablo. Y note el resultado inmediato: la paz. Aun antes de que nuestras oraciones sean respondidas hay paz. ¿Por qué? Porque al clamar a Dios y al echar nuestras cargas y cuidados sobre Él, le aseguramos (y nos recuerda) nuestra dependencia de Él. Y esa es su prioridad, lo que le complace.

Pablo describe la función de la paz como la de un guardia. La imagen de la paz corresponde a un soldado que guarda nuestros corazones (emociones) y nuestra mente. La idea es que la paz, si pudiéramos personificarla por un momento, nos informará quién influye en nuestros corazones y mentes. Cuando las influencias equivocadas estropean nuestros corazones y mentes, la paz nos informa a través de un sentido de presentimiento o vacilación. Perdemos nuestra paz. No siempre podemos identificarlo, pero algo no anda bien.

Probablemente pueda comprender lo que digo si alguna vez ha debido aconsejar a alguien. A menudo, en el proceso de orientar, alguien habla y experimento una inhibición en mi espíritu. Esa es mi manera de decir: «pierdo la paz». En esos casos creo que el Espíritu Santo resguarda mi mente contra la decepción, el error o quizás una leve distorsión de los hechos.

Por otra parte, el Espíritu Santo frecuentemente nos da paz —o el permiso para avanzar— sobre algo que desde una perspectiva puramente circunstancial, no tienen sentido alguno. ¿Por qué orar acerca de comprar o no un edificio cuando no tiene dinero? ¿No es eso poner la carreta delante del caballo? Hablando con lógica, seguro lo es. Pero teníamos paz y probó ser la decisión correcta.

He hablado con muchísimas personas metidas en grandes líos financieros y matrimoniales por ignorar las advertencias del Espíritu Santo. Dicen cosas como: «Pastor, cuando él me pidió que nos casáramos presentía algo raro. Pero como no sabía qué me molestaba, seguí adelante». O, «Sabía que algo no andaba bien con ese negocio, pero todo el mundo pensaba que parecía bueno, por eso proseguí».

Una pesadilla financiera

Un amigo cercano vino a verme debido al problema financiero más complicado que he escuchado en mi vida. La falta de espacio no me permite contarle todo el asunto. Bastará decirle que una insensata decisión lo llevó a otras igualmente insensatas que lo condujeron al borde de la bancarrota. Me sentía hondamente identificado con él a medida que me contaba en detalle su situación. En algún momento, cerca del final de la historia, dijo: «Cuando estaba a punto de hacer una decisión [la primera gran decisión], hablé con un sabio amigo mío y me orientó bien en cuanto a la situación. En realidad me sentí bien siguiendo sus sugerencias. Pero más tarde comencé a pensar en lo que me dijo, y no sé por qué no seguí su consejo».

—¿Por qué Dios me permitió hacer algo tan tonto? ¿Por qué no me detuvo? —me preguntó, como lo hacen muchos cristianos, al terminar su relato.

—¿Recuerdas la paz que mencionaste? —le dije refiriéndome a la conversación con el hombre que le dio buenos consejos—. Ese era el Espíritu Santo confirmando la verdad y la sabiduría del consejo de tu amigo. Pero la ignoraste. Dios, a través del Espíritu Santo, trató de detenerte, pero no quisiste escuchar.

Aunque Dios nos ama y desea mantenernos alejados de los problemas, no violará nuestro libre albedrío ni nos forzará a hacer lo correcto. *Nunca perderemos nuestra libertad de cometer errores.* Por eso es tan importante que desarrollemos una sensibilidad continua a la ausencia o presencia de la paz de Dios en nuestras vidas.

La pregunta lógica en este momento sería: ¿Cómo? ¿Cómo puedo desarrollar este tipo de sensibilidad al Espíritu Santo? En los próximos capítulos vamos a responderla. Pero por ahora considérelo como el aprendizaje de otro idioma.

Nunca olvidaré mi primera clase de español o a mi maestra, la señora Flowers. Entró, nos saludó y comenzó a pronunciar la mayor cantidad de jeringonzas que pueda imaginarse. Todos nos mirábamos como preguntándonos «¿Esta es el aula correcta?» Después de una eternidad, nuevamente comenzó a hablar en inglés.

Nos informó que al comienzo de cada clase haría varias preguntas en español. En unas semanas cada uno de nosotros sería capaz de entenderlas y responder en español. No me convencí.

Los primeros días fueron insoportables. Trataba de entender una que otra palabra. Luego de un par de semanas podía comprendder algunas frases. En verdad, a mitad de semestre casi todo el mundo en el aula contestaba a sus preguntas.

Si usted ha estudiado otro idioma sabe a lo que me refiero. Además, conoce por propia experiencia que mientras más tiempo emplee con una lengua, más familiar le será. Lo mismo se aplica al aprendizaje para discernir la voz del Espíritu Santo. A medida que la escucha y se propone obedecer, le será más familiar. Con más facilidad distinguirá su voz de las otras que compiten por su atención.

Permítame darle otra pista para el comienzo de su jornada. Hace mucho tiempo aprendí que *vemos lo que queremos ver*.

Hace años mi hijo Andy buceaba con un amigo en aguas no muy profundas. Ese día, muy temprano, había expresado interés en hallar una estrella de mar. Pero casi al terminar el día no había ninguna en nuestra cubeta. Andy regresaba al bote cuando noté que su tubo de respiración desapareció y luego reapareció. No le di importancia.

Sin embargo, cuando se acercó a la embarcación pude ver que tenía algo en sus manos.

—Papi —dijo— mira esto.

En la punta de su dedo estaba la estrella marina más pequeña que he visto en mi vida. Era minúscula y sumamente hermosa. Nuestro guía, que siempre había vivido en esa zona, dijo que tampoco había visto una así tan diminuta.

—¿Cómo pudiste verla? —le pregunté.

—No sé —respondió—. Creo que me esforcé mucho.

Andy encontró la estrella marina porque eso era exactamente lo que buscaba. ¿Qué busca usted? No importa lo que sea, eso puede ser lo que encuentre. Cuando comience a buscar al Espíritu Santo, cuando empiece a sintonizar la presencia o la ausencia de su paz, la consistencia de su presencia le abrumará. Se sorprenderá de su disposición a dirigirle. Y lo mejor de todo es que se asegurará del amor de su Padre celestial. Es un amor que llega a cada rincón de su vida.

Para meditar

Si está por tomar una decisión, ahora sería un buen momento para aplicar lo aprendido en este capítulo. Evalúe su situación con estas preguntas:

- A medida que considera sus opciones, ¿hay alguna en particular que en realidad le causa paz?
- ¿Hay alguna que parece buena pero que a medida que la considera algo le preocupa?
- ¿Hay conflicto entre alguna de sus opciones con la Palabra de Dios?
- ¿Hay alguna opción que le asusta, pero cuando ora, realmente siente paz?
- ¿Hay alguna opción que le molesta pero sus amistades le animan a proseguir?
- ¿Siente que sabe lo que Dios quiere que haga pero no quiere enfrentarlo?

CAPÍTULO 16

Marcador 2: La conciencia

No escucho mucho acerca de la conciencia en estos días, es decir, nada positivo. Cuando niño se me decía que dejara a mi conciencia ser mi guía. Sin embargo, ahora, se nos advierte que no confiemos en nuestra conciencia. ¿Cuál es la verdad?

Nunca he leído un libro, o algún capítulo, acerca de la conciencia. Nunca he escuchado un sermón sobre este tema. Sin embargo mi conciencia me acompaña constantemente.

Tiene algo que decir acerca de cada decisión, invitación, palabra, pensamiento y obra. Entonces, ¿cómo se supone que responda? Como cristiano, ¿cuán en serio debo tomar las advertencias, acusaciones y motivaciones de mi conciencia?

Muchos han condenado la conciencia porque la consideran una fuente no confiable de información y una pobre guía. Nada puede apartarse más de la realidad. *El Espíritu Santo utiliza la conciencia como una fuente primaria de comunicación*. El término *conciencia* aparece treinta veces en el Nuevo Testamento. Y en casi cada una de ellas, se habla en términos positivos.

La conciencia es la capacidad interna de cada uno de nosotros para discernir el bien del mal, lo sabio de lo tonto. Un autor lo define de la siguiente forma:

> La conciencia es la facultad mediante la cual uno distingue entre lo que es moralmente correcto o incorrecto, lo que nos anima a hacer lo que reconoce como correcto y nos restringe de hacer lo que reconoce como incorrecto, lo que juzga nuestros actos y ejecuta juicio dentro del alma.[1]

Todo el mundo tiene una conciencia (véase Romanos 2.14-15). Todos tenemos un sentido interno de lo que es correcto e incorrecto. Dios ha puesto un barómetro moral en el corazón de cada persona que en cada momento le acusa o defiende de sus acciones y motivos.

Para algunos, este juez interno opera a un nivel muy primitivo o indocto. Pero como quiera que sea funciona. Otros sufren de lo que la Biblia llama una conciencia *cauterizada* (véase 1 Timoteo 4.2). Una conciencia cauterizada o encallecida es aquella que ha sido ignorada por tanto tiempo que ya no se siente. Esta allí pero ya no sirve debido a la negligencia.

El Espíritu Santo y la conciencia

Una vez que la persona se convierte en una criatura de Dios, la conciencia cobra nuevo significado. Se convierte en una herramienta divina. Funciona como un intercomunicador en las manos del Espíritu Santo. Llega a ser el medio mediante el cual el Espíritu Santo revela la voluntad de Dios a nuestras mentes.

En su libro a los Romanos, Pablo les llama la atención a sus lectores a la singular relación entre la conciencia y el Espíritu Santo:

---

[1] A.M. Rehwinkel, *The Evangelical Dictionary of Theology*, [Diccionario Evangélico de Teología] editado por Walter A. Elwell, Baker, Grand Rapids, Michigan, 1984, p. 267.

> Verdad digo en Cristo, no miento, y mi conciencia
> me da testimonio en el Espíritu Santo, que tengo gran
> tristeza y continuo dolor en mi corazón.
> —*Romanos 9.1-2*

En los siguientes versículos Pablo hace una declaración radical. Se sentía tan abrumado por la condición de Israel que estaba dispuesto a cancelar su salvación por ellos. Estaba resuelto al trueque de lugares con la nación de Israel (véase Romanos 9.3-5).

Esa era una declaración exagerada. Así que Pablo sintió la necesidad de asegurar a sus lectores que esto era algo en lo cual había pensado bastante. Estaba en verdad dispuesto a perder su salvación siempre y cuando ello llevara a Israel a reconocer a Jesús como su Mesías. Para eliminar cualquier duda sobre su sinceridad, Pablo comenzó su discurso con la declaración citada anteriormente.

Entonces, ¿qué quiso decir con «y mi conciencia me da testimonio en el Espíritu Santo»? Pablo tenía una conciencia clara respecto de su extravagante reclamo. No sintió que exageraba en lo mínimo. Nada dentro de él hacía dudar de su sinceridad. Hasta lo que dijo no fue por lograr algún efecto; era la verdad. Además creía que su conciencia estaba sintonizada con el Espíritu Santo de tal manera que la claridad de su discernimiento era una indicación de la aprobación del Espíritu Santo.

Veamos la otra cara de la moneda. Pablo creía que si hubiera exagerado la verdad para explicarse (en otras palabras, mintiendo), el Espíritu Santo se habría molestado y mostrado su desagrado agobiando su conciencia. Pero Pablo supuso que todo había sido aprobado por el Espíritu Santo porque su conciencia estaba clara. Pablo confiaba en su conciencia.

Una mirada más de cerca

La conciencia funciona de manera similar a una computadora. Está programada para responder de manera específica a la información que se ingresó. También responde a esa información en base a los comandos con que fue programada. Cuando le pido a mi computadora que comience cierto programa, sabe cómo hacerlo. Cuando recibe un comando en particular, responde al mismo. Las computadoras son inteligentes, pero dicho de una mejor manera simplemente responden.

La conciencia también hace lo mismo. Da respuesta a cierta información de acuerdo a la manera en que ha sido instruida para hacerlo. Dios ha programado la conciencia de cada persona para responder de maneraa particular a cierta información. Pablo lo describe de la siguiente forma:

> Porque cuando los gentiles que no tienen ley, hacen *por naturaleza* lo que es de la ley, éstos, aunque no tengan ley, son ley para sí mismos, mostrando la obra de la ley *escrita* en sus corazones, dando testimonio su *conciencia*, y acusándoles o defendiéndoles sus razonamientos.
>
> —*Romanos 2.14-15*

Dios ha escrito o programado su código moral en el corazón de cada persona. Nacemos con él. Cuando sus acciones o pensamientos son contrarios a ese código, la conciencia responde enviando un mensaje negativo al cerebro. Por otro lado, cuando una persona decide continuar con la programación moral, la conciencia responde de forma positiva.

Experimentamos este fenómeno cada día. Algunas veces nos llega como una duda interna. Otras veces, es simplemente un sentimiento de culpa. Entonces hay ocasiones cuando nos llega una oportunidad para hacer el bien y algo dentro de nosotros nos urge a continuar. Ese *algo* es la conciencia. Note que Pablo dice que a veces nuestros pensamientos *defienden* o señalan la validez de ciertas acciones (véase Romanos 2.14-15). Cuando esto sucede, si las acciones están de acuerdo con la ley de Dios escrita en nuestros corazones, la conciencia nos indicará que continuemos.

La reprogramación de la conciencia

Cuando usted se convirtió, comenzó un cambio en su conciencia. El código moral *básico* que todos tenemos por nacimiento fue renovado o restaurado. El Espíritu de la verdad empezó a morar en su corazón. Entonces, estuviera consciente de ello o no, Él de inmediato trabajó con la programación de su conciencia. Donde antes existía un sentido general del bien y el mal, ahora el Espíritu Santo comenzó a renovar su mente con verdades más específicas y completas (véase 1 Corintios 2.10-13).

Usted participa en este proceso de renovación cada vez que lee su Biblia, asiste a un servicio de adoración, memoriza un versículo o que ora. El Espíritu Santo utiliza toda esta información para reprogramar la fuente de información mediante la cual su conciencia evalúa cada oportunidad, pensamiento, invitación, palabra y obra.

A medida que este proceso continúa, su conciencia se sintoniza con el código moral del Espíritu Santo: un código que refleja los patrones morales y éticos de Dios. Este proceso lo sensibiliza, no sólo a los patrones morales divinos sino también a la voluntad de Dios.

Por eso es que los nuevos cristianos se ofenden por cosas que justo antes de su salvación no le molestaban de manera alguna. Algunas veces es un cambio repentino. Otras veces es gradual.

Antes de su conversión, un talentoso músico tocaba en varios establecimientos en la ciudad de Atlanta. Su testimonio es un hermoso ejemplo de cómo Dios, al sensibilizar la conciencia, lleva a una persona a cambiar su manera de vivir.

Daniel se salvó sentado al borde de su cama viendo nuestro programa de televisión. Luego del mensaje, pedí a aquellos que querían confiar en Cristo como su Salvador que oraran conmigo la oración del pecador. Lo hizo. E inmediatamente sintió un irresistible deseo de leer la Biblia.

La conciencia es una de las principales herramientas mediante la cual el Espíritu Santo se comunica con los creyentes. No ignore las advertencias y los impulsos de la conciencia. Si lo hace, corre el riesgo de ignorar a Dios.

Eso y su asidua asistencia a la iglesia eran las únicas evidencias externas de su conversión.

Luego de dos meses me informó que había dejado de beber.

—¿Por qué? —le pregunté.

—No sé —me respondió—. Ya no me parecía correcto.

Entonces supe que el Espíritu Santo trabajó al elevar la sensibilidad de la conciencia de Daniel.

No pasaron muchas semanas cuando me dijo que iba a abandonar el grupo musical con el cual tocaba. Me sorprendió y me preocupó. Ganaba bien. Con sinceridad, temía que al dejar el grupo no podría sostenerse económicamente. Creía que si eso pasaba podría pensar que Dios le había abandonado. ¡Qué poca era mi fe!

—¿Por qué quieres dejar el grupo? —le pregunté.

—Ya no me siento a gusto con ellos. De hecho odio asistir a esos lugares. No disfruto de la gente ni del ambiente; en realidad nada me atrae.

—¿Pero que harás sin trabajo? —volví a preguntarle.

—No sé—, me contestó riéndose.

Me di cuenta de que yo estaba más preocupado que él. Así que decidí echarme a un lado y dejar que el Espíritu Santo continuara.

Unos meses después quemó el último puente.

—Le dije a Ormary que ya no podíamos salir más.

—¿Por qué? —le pregunté, como si no supiera la respuesta.

—Ella no es el mismo tipo de cristiana que yo. No entiende estos cambios. Además, no me conviene.

Tuve que contener las lágrimas. El Espíritu Santo no cesa de sorprenderme. Nunca tuve que decirle una palabra acerca de ninguna de estas cosas a Daniel. Además, nunca sentí la libertad de recomendarle algo.

El Espíritu Santo se puso a trabajar de inmediato, preparando su conciencia para la verdad y para ajustarle a los patrones divinos de santidad. A medida que su conciencia era renovada, comenzó a molestarle. Daniel se percató pronto de que algo no estaba bien. Cosas que una vez fueron de su rutina ahora le incomodaban, se sentía raro, y hasta culpable. ¿Por qué? ¿Qué cambió? Su conciencia estaba sintonizada con el Espíritu Santo. El Espíritu Santo le hablaba a través de su conciencia.

El Espíritu Santo utiliza la conciencia para hacer tres cosas en particular.

1. El Espíritu Santo utiliza la conciencia como un dispositivo de alarma instantánea.

Tengo una mala costumbre. Pero cuando converso con otros reparo en que no soy el único que la tiene. Cuando el indicador del nivel de gasolina de mi auto señala que no queda combustible en el tanque, sigo manejando. En más de una ocasión he perdido en este jueguito. ¡Las consecuencias son embarazosas y hasta peligrosas! Ese indicador esta allí por algo. Y no es nada bueno ignorarlo.

De manera similar el Espíritu Santo trata de advertirnos los peligros morales o físicos. Un gran ejemplo se encuentra en el libro de los Hechos. Al hablarle a los ancianos de la iglesia de Efeso, Pablo dijo:

> Ahora, he aquí, ligado yo en espíritu, voy a Jerusalén, sin saber lo que allá me ha de acontecer; salvo que el Espíritu Santo por todas las ciudades me da testimonio, diciendo que me esperan prisiones y tribulaciones.
>
> —*Hechos 20.22-23*

El Espíritu Santo tiene una perspectiva divina en cuanto a nuestras vidas. Puede ver los problemas mucho antes de que lleguen. Con frecuencia tratará de advertirnos. Creo que usa la conciencia para hacer esto.

Hace varios años necesitaba llenar una plaza en nuestro cuadro de personal. Hacía varios meses que nadie ocupaba ese puesto, así que nos sentíamos presionados. Un pastor amigo mío llamó y me recomendó a una persona. De acuerdo con mi amigo, este hombre conocía el trabajo y había expresado interés en unirse a nosotros. Indiqué a uno de mis asociados que lo llamara e hiciera una cita para que nos visitara en Atlanta.

Cuando nos conocimos, mi espíritu no se sintió en paz. El Espíritu Santo me hizo una seria advertencia. No tenía razón alguna. Humanamente hablando era una apreciación injusta. Pero sabía que no lo emplearía.

Por desgracia para mí, esta persona agradó mucho a prácticamente todo el personal. Es más, nunca había visto a nadie ser aceptado tan fácilmente. Reconsideré mis sentimientos: «Quizás sea algo personal; es posible que yo estuviera de mal humor cuando le conocí». Pensé y pensé en cuanto al asunto. Cuando oraba sabía que emplearlo sería una decisión equivocada. Sin embargo, cuando me sentaba a pensar no tenía razón alguna para no darle el puesto.

Permití que la situación se dilatara por unos meses. Finalmente la presión me hizo ceder y le ofrecimos el empleo. Pero antes de un año tuvimos que despedirlo. El Espíritu Santo me advirtió, pero no quise escucharle. Mi conciencia estuvo enviándome fuertes señales, pero las ignoré. Y me arrepentí de ello.

No estoy seguro de que usted haya tenido la misma experiencia. Quizás ha sido invitado a una fiesta o a alguna otra ceremonia social y se sintió indeciso en cuanto a aceptarla. Se dijo: «¡No!», pero no estaba seguro del por qué. O quizás aceptó la invitación y se arrepintió después y deseó haberle prestado mayor atención a sus aprehensiones iniciales.

Si usted es padre, probablemente ha sentido estas dudas sobre algunos «amigos» de sus hijos. Algo dentro de usted le advierte: «Esta no es una persona con la cual mi hijo debe pasar el tiempo».

Es muy probable que su hijo reaccione y diga: «Es que no quieres que tenga amigos» o «Parece que deseas que seleccione todas mis amistades». Es una situación en la que nadie puede ganar. ¿Por qué? Porque usted no tiene ninguna razón válida. Es sólo una intuición: ¡una santa intuición! Así que cuando su hijo pregunta: «¿Cuál es el problema con fulano o fulana?», usted no puede responderle. Pero si anda lleno del Espíritu, es probable que tenga una respuesta adecuada.

«Un momento», dirá usted, «¿quiere decirme que es el Espíritu Santo el que me hace sentir de esa manera?» Por supuesto. «Pero, ¿no tienen todos los padres ese sexto sentido?» Creo que sí. Pero una madre o un padre lleno del Espíritu tiene ayuda adicional: el Espíritu Santo, quien tiene la ventaja de la información interna de todo el mundo y puede sintonizar la habilidad del creyente para discernir el espíritu de otra persona. Esto me lleva a la segunda forma en la que el Espíritu Santo obra por medio de la conciencia.

2. El Espíritu Santo activa la conciencia para que funcione como un sistema preciso de evaluación y discernimiento.

La conciencia, una vez fortalecida por el Espíritu Santo, puede evaluar o discernir correctamente lo que es y lo que no es de Dios. En la segunda carta de Pablo a los creyentes en Corinto, al parecer él no estaba seguro de que estos confiaran en su ministerio. Estaba seguro de que Dios lo aprobaba. Pero realmente deseaba que ellos también confiaran en él. En ese contexto dijo lo siguiente:

> Conociendo, pues, el temor del Señor, persuadimos a los hombres; pero a Dios le es manifiesto lo que somos; y espero que también lo sea a vuestras *conciencias*.
>
> —*2 Corintios 5.11, énfasis añadido.*

El término *manifiesto* significa: «claro, obvio, aparente o evidente». Pablo decía: «A Dios le resulta claro lo que hago. Espero que su conciencia lo haga también claro para usted».

Pablo pidió a sus lectores que evaluaran su ministerio en base al mensaje que recibieron de sus conciencias. Creía que sus conciencias se alinearían con la verdad. Creía que la conciencia podría brindar una evaluación o un discernimiento preciso (véase 2 Corintios 4.2).

El mejor negocio

Cuando comenzaba en el ministerio, un negociante me ofreció la oportunidad de invertir en su compañía. Me aseguró que sería una inversión con pocos riesgos. Sabía que no tenía mucho dinero y esa era su manera de ayudarme. No tenía razón alguna para dudar de su sinceridad, así que tomé los documentos y los traje a casa para leerlos con mi esposa.

Ninguno de los dos teníamos reserva alguna. Pero dos días después cuando en mi estudio oraba por otro asunto, de súbito pensé en el negocio. De inmediato me sentí incómodo por todo ese asunto. Desde ese momento, cada vez que pensaba u oraba sobre ello, sentía dudas. Cuando trataba de convencerme, mi conciencia me molestaba. Sabía que tan pronto como le diera dinero me sentiría culpable. Podía sentir la culpabilidad de antemano.

Anna tenía el mismo presentimiento. Cuando me hizo conocer sus inquietudes se resolvió el asunto. Le agradecimos al caballero por su interés y cortésmente rehusamos su oferta. Varios años después me enteré de que se declaró en bancarrota. Los que invirtieron en su compañía perdieron su dinero.

Todos tenemos oportunidad de participar en asuntos que no son de la voluntad divina. No son necesariamente cosas malas. No son lo mejor que Dios puede ofrecernos en ese momento. A no ser por la obra del Espíritu Santo en nuestras vidas, no habría manera alguna de saberlo. Por eso es tan importante desarrollar sensibilidad con el Espíritu Santo. No debemos limitarnos a evaluar las cosas basadas sólo en nuestros valores moral o ético. Los hijos y las hijas de Dios deben hacer sus decisiones de otra manera. Debemos permitir que la conciencia llena del Espíritu pueda discernir. Sólo entonces podemos saber qué es y qué no es de Dios.

¿Amigos?

Consideraba a Steve Moyer uno de mis mejores amigos. Trabajamos juntos en varios proyectos ministeriales. Nuestra relación duró más de seis años. Durante ese tiempo le confié cada vez mayor responsabilidad. Parecía manejarla bien. Le comentaba constantemente a la gente que era de gran ayuda tanto personal como ministerial.

Con el tiempo comencé a darme cuenta que se desarrollaba una barrera entre nosotros. En más de una ocasión fui a verle para asegurarme de que no había hecho nada que le hubiera ofendido o insultado. Siempre me aseguró que todo estaba bien. Pero en realidad nunca estuve convencido.

El Espíritu Santo me motivó a lidiar con la creciente tensión entre nosotros. Mi conciencia me molestaba. Cada vez que veía a Steve me sentía culpable. Sabía que debía decirle qué sentía, pero como parecía que jamás podría obtener ningún resultado positivo, posponía el asunto.

Tuve la certeza de que algo andaba mal por espacio de dos años, pero nunca pude detectar cuál era el problema. Cuando hablábamos, sonreía y me aseguraba que todo estaba bien, pero no lo exteriorizaba. Sabía que escondía algo, pero nunca lo presioné. Ese fue mi error.

Un día, sin advertencia alguna, me llamó para informarme que renunciaba. Quedé sorprendido y aliviado. Lo escuchaba muy distante. No era la misma persona cariñosa que había conocido antes. Algo andaba mal. Una vez más traté de averiguar cuál era el problema, pero no pude enterarme de nada.

Cuando finalmente se marchó, descubrimos el problema. Estaba metido en enredos financieros. Como sucede con frecuencia, sus asuntos personales habían afectado sus relaciones laborales. Había perturbado a sus compañeros de trabajo. Había hecho varias decisiones equivocadas en relación con las finanzas de su ministerio. Teníamos en realidad un gran problema en nuestras manos.

Como dicen, la percepción retrospectiva siempre es veinte sobre veinte. De haberlo sabido antes, de veras lo hubiera presionado, ahorrando así muchos dolores de cabeza al ministerio. Mi conciencia trató de advertirme, pero confié demasiado en lo que mi mente me decía (así como mis emociones). Esperé. Y tuve que lamentarlo.

3. El Espíritu Santo activa la conciencia para que funcione como juez y jurado.

La tercera forma en la cual el Espíritu Santo obra a través de la conciencia es aquella con la que tenemos más familiaridad. El Espíritu Santo utiliza la conciencia para declararnos culpables de pecado.

Si usted es cristiano desde hace mucho tiempo, es probable que esté familiarizado con ese pasaje en el cual Jesús se refiere a la obra de convencimiento del Espíritu Santo:

> Y cuando Él venga, convencerá al mundo de pecado,
> de justicia y de juicio. De pecado, por cuanto no
> creen en mí; de justicia, por cuanto voy al Padre, y
> no veréis más; y de juicio, por cuanto el príncipe de
> este mundo ha sido ya juzgado.
>
> —*Juan 16.8-11*

Ahora compare lo que Jesús dijo acerca del Espíritu Santo con lo que Pedro y Pablo expresaron en cuanto a la conciencia.

Pedro aseveró:

> [...]estad siempre preparados para presentar defen-
> sa con mansedumbre y reverencia ante todo el que
> os demande razón de la esperanza que hay en
> vosotros; teniendo buena conciencia, para que en

lo que murmuran de vosotros como de malhechores,
sean avergonzados los que calumnian vuestra buena
conducta en Cristo.
—*1 Pedro 3.15-16, énfasis añadido.*

Pedro veía la conciencia como un fiel indicador de la
ausencia o la presencia del pecado. Una conciencia buena
o clara no sugiere pecado alguno.

Pablo comunicó la misma idea en su segunda carta a los
creyentes en Corinto:

> Porque nuestra gloria es esta: *el testimonio de nuestra
> conciencia*, que con sencillez y sinceridad de Dios,
> no con sabiduría humana, sino con la gracia de Dios,
> nos hemos conducido en el mundo, y mucho más
> con vosotros.
> —*2 Corintios 1.12, énfasis añadido.*

Como Pedro, Pablo veía la conciencia como una fuente
confiable de información en cuanto a la presencia del
pecado (véase Hechos 24.16). Jesús dijo que el Espíritu
Santo convencería de pecado. Pedro y Pablo buscaban
evidencia de ello en la conciencia. Esta, entonces, es el
dominio en el cual el Espíritu Santo realiza su obra de
convicción. Cuando la conciencia se conmueve, es probable
que el Espíritu Santo esté hablando.

Hay una razón por la cual me he esforzado tanto en
explicar esta relación. Muchos cristianos no están seguros
de cuándo les habla el Espíritu Santo. Pero estos mismos
creyentes con rapidez admitirían que tienen una conciencia
sumamente activa. ¡Cuando sienten la punzada de la conciencia, hay una buena probabilidad de que escuchan el
Espíritu Santo!

¿Puede ver cuán práctica es la vida en el Espíritu? No es
un misterio que sólo puede ser comprendido por cierta élite
cristiana. La vida en el Espíritu no está reservada para
aquellos que están «mejor sintonizados» con las cosas «profundas» de Dios. Es para todos los cristianos.

Una introducción perfecta

Otra razón por la cual hago énfasis en la relación entre la conciencia y el Espíritu Santo es porque es una maravillosa forma de introducir a los niños o a los nuevos creyentes al ministerio del Espíritu Santo. La idea de escuchar a Dios es de difícil comprensión para los niños y para los nuevos creyentes (¡también lo es para los otros cristianos!). Pero todos estamos familiarizados con la conciencia. Hace de ella el lugar perfecto para comenzar a explicar cómo el Espíritu Santo se comunica con su pueblo.

La vida llena del Espíritu es una vida a tono con el Espíritu Santo. La conciencia es una de las principales herramientas a través de la cual el Espíritu Santo se comunica con los creyentes. Por ello debemos tomarla en serio. No ignore sus advertencias e impulsos. Hacerlo es correr el riesgo de ignorar a Dios.

Únase al apóstol Pablo en la búsqueda de una conciencia clara ante Dios (véase Hechos 24.16). Una conciencia clara es evidencia de una vida en armonía llena del Espíritu Santo; y esto, mi amigo, es de lo que se trata *la maravillosa vida llena del Espíritu.*

───────── **Para meditar** ─────────

- ¿Considera que su conciencia es una guía valedera, o la ha ignorado por considerarla de poca confianza?
- Si la conciencia es esa capacidad interna de cada uno para discernir el bien del mal, lo sabio de lo tonto, ¿empezará a tomar en serio sus advertencias?
- ¿Cuán comprometido está usted en reprogramar o agudizar su conciencia mediante el asiduo estudio de la Palabra de Dios, la asistencia a los servicios de adoración, la memorización de la Escritura y la oración de discernimiento?
- Repase las tres singulares formas en que el Espíritu Santo utiliza su conciencia:
    1. Como un recurso de advertencia instantánea.
    2. Para evaluar y discernir.
    3. Como juez y jurado.

CAPÍTULO 17

Marcador 3:
La Palabra de Dios

La Biblia es la tercera herramienta que el Espíritu Santo utiliza para revelar Su voluntad. De todas las formas en que el Espíritu Santo se revela, ésta es la más objetiva y, por tanto, la más valiosa. No me entienda mal. No menosprecio el mérito de la paz de Dios ni la certeza de la conciencia. Mis ilustraciones siempre demuestran el papel importante que estos instrumentos representan en mi vida. Pero para ser sincero, éstas ocupan un lugar posterior a las Escrituras en cuanto a ayudarme a discernir la voluntad del Espíritu Santo. Creo que entenderá la razón una vez que examine con más cuidado la relación entre las Escrituras y el Espíritu Santo.

La fuente

Los creyentes por lo general aceptan que la Biblia es la Palabra de Dios. A mí me gusta el término *inerrante*. Creo que la Biblia es la inerrante Palabra de Dios. Es decir, que no tiene errores en su forma original. Todo lo que la Biblia afirma como cierto es verdadero. Podríamos añadir a esta descripción términos tales como *infalible, inspirada* y *verbalmente inspirada*. Pero creo que usted me entiende.

Aunque es cierto que la mayoría de los cristianos creen en la integridad de la Biblia, no es verdad que la mayoría entiende su fuente. «Pero», pregunta usted, «¿no inspiró Dios a las personas que la escribieron?»

Sí, pero eso implica mucho más. El Espíritu Santo utilizó autores humanos para escribir las Escrituras. La Biblia es obra del Espíritu Santo.

El versículo que con más frecuencia se utiliza para substanciar este reclamo se encuentra en 2 Pedro:

> Entendiendo primero esto, que ninguna profecía de la Escritura es de interpretación privada, porque nunca la profecía fue traída por voluntad humana, sino que los santos hombres de Dios hablaron siendo inspirados por el Espíritu Santo.
>
> *—2 Pedro 1.20-21*

Pedro se refiere al Antiguo Testamento. Describe, sin embargo, el proceso mediante el cual los pensamientos de Dios fueron vertidos a la escritura. Este mismo proceso se usó para el Nuevo Testamento.

Esta no es la única referencia para dar fe de la contribución del Espíritu en la creación de las Escrituras. La Biblia está llena de menciones a la obra del Espíritu Santo de traernos el mensaje escrito (véase 2 Samuel 23.2-3; Isaías 59.21; Jeremías 1.9; Mateo 22.42-43; Marcos 12.36; Hechos 1.16; Hebreos 3.7; 10.15-16).

Todo esto tiene perfecto sentido en vista de lo que hemos descubierto en el Evangelio de Juan. ¿Recuerda? Jesús dijo que el Espíritu Santo sería el vocero de los seres humanos (véase Juan 16.13). Y añadió que el Espíritu Santo nos traería pensamientos a la mente. Nos recordaría la verdad. Por lo tanto, no debería sorprendernos encontrar al Espíritu Santo sirviendo, una vez más, como mensajero del Padre a la humanidad, esta vez para traer consigo la eterna e inalterable verdad del Antiguo y el Nuevo Testamento.

Tiempo con la Palabra

De todo esto surgen dos importantes consecuencias: Primero, *si quiere saber lo que el Espíritu Santo piensa en cuanto a alguna cosa, lea la Biblia.* La Escritura es su pensamiento impreso. No puede estar más claro. A nosotros no se nos abandonó para que solamente discerniéramos la mente del Espíritu por medio de la ausencia o la presencia de la paz y la voz de la conciencia. ¡Tenemos sus pensamientos impresos! Yo iría más allá y diría que *usted jamás podrá identificar claramente la paz ni la voz de Dios sin tener algún entendimiento de la Palabra de Dios.*

El hecho de que tenemos la mente de Dios impresa es una grata noticia. A pesar de que procuro ser lo más sensitivo posible a la voz del Espíritu, en ocasiones no la encuentro. Hay muchas otras cosas que influyen mis emociones y mis pensamientos. Yo, por ejemplo, necesito las cosas en blanco y negro, es decir impresas.

Los cristianos más equilibrados que conozco son aquellos que dedican tiempo todos los días a la Palabra de Dios. Los cristianos menos equilibrados son aquellos que no lo hacen. Así de sencillo. Conozco personas que llevan su cristianismo dentro de la manga. Son los peores cristianos. Sus vidas están gobernadas por sus emociones. Un día están animados; al siguiente no. Hacen malas decisiones. Sus relaciones siempre son caóticas. Sus matrimonios son un desastre. Sin embargo, casi todo lo que dicen tiene que ver con Dios. «Alabado sea Dios» por esto y «alabado sea Dios» por lo otro. Tengo la tentación de pedirles que no mencionen a Cristo por temor a que aparten a muchos de la fe.

Al examinarlos más de cerca me he dado cuenta de que estos individuos nunca han desarrollado el hábito de pasar bastante tiempo leyendo la Palabra de Dios. Han escuchado alguna cinta, asistido a todas las conferencias, leído cuanto manual o libro existe y sólo escuchan música cristiana. Pero son negligentes en cuanto a la fuente primordial de sabiduría y dirección que tienen como creyentes. Por eso falta algo en sus vidas. Dependen exclusivamente de lo subjetivo y carecen de lo objetivo.

Usted y su Biblia

¿Y qué en cuanto a usted? ¿Cuánto tiempo dedica a leer y estudiar la Palabra de Dios? Note que no le pregunto cuán a menudo asiste a la iglesia o a los estudios bíblicos. Tampoco le pregunté cuánto tiempo ora. ¿Con qué frecuencia lee la Biblia?

«Pero no entiendo la Biblia», dirá.

Esa es una pobre excusa. Además, no es cierto. Habrá partes de la Biblia que no comprende. Pero esa no es razón para dejar de leerla por completo.

Mi hijo Andy trabaja como pastor de jóvenes en nuestra iglesia. Cuando los adolescentes le dicen que no leen sus Biblias porque no la entienden, les responde de la siguiente manera. Les dice que se imaginen que la chica o el joven más atractivo y popular de la escuela se le acerca y le dice: «Voy a tener una fiesta en mi casa este fin de semana. Quiero que seas mi invitado especial».

Les pide imaginar que esa persona es alguien de quien han estado enamorados por mucho tiempo, pero que jamás soñaron que les prestaría atención.

Continúa: «Luego de invitarte a la fiesta te entrega un papel doblado y te dice: "He aquí un mapa de mi casa. Te veo el viernes en la noche". Te quedas aturdido. Ni siquiera puedes creer que esta persona te habló, y mucho menos que te haya invitado a la fiesta. Finalmente, despiertas y miras el mapa. A primera vista crees que el mapa está al revés. Sin embargo, cuando lo cambias de sentido, todo sigue confuso. El mapa, del ángulo que lo mires, no tiene sentido».

En ese momento Andy pone la pelota en el campo de los jóvenes. Y pregunta: «¿Qué harías en esa situación? ¿Arrojarías el mapa y dirías: "¿Parece que no iré a la fiesta porque no puedo entender el mapa?"»

Creo que entiende el asunto. Ningún adolescente normal arrojaría el mapa. Haría el máximo esfuerzo por descifrarlo. ¿Por qué? Porque está motivado.

Cuando la gente me dice que no lee la Biblia porque no la entiende, realmente dicen: «No entiendo la Biblia y no la considero tan importante como para esforzarme en subsanar mi ignorancia». Por lo general *el problema no estriba en la educación o la información sino en la motivación.*

El primo Eduardo

Cambiemos el ejemplo. Un primo lejano le deja una gran suma de dinero. Su abogado le escribe para informarle de su buena fortuna. Para obtener el dinero, debe llenar un largo y complicado formulario. Es más, luego de tratar de llenarlo durante una hora se percata de que es demasiado complicado. ¿Qué haría? ¿Tirarlo y escribirle al abogado de su primo diciéndole que no aceptará el dinero porque no puede llenar el formulario? Lo dudo. En vez de ello, lo más probable es que busque ayuda. Haría lo que fuera por entender cómo hacerlo. ¿Por qué? La motivación.

La Biblia es más valiosa que un mapa para llegar a una fiesta. Es mucho más valiosa que unos miles de dólares que su primo le haya dejado como herencia. La Biblia es la mente de Dios impresa. Le ofrece a todos un propósito para vivir. Explica los misterios de la creación, el sufrimiento, el cielo y el infierno. La Biblia guarda las llaves para lograr y mantener el verdadero éxito. Contiene el patrón para un matrimonio y unas relaciones familiares exitosas. Las Escrituras contienen la historia de la salvación, una historia que puede trazarse desde el comienzo del tiempo hasta la eternidad.

¿Existe en realidad alguna buena razón para que un

cristiano no lea la Biblia? Si piensa en todas las ayudas para estudiarla y leerla, nuestras excusas desaparecen por completo.

Déjeme decirlo de otra manera. Si puede leer este libro, no tiene excusa alguna para no leer la Biblia. Si puede leer este libro y no lee la Biblia, jamás experimentará una vida consistente en el Espíritu. Su experiencia cristiana será, en su mayor parte, una subjetiva búsqueda de la verdad dentro del limitado dominio de sus pensamientos. Su conciencia nunca será una guía por completo confiable pues no se renovará con la verdad del Espíritu Santo. Y la paz de Dios le será esquiva. La Biblia es la manera más objetiva para que el Espíritu se comunique con su pueblo. Es la única forma de conocer algo de Él. NO hay sustituto. *Si quiere saber lo que el Espíritu Santo piensa en cuanto a alguna cosa, lea la Biblia.*

Siga al líder

Otra importante consecuencia emerge de la obra del Espíritu Santo en la creación de la Biblia: *el Espíritu Santo jamás le llevará hacia donde la Palabra de Dios le prohíbe llegar.*

Ahora bien, esto podría parecer un tanto obvio. Pero de continuo me sorprendo de las decisiones que algunos creyentes toman alegando que fueron dirigidos por el Espíritu.

Un hombre llegó a mi oficina, un verano, y me dijo que el Espíritu le había guiado para divorciarse de su esposa. Cuando le pregunté por qué, dijo porque ella no era creyente. Estorbaba su progreso espiritual. Había orado y orado y finalmente recibió paz cuando dedició divorciarse.

Tomé mi Biblia, busqué 1 Corintios 7 y leí los siguientes versículos:

> Y a los demás yo digo, no el Señor: Si algún hermano tiene mujer que no sea creyente, y ella consiente en vivir con él, no la abandone. Porque el marido incrédulo es santificado en la mujer y la mujer incrédula

> en el marido; pues de otra manera vuestros hijos
> serían inmundos, mientras que ahora son santos.
> —*1 Corintios 7.12-14*

Me aseguró haber leído esos versículos. También que Dios le había liberado de su obligación con su esposa. Estaba equivocado. ¿Cómo es posible que el mismo Espíritu Santo, que movió a Pablo a instruir a esposos creyentes a permanecer con sus esposas inconversas, cambie y le diga a este hombre hacer algo diferente?

Siempre debemos permitirle a la Palabra de Dios que ejerza como juez sobre nuestros pensamientos, impresiones y sentimientos. Cuando tengamos el deseo de hacer *A* pero la Palabra de Dios dice que hagamos *B*, es mejor que hagamos *B*. No importa cuán convencido esté de que el Espíritu Santo le dirige, recuerde: *el Espíritu Santo nunca le llevará en dirección contraria a la Palabra de Dios.* ¡Jamás! No hay excepciones.

Una falsa dicotomía

Parte del conflicto que experimentamos al tratar de discernir la voz del Espíritu Santo procede de un malentendido. En algún momento se nos enseñó que hay un conflicto entre lo que es espiritual y lo que es lo lógico y razonable.

Nunca olvidaré la conversación que tuve con una dama de la iglesia. Ella movía su cabeza de lado a lado y me decía: «Dr. Stanley, usted no entiende. Es demasiado lógico. Necesita ser más espiritual». Como muchos cristianos, esta dama, con muy buenas intenciones, veía una división entre el mundo espiritual y el mundo de la razón y la lógica. *Esa división no existe.*

En realidad hay momentos cuando la voluntad de Dios *parece* ir contra lo que es razonable. Pero cuando se conocen todos los hechos, ese no es el caso. No parecía razonable que Josué marchara alrededor de Jericó. Pero cuando se dijo y se hizo todo lo que se habría de hacer, tuvo sentido perfecto: Dios mostraba su poder y su amor por su pueblo.

Dios creó la realidad. También creó las leyes de la lógica. Entonces creó nuestros multifacéticos cerebros con la habilidad para utilizar estas leyes en la comprensión y en el descubrimiento de la realidad. El mundo del espíritu funciona de acuerdo con estas mismas leyes. De no ser así, Dios no tendría manera alguna de comunicarse con los seres humanos. Si hay una diferencia entre la realidad espiritual y la realidad como la conocemos, ¿cómo podría Dios introducir la verdad espiritual en nuestro mundo que se distingue por ser poco espiritual? Debe existir algún tipo de conexión. Debe haber algún nexo, o los dos mundos permanecerían mutuamente excluidos. Dios no podría comunicarse con los seres humanos.

En el último capítulo conté una historia acerca de emplear a un hombre con el cual tuve reservas desde la primera vez que nos vimos. Dije que no tenía *razón* alguna para no emplearlo. Desde mi punto de vista no había explicación lógica para no hacerlo. Pero, en realidad, había varias causas. ¡Y el Espíritu Santo las conocía! ¿Qué hizo Él? Me hizo sentirme incómodo. ¿Qué hice? Ignoré su advertencia, y le di trabajo porque no tenía una razón para no dárselo.

Vea que no había conflicto entre lo espiritual y lo lógico. Lo que era espiritual era lógico. Mi problema fue no tener todos los hechos. Por eso tomé una decisión equivocada.

¿Cuál es mi punto? Que Dios eligió comunicar su verdad con el lenguaje humano. Entonces dio otro paso; le pidió a seres humanos que la escribieran. Si la verdad espiritual puede ser comunicada apropiadamente mediante el lenguaje, la realidad y la verdad espiritual deben operar dentro de los parámetros de la razón y la lógica que conocemos. ¿Por qué? Porque el lenguaje humano funciona de acuerdo a reglas, establecidas por seres humanos finitos. Si hay conflicto o contradicción entre lo que es lógico y lo que es espiritual, entonces tendremos un verdadero problema. La verdad de Dios debe haberse distorsionado una vez que fue forzada a los límites del lenguaje humano, con todas sus reglas y estructuras lógicas. Si ese es el caso, lo que la Biblia dice no es en realidad lo que Dios quería que dijera. Pero como Cristo citó el Antiguo Testamento como una fuente confiable, información divinamente inspirada, sabemos que la verdad eterna puede ser comunicada dentro de las reglas y estructuras del lenguaje.

El hecho de que Cristo intentó comunicarse con la humanidad mediante el lenguaje también apoya este punto. Jesús creyó que el lenguaje era una forma adecuada mediante la cual se podía expresar la verdad espiritual. No vio conflicto entre el mundo espiritual y el mundo conocido de la lógica.

Sin miramientos, el hecho de que el Espíritu Santo y la Palabra de Dios existan en dominios distintos, no chocan. Después de todo, el Espíritu Santo nos dio las Escrituras.

La Palabra de Dios permanece

Una pareja vino a ver uno de nuestros pastores para recibir orientación prematrimonial. Tenían una fecha asignada, la capilla reservada, el vestido preparado y la comida encargada para la recepción. Estaban listos. En el transcurso de la conversación con la pareja, mi asociado descubrió que vivían juntos. Es más, habían convivido por dos años. Ambos reclamaban ser cristianos. Cada uno tenía una historia convincente en cuanto a llegar a Cristo, pero no veían problema alguno con su vida prematrimonial.

Cuando Jaime les preguntó sobre el asunto, la joven respondió: «Bueno, nos amamos. Y la Biblia dice que el amor es lo más importante. Así que concluimos que no importaba. No es que seamos inmorales o algo así por el estilo. Somos muy fieles el uno con el otro».

Mientras más hablaban, más confusa era la situación. En realidad creían que estaban en la voluntad divina. Tenían paz. Sus conciencias no les molestaban para nada. No podían comprender la preocupación de Jaime. La pareja sinceramente creía que los versículos referidos al sexo antes del matrimonio no se aplicaban a ellos: su situación era diferente.

Sin decirlo de esa manera, esta pareja pensaba que había una dicotomía entre el mundo espiritual y el de los principios y la razón. Hablaban de lo que sentían como si tuvieran un «apunte», y su opinión era que Dios los aprobaba. Ignoraban la clara y objetiva enseñanza de la Palabra de Dios. Estaban equivocados.

Con paz o sin ella. Con una conciencia culpable o no. La Palabra de Dios permanece. Esta es la autoridad decisiva para los creyentes del Espíritu. La vida llena del Espíritu es una vida de acuerdo con las enseñanzas de la Escritura ya sea que así lo experimentemos o no, y ya sea que el Espíritu nos dé testimonio de ello o no.

La iluminación del Espíritu Santo

La relación del Espíritu Santo con nuestra Biblia va más allá del hecho de la inspiración. Está involucrado en un ministerio de *iluminación*. En este singular ministerio el Espíritu Santo abre los ojos espirituales al creyente para que él o ella pueda entender las cosas de Dios tal y como se registran en la Escritura. El Dr. Charles Ryrie provee una buena definición:

> Generalmente se le considera conectada con el ministerio del Espíritu Santo que clarifica la verdad de la revelación escrita en la Biblia. En referencia a ella, la *revelación* se relaciona con el contenido, la *inspiración* al método de preservar el material, y la *iluminación* al significado del registro.[1]

Pablo explicó el ministerio de la iluminación de la siguiente manera:

[1] Charles Ryrie, Understanding the Bible, [Cómo entender la Biblia], en *The Ryrie Study Bible*, [La Biblia de estudio Ryrie] Moody Press, Chicago, 1978, p. 1959.

> Pero Dios nos las reveló a nosotros por el Espíritu;
> porque el Espíritu todo lo escudriña, aun lo profundo
> de Dios. Porque ¿quién de los hombres sabe las cosas
> del hombre, sino el espíritu del hombre que está en
> él? Así tampoco nadie conoció las cosas de Dios, sino
> el Espíritu de Dios.
>
> *—1 Corintios 2.10-12*

Pablo no dice que Dios reveló las cosas únicamente mediante la Palabra. Las verdades de Dios están reveladas a través
de la obra del Espíritu. El Espíritu Santo trabaja constantemente para *revelar* los pensamientos y la verdad de Dios.
Hace esto al abrir los corazones y las mentes a los creyentes
para que puedan entender los pensamientos de Dios tal y
como están registrados en la Escritura.

¿Le ha afectado un versículo de la Escritura de manera
tal que le sorprende por completo? ¿Ha obtenido alguna vez
nuevo conocimiento de un pasaje conocido? ¿Ha estado en
alguna situación difícil y de súbito piensa en un versículo
que le consuela y le da una perspectiva renovada? Y qué de
esos momentos cuando todo parece salir mal y al abrir su
Biblia surge un versículo que parece haber sido diseñado
precisamente para su situación en particular.

Estas cosas no suceden por casualidad. De seguro que el
Espíritu Santo está obrando: ilumina nuestras mentes, abre
nuestros ojos, llena nuestros corazones con las verdades
específicas que necesitamos en ese momento. Es lamentable, pero no nos percatamos que el Espíritu Santo está
obrando. Nunca nos detenemos para agradecerle. Tomamos
la verdad y salimos corriendo.

El ministerio de iluminación del Espíritu Santo enfatiza,
una vez más, cuán importante es que pasemos tiempo con
la Palabra de Dios. Los creyentes llenos del Espíritu se
vuelcan sobre las Escrituras con un deseo ardiente de llenar
sus corazones y sus mentes con la verdad, no por causa de
alguna meta académica (aunque ciertamente hay lugar para
ello) sino para ver a Dios obrar en sus vidas.

El Dr. Billy Graham concuerda:

> Esta ha sido mi experiencia al estudiar las Escrituras.
> Las cosas que sabía intelectualmente por años se han
> vivificado en su plenitud espiritual de manera casi
> milagrosa. Mientras estudiaba las Escrituras aprendí
> que el Espíritu siempre permite salir más luz de la
> Palabra. En cada ocasión que leo un viejo y familiar
> pasaje casi veo algo nuevo. Esto sucede porque la
> Palabra escrita de Dios es viviente. Siempre me alle-
> go a las Escrituras con la oración del salmista: «Abre
> mis ojos, y miraré las maravillas de tu ley» (Salmo
> 119.18).[2]

El lema de una de las estaciones de radio de Atlanta es:
«Ha perdido mucho, si pierde un día». No puedo pensar en
un lema que sea más apropiado para un cristiano en lo
concerniente a pasar tiempo con la Palabra de Dios. Perder
un día sería perder una oportunidad para que el Espíritu
Santo le hable directamente. ¡Perder esa oportunidad sería
perder mucho!

La iluminación progresiva

La vida en el Espíritu es una vida de crecimiento continuo. Cualquiera que haya confiado en Cristo como Salvador
tiene el potencial de vivir una vida llena del Espíritu. Pero
la madurez espiritual de una persona (la cual debe reflejar
la cantidad de tiempo que haya sido cristiano) dictará la
naturaleza de su experiencia en el Espíritu. Este hecho da
mayor importancia al ministerio de la iluminación.

Aunque la Palabra de Dios nunca cambia, nuestro entendimiento de ella sí cambia. Nuestra habilidad de entender
la Palabra de Dios y el deseo de aplicarla están ligadas a
nuestra madurez. Por esa razón necesitamos un tutor que
nos guíe y nos ilumine a medida que estudiamos las Escrituras. Pero no puede ser cualquier tutor. Debe ser alguien

---

[2] Billy Graham, *op. cit.*, p. 46.

que comprenda nuestra posición en nuestro peregrinaje espiritual, uno que no vaya ni muy lento ni muy rápido. Requerimos un tutor que dirija nuestra atención hacia aquellas cosas para las cuales estamos preparados. Alguien que no permita que abandonemos las lecciones difíciles de aprender.

Ya que la madurez espiritual es un proceso, y que todos estamos en sus diferentes etapas, es razonable que cada uno de nosotros necesite un tutor *personal* que nos guíe. Dios nos dio el Espíritu Santo. Esa es otra razón por la cual la Biblia se refiere a la vida en el Espíritu como una vida *guiada por el Espíritu* (véase Gálatas 5.25). Un buen líder percibe el progreso de aquellos a quienes dirige. Y el Espíritu Santo es un líder excelente.

Digo todo esto porque no era suficiente que el Espíritu Santo inspirara la autoridad de la Biblia. También sabía que cada uno de nosotros necesitaría de alguien para dirigirnos a través del texto. Así que cada vez que un creyente abre su Biblia, el Espíritu Santo se alista a trabajar para iluminarla. De esa forma puede servirnos a cada uno en nuestro paso y de acuerdo con nuestras necesidades.

Una palabra de advertencia

En la primavera de 1982 una mujer llegó a mi oficina y me dijo que Dios le había dicho que se divorciara de su esposo. Sabía mi posición en cuanto al divorcio y por lo tanto estaba a la defensiva desde el comienzo de nuestra conversación. Antes de que pudiera responderle, tomó una Biblia de mi escritorio y me mostró el versículo que —según ella— Dios le había dado como confirmación. No puedo recordar el versículo. Sí, en cambio, que no tenía nada que ver con el divorcio, por lo menos en su contexto original.

Hice lo mejor que pude para razonar con ella. Hasta logré que conversará acerca de las «otras» razones por las cuales pensaba en la necesidad del divorcio. Sentía que su esposo era un perdedor. No era un buen proveedor. Creía que no era un buen ejemplo para los niños. Y, en resumidas cuentas, ya no le amaba.

Presentó un caso convincente, humanamente hablando. Pero mientras hablábamos, me convencí (y creo que ella también, aunque no lo admitió) que la situación no tenía nada que ver con Dios. Quería salir de una vida miserable. Como era cristiana, sentía la necesidad de espiritualizar su decisión; así que salió de caza por una razón. Con esto quiero decir que sacó su Biblia y comenzó a buscar algo que apoyara su decisión.

Por eso es que la vida en el Espíritu comienza cuando nos rendimos al señorío de Cristo. Los cristianos rendidos se acercan al texto con corazones humildes, no con agendas escondidas. Los creyentes llenos del Espíritu se allegan a las Escrituras con un espíritu deseoso de aprender. No ven el estudio bíblico como una mera búsqueda de datos. Lo ven como una oportunidad para ojear el corazón y la mente de Dios.

Sugerencias de estudio

He aquí algunas sugerencias para el estudio de la Biblia.

1. Busque los principios.

A todos nos haría mucho bien concentrarnos en los principios cuando estudiamos la Biblia. La mayoría estamos orientados hacia *las promesas*. Es decir, siempre estamos pendientes de lo que Dios puede hacer por nosotros.

A la hora de tomar decisiones, los principios ayudan mucho más que las promesas. He tenido la experiencia de que el Espíritu Santo traiga principios a la mente con mucha más frecuencia que las promesas.

Un principio es como una ecuación. Si hace A, puede esperar que suceda B. Si no hace A, puede confiar en que ocurrirá C. He aquí algunos ejemplos:

- Siempre cosechamos lo que sembramos (véase Gálatas 6.7).
- La gente que está a su alrededor influirá en la dirección de su vida (véase Proverbios 13.20).
- La persona que odia ser corregida con el tiempo cometerá errores estúpidos (véase Proverbios 12.1).
- Los mentirosos serán descubiertos (véase Proverbios 12.19).
- Lo que no comparta disminuirá, pero lo que comparta se multiplicará (véase 2 Corintios 9.6).
- Dios siempre provee para las necesidades de los generosos (véase Filipenses 4.19).

Los principios son verdades eternas. Estos se aplican a todos en todo momento. Son como las leyes naturales. Pueden ser ignorados pero no quebrantados. La Biblia está llena de ellos. Un escritor ha dicho:

> Los principios son eternos, leyes universales que fortalecen a la gente... Los principios tienen aplicaciones infinitas, tan variadas como las circunstancias. Tienden a ser evidentes, a validarse a sí mismos, y a ser verdades universales. Cuando comenzamos a reconocer un principio correcto, llega a ser tan familiar que casi se convierte en «sentido común».[3]

Casi cada decisión que realizamos se relacionará con alguno o varios de los principios de la Palabra de Dios. Son así de amplios. Estos principios le guiarán en todos los asuntos, desde las amistades hasta las finanzas, y son dados por medio del Espíritu Santo.

En muchas ocasiones la gente se me ha acercado para pedirme consejo sobre lo que consideran problemas aparentemente sin solución. A medida que relatan su situación, un principio tras otro inunda mi mente. Cuando terminan, aplico los principios de la Escritura al problema. En general,

---

[3] Steven R. Covey, *Principle Centered Leadership*, [Liderazgo centrado en principios], Summit, Nueva York, 1991, p. 290.

se marchan pensando que soy brillante. Digo «en general» porque hay algunos que, luego de escuchar mi respuesta, sacuden sus cabezas y dicen: «Debí haberlo sabido. Estaba en la Biblia». Y así es. Debieron haberlo sabido.

Dios ha hablado. Anticipó nuestras preguntas así como nuestras frustraciones. Sabía las decisiones que afrontaríamos antes de que lo hiciéramos. Nos ha provisto de principios para ayudarnos a navegar entre la interminable serie de encrucijadas.

El problema no es que Dios no nos responde. ¡El problema es que no hemos usado el tiempo para encontrarlas! No hemos hecho nuestra tarea. De nuevo, Dios ha hablado.

Esta verdad se expresa de manera clara en la carta de Pablo a los romanos:

> No os conforméis a este siglo, sino transformaos por medio de la renovación de vuestro entendimiento, para que comprobéis cuál sea la buena voluntad de Dios, agradable y perfecta.
>
> —*Romanos 12.2*

Note la relación entre la renovación de la mente y la *comprobación* de la voluntad de Dios. El término *comprobar* significa «discernir o averiguar». La idea es que las personas en proceso de renovación de sus mentes tendrán mayor sensibilidad a lo que es de Dios y lo que no es. Podrán distinguir la voluntad de Dios de sus propios deseos.

El término *renovar* significa «hacer algo nuevo». Renovar algo a veces es un proceso de dos pasos. El primero implica sacar lo viejo. El segundo, poner lo nuevo. Si alguna vez ha tenido que pintar un auto o un mueble estará familiarizado con este proceso. Antes de pintar, tiene que remover lo viejo.

Renovar la mente es algo similar. Es un proceso continuo en el cual nos deshacemos de nuestra vieja manera de pensar para reemplazarla con los principios de la Palabra de Dios. La recompensa de permanecer dentro de este proceso es una mayor sensibilidad a la voluntad divina.

Los principios de la Palabra de Dios han sido algo más que instrumentos que me han dirigido. Su valor yace no sólo en su fuente (el Espíritu Santo), sino también en su objetividad. Hace varios años tomé una decisión que en aquel entonces parecía lo mejor. Anna y yo oramos acerca de ello y sentimos paz en nuestros corazones. El asunto resultó desastroso. Estaba destruido. No podía entender la razón por la cual Dios nos había *guiado* a hacer algo que causaría tanta tensión y confusión en nuestra familia. Meses después, mientras pensaba en la situación, súbitamente un versículo que había memorizado hacía mucho tiempo atrás me vino a la mente. El Espíritu Santo me dejó saber claramente que había violado ese principio.

Cuando le conté a Anna lo que había sucedido, coincidimos en que la paz que experimentamos probablemente era aquella que nos llega cuando obtenemos algo que queremos y no la paz de Dios. Ambos aprendimos una lección fundamental a través de todo esto. *Los principios siempre tienen mayor preponderancia que la paz.* Si tiene paz en cuanto a algo que viola un principio, puede estar seguro de que no es la paz de Dios. La paz de Dios jamás estará en conflicto con los principios de Dios.

No puedo enfatizar demasiado la importancia de conocer los principios de la Escritura. Estos son la guía divina para la vida. Nadie se me ha acercado con un problema que no fuera el resultado de la violación de algún principio. Estos son la manera más clara de conocer la voluntad de Dios. Aprender los principios es un ejercicio tan espiritual como lo es la oración y el ayuno. Y es tan necesario para experimentar la vida en el Espíritu.

2. Lea con el contexto en mente.

La mejor forma de resguardarse de la trampa de encontrar solamente lo que quiere en las Escrituras es leer *con el contexto en mente*. Lea la Biblia como leería cualquier otra obra literaria. «Un momento», dirá usted, «yo creía que la

Biblia era un libro especial». Así es. Pero recuerde que Dios considera al lenguaje humano como un medio adecuado para comunicar la verdad espiritual. Quiere decir que las reglas gramaticales se aplican a la Biblia.

No necesita leer dentro del texto más de lo que está allí. No busque el significado *oculto* o *profundo*. Tómelo tal y como se encuentra. Mucha gente ignora lo obvio en su esfuerzo por descubrir *el verdadero* significado.

No lea tratando de encontrar algo demasiado específico. ¿Por qué? Porque siempre logrará ese objetivo. Si lee con una agenda determinada sus hallazgos serán sospechosos. No sabrá si lo que encontró fue el producto de una obra iluminadora del Espíritu o su predisposición hacia una respuesta en particular. Permanezca lo más neutral posible.

3. Busque las promesas generales.

Estas son las promesas dadas a todos los creyentes en todos los tiempos. Son el fundamento de las promesas personales que el Espíritu Santo elegirá revelar. Ejemplo de una promesa general sería la que hizo Jesús de no dejarnos huérfanos (véase Juan 14.18). Otra sería la promesa de la gracia y la misericordia cuando nos acercamos a Dios (véase Hebreos 4.16). Una de mis favoritas es Isaías 40.31 en donde Dios promete fortaleza a todos aquellos que se encuentran cansados.

Las excepciones

Como mencioné antes, hay un debate entre los líderes cristianos en cuanto a la posibilidad de que Dios todavía hable hoy. Creo que lo hace. Empero, no creo que hable mucho a través de la gente que así lo reclama. Ya ha dicho tanto que no necesitamos mucha revelación adicional.

Sin embargo, hay ocasiones en las cuales el Espíritu Santo tomará un pasaje y lo sacará de su contexto original para aplicarlo a nuestra situación en particular. Esta es la excepción, no la regla.

He conocido a muchos cristianos que se acercan a las Escrituras desde una perspectiva exclusivamente mística. Nunca consideran el contexto, la audiencia original, al orador o siquiera el testamento que leen. No tienen necesariamente una agenda escondida. Pero se interesan exclusivamente en encontrar el mensaje personal de Dios para ellos. Este acercamiento es peligroso.

Unas palabras de ánimo

Como decía, hay ocasiones en las cuales el Espíritu Santo aplica un versículo escogido para nuestra situación particular. Para mí estas ocasiones por lo general llegan cuando necesito ánimo. Uno de las más dramáticas ocasiones ocurrió una mañana cuando iba a la iglesia. Había sido pastor de la Primera Iglesia Bautista de Atlanta por unos dos meses. Fui elegido en contra de los deseos de unas doscientas personas. En aquel entonces la iglesia era mucho más pequeña de lo que es hoy día, así que doscientas personas eran suficientes para crear una facción. Para empeorar las cosas, el grupo estaba compuesto en su mayoría de maestras de la Escuela Dominical, diáconos y miembros de varios comités. En realidad nos habían hecho la vida muy difícil a mí y mi familia. Oraba que se fueran. Pero parecían determinados a quedarse hasta que me rindiera y me marchara.

Durante ese conflicto el Espíritu Santo se prestó a enviarme una palabra personal de ánimo. Justo cuando salíamos de la autopista mi esposa dijo: «Charles, el Señor me ha dado un pasaje para ti esta mañana». Abrió su Biblia y leyó:

> Y Moisés dijo al pueblo: No temáis; estad firmes, y ved la salvación que Jehová hará hoy con vosotros; porque los egipcios que hoy habéis visto, nunca más para siempre los veréis.
>
> —*Exodo 14.13-14*

Bueno, si ese pasaje en realidad fue enviado para mí, de inmediato supe quiénes eran los egipcios. Pero pensar que no tendría nada que ver con ese grupo parecía un tanto irrealista en aquel entonces. Le agradecí a ella y no pensé más nada en cuanto a ese asunto: hasta una hora más tarde. Esa misma mañana de domingo, a las 9.45 a.m., todo el grupo se marchó de sus respectivas clases de la Escuela Dominical para protestar mi selección como pastor. De esa mañana en adelante se congregaron para adorar en otro edificio, a cierta distancia del nuestro. Su presencia e influencia se marchó para siempre.

Cuando mi secretaria entró a mi oficina y me dijo lo sucedido me asombré. Y entonces recordé los versículos que Anna me leyó. No hay nada que pueda convencerme de que esto fue una mera coincidencia. Dios sabía que necesitaba ánimo, una evidencia física de que estaba en el camino correcto y que valía la pena luchar. Desde ese momento jamás miré atrás.

La Biblia es la Palabra de *Dios*. Él puede usarla como crea más conveniente. Cuando surja la necesidad, el Espíritu Santo le guiará a versículos que, dentro de su contexto original, no tienen nada que ver con sus circunstancias en particular. Pero sabrá que están dirigidos a usted. El Espíritu Santo tiene una maravillosa forma de hacernos ver esto. Sabe cómo hacer que un versículo testifique a nuestro espíritu humano. Sabe cómo lograr que un versículo salte de las páginas hacia su vida.

Lea y tenga en cuenta el contexto y la audiencia original, pero deje espacio para que el Espíritu Santo saque algo de su contexto original para que pueda servir a sus necesidades específicas.

¡Comience ahora mismo!

Podría decir mucho más. No hay manera alguna de subrayar demasiado la importancia de la Biblia cuando hablamos de la vida en el Espíritu. Si no tiene la costumbre de leer la Biblia todos los días, ¡comience ahora mismo! Deje este libro a un lado y busque su Biblia. Compre una traducción que pueda entender. No hay razón para temerle a las traducciones modernas. Las versiones al español están basadas en el original griego y hebreo. No importa cuál traducción prefiera; asegúrese de que lee un poco cada día. Al hacer esto le proveerá al Espíritu Santo con un acceso ilimitado a su mente y a su corazón, el acceso necesario para que experimente la maravillosa vida en el Espíritu.

—————— **Para meditar** ——————

• ¿Por qué cree usted que debemos tener alguna comprensión de la Palabra de Dios antes de poder identificar su voz?

• ¿Cuánto tiempo dedica a leer y estudiar la Palabra de Dios? ¿Es eso suficiente?

• ¿Cómo explicaría «los sentimientos» de aprobación divina de alguien cuyas acciones contradicen las enseñanzas divinas?

• ¿Por qué es peligroso buscar mensajes especiales de parte de Dios al abrir la Biblia y leerla fuera de su contexto?

CAPÍTULO 18

Marcador 4:
La sabiduría

El cuarto marcador que indica la dirección del Espíritu Santo es la *sabiduría*. Ninguna otra pregunta revela tanto las verdaderas motivaciones como ésta: *¿Cuál es la decisión más sabia que puedo tomar?* En cuestiones financieras revela nuestra codicia. En asuntos relacionales revela nuestro egoísmo. En las relaciones sociales revela nuestros deseos prohibidos. Nada escapa. La sabiduría alumbra el alma.

El Espíritu Santo nos dirige teniendo en cuenta tanto lo sabio como lo tonto. Es precisamente luego de una discusión acerca de la sabiduría que encontramos el mandamiento paulino de llenarse del Espíritu:

> Mirad, pues, con diligencia cómo andéis, no como necios sino como sabios, aprovechando bien el tiempo porque los días son malos. Por tanto, no seáis insensatos, sino entendidos de cuál sea la voluntad del Señor. No os embriaguéis con vino, en lo cual hay disolución; antes bien sed llenos del Espíritu.
>
> —*Efesios 5.15-18*

No hay brecha alguna en la discusión entre sus comentarios acerca de la sabiduría y el mandamiento a ser lleno del Espíritu. Pablo no cambia el tema. Hay una relación vital, pero que con frecuencia se ignora, entre la sabiduría y el Espíritu Santo, es decir, el Espíritu Santo guía al creyente en el camino de la sabiduría. Rehusar vivir de forma sabia es ignorar la dirección del Espíritu Santo.

Con anterioridad dije que el Espíritu Santo es el vocero de Dios para el corazón y la mente humana. Tengamos esto en cuenta, y miremos una vez más a este conocido versículo:

> Y si alguno de vosotros tiene falta de sabiduría, pídala a Dios, el cual da a todos abundantemente y sin reproche, y le será dada.
>
> —*Santiago 1.5*

Se nos anima a pedir sabiduría. Dios, a través de la persona del Espíritu Santo, está más que dispuesto a darnos la sabiduría que necesitamos para tomar las decisiones que afrontamos. Se nos anima a buscar sabiduría y no dirección. Pero tendemos a hacer precisamente lo opuesto.

La función de la sabiduría

Hay muchos asuntos con los cuales tenemos que lidiar todos los días que no se mencionan en específico en la Escritura. En ocasiones surgen complicadas situaciones y no parece haber ningún paralelo bíblico para usarse como guía. En estos casos Dios espera que nos preguntemos: «¿Cuál es la decisión más sabia que puedo tomar?» *La sabiduría llena las brechas entre los principios, las promesas y los mandamientos de Dios*. La sabiduría siempre toma las tres en cuenta para entonces preguntarse: ¿Cuál es la decisión más sabia que puedo tomar?

El otro singular aspecto acerca de la sabiduría es que opera más allá del dominio de lo bueno y lo malo. Por alguna razón muchos hemos llegado a cometer el error de que si la Biblia no dice que algo es malo, entonces no hay problema con ello. ¡Eso no es así! Muchas cosas a las cuales la Biblia no se refiere específicamente como malas, son destructivas para nuestra salud física y espiritual.

La sabiduría con frecuencia es la herramienta utilizada por el Espíritu Santo para ajustar de manera personal la voluntad divina a nuestras vidas. Lo que es sabio para mí no podría serlo para usted y viceversa. Conozco un joven que hace poco abandonó el ocultismo. Está en un intenso programa de renovación mental para adelantar su proceso de recuperación. Memoriza las Escrituras por capítulos. Siempre está en la iglesia y escucha todas las cintas magnetofónicas cristianas que pueda encontrar.

Además, hay otras cosas que no hace. No escucha música secular. No va a ciertas partes de la ciudad. Y no llama a sus viejas amistades. ¿Por qué? Bueno, esto fue lo que me dijo:

> No es muy sabio que haga esas cosas por el momento. Espero regresar a mis viejos amigos y decirles lo que Dios ha hecho en mi vida, pero todavía no soy lo suficientemente fuerte. En un par de ocasiones he sentido la tentación de levantar el teléfono y llamarlos. Pero algo dentro de mí dice: «Aguarda». Así que espero. En cuanto a la música, no tengo nada en contra de la secular. Pero todavía hay mucha basura flotando en mi cabeza. No quiero arriesgarme a poner más. Además la música cristiana me ayuda a mantenerme en el camino.

He aquí un joven que comprende la importancia de la sabiduría. Para él todo esto es asunto de supervivencia. También ha descubierto la relación entre la sabiduría y el Espíritu Santo. Ese *algo* que le advirtió no llamar a sus amistades fue el Espíritu Santo.

Dios no nos llamó a permanecer sólo a la derecha de la línea divisoria entre el bien y el mal. Nos llamó a andar sabiamente. Algunas veces eso significa apartarse de la línea. El Espíritu Santo utiliza la sabiduría para alejarnos del desastre. La mayoría de nosotros desea saber cuánto podemos acercarnos al pecado sin verdaderamente pecar. Una vez que lo sabemos (o creemos saber), nos movemos hasta el mismo borde y nos quedamos allí hasta caernos. En consecuencia: estos son hábitos de los cuales no podemos apartarnos. Estas son áreas débiles en nuestras vidas que jamás mejoran. Y todo se debe a la ignorancia de las urgencias del Espíritu Santo a que andemos en sabiduría. El escritor de Proverbios lo resumió de manera hermosa:

> El que confía en su propio corazón es necio; mas el
> que camina en sabiduría será librado
>
> —*Proverbios 28.26*

Una pregunta en tres partes

Para mayor impacto, esta profunda pregunta debe ser hecha en tres dimensiones:

1. ¿Cuál es la decisión más sabia que puedo tomar en vista de mi pasada experiencia?

Javier trabaja para una gran corporación en St. Petersburg, Florida. Su trabajo lo obliga a estar fuera de la casa dos o tres noches a la semana. Cuando vino a verme estaba a punto de llorar.

—Realmente me he metido en un lío, —dijo—. Amo a mi esposa. Tenemos un bebé recién nacido. Soy un líder en mi iglesia. Y todo anda bien en la casa. Pero en la calle todo es distinto. Viajo con un grupito del trabajo. Ellos no son cristianos. Les gusta estar lejos de sus esposas. Cada semana es la misma cosa. Actúan como si todavía estuvieran en la secundaria. Se vuelven locos.

»Cada lunes le prometo a Dios que no voy a participar. Y cada lunes, en la noche, allí estoy justo en medio de ellos. Eso me está matando. Me resulta difícil darle la cara a mi esposa cuando regreso a casa. Ella sabe que algo anda mal, pero no veo por qué decirle nada. ¿Qué se supone que haga? Tengo que trabajar. Y si trabajo tengo que viajar.

Esta situación en realidad lo afectaba mucho.

Le pregunté:

—Javier, dime algo más acerca de estos viajes. ¿Dónde te hospedas? ¿Con quién? ¿Cuáles son las circunstancias que te rodean?

—Siempre es lo mismo. Trabajamos solos o en pareja durante el día. Después nos encontramos en el hotel y salimos juntos a comer algo. Luego de la cena, las cosas se complican. Cuando comenzamos a laborar juntos les pedía que me dejaran en el hotel. Pero se burlaban de mí y en ocasiones me hastiaron tanto que les acompañé. Ahora ni siquiera les pido que me lleven de vuelta al hotel. Sé que debo ser más fuerte. Pero la verdad es que no lo soy.

Le expliqué a Javier que Dios le había llamado a andar en sabiduría. Algunas veces eso significaba dar varios pasos para apartarse de la línea divisoria entre el bien y el mal.

—Javier, aparentemente has tenido dificultades para sobreponerte a la tentación de salir con tus amigos una vez que te metes en el auto con ellos. Quizás, en el próximo viaje, lo más sabio sea cenar a solas. Ni siquiera te reúnas con ellos hasta el día siguiente.

—¿Es que hay algo malo en cenar con ellos?, —preguntó.

—No —respondí—. Pero ese no es el asunto. ¿Cuál es la decisión más sabia que puedes tomar en vista de tu pasada experiencia? ¡Podría ser alojarte en otro hotel! De nuevo, eso no sería porque hay algo de *malo* en quedarte en el mismo hotel que tus amigos. Pero, a causa de tus hábitos cuando te juntas con ellos, quedarte en su compañía no sería lo más sabio.

—Eso me parece bastante exagerado —dijo—. Y se sentó en su silla.

—Así mismo es —dije—. Pero, estás en una situación difícil y por el momento esa es la única forma de manejar situaciones de ese tipo.

El Espíritu Santo
guía al creyente
en el camino de
la sabiduría.

Ignoramos la
dirección del
Espíritu Santo
cuando
rehusamos vivir
sabiamente.

—Sé que usted está en lo correcto, —dijo—. Eso es exactamente lo que debo hacer.

Sabía que el Espíritu Santo tocaba su corazón al motivarlo a sentar un nuevo patrón de conducta. Pero no podía convencerle de que se comprometiera a decidirse.

—Voy a pensarlo —dijo.

Esa fue la última vez que lo vi. Pero me mantuve en contacto con él mediante un amigo común. Javier ignoró mis consejos. No pasó mucho tiempo para que dejara a su esposa. Nuestro amigo me cuenta que Javier fue a verlo varias veces y llora como un bebé. Él desea regresar y comenzar de nuevo. Pero algunas veces no se puede regresar.

El Espíritu Santo siempre toma nuestras pasadas experiencias en cuenta cuando dirige nuestras vidas. Sabe cuando nos preparamos para un desastre moral. En lugar de imitar a Javier, haríamos bien en escuchar esa queda voz que susurra: «Recuerda la última vez... recuerda la última vez que fuiste... recuerda la última vez que te quedaste... recuerda la última ocasión en que accediste a... recuerda la última ocasión en que sucedió eso... recuerda la última vez que alguien te dijo que...»

2. ¿Cuál es la decisión más sabia que puedo tomar en vista de mi situación actual?

La segunda parte de esta pregunta tripartita se ocupa de lo que sucede ¡AHORA! Algunas veces, debido a la situación actual de su matrimonio, su salud, sus finanzas, o la economía, cosas que normalmente estarían bien, no lo están. Esto resulta difícil de aceptar. Después de todo, la última vez que lo hizo estaba bien. ¿Por qué no en esta ocasión?

Conozco un hombre que dejó de viajar por un poco más de un año debido a un problema con su hija adolescente. Perdió parte de su rango, y de su sueldo. Cuando se le preguntaba la razón por la cual hizo esto, contestaba: «Bueno no es que viajar sea malo. Pero no es muy inteligente que lo haga en vista de la situación actual de mi hija».

Entendía que el asunto no era uno del bien contra el mal,

era un asunto de sabiduría. Poco después la situación con su hija se resolvió y pudo comenzar a viajar de nuevo.

Tomar decisiones de acuerdo con nuestra situación presente puede ahorrarnos mucho dolor y lamento. Una vez escuché a un estudiante contar un problema que debió enfrentar en la universidad. Había pasado una semana de pruebas muy intensas. No durmió mucho durante esos días debido a su preparación y estudio para los exámenes. ¡Luego del último andaba a base de pura adrenalina! Estaba física, mental y emocionalmente exhausto. Su amistades iban a salir a celebrar el final de la semana de exámenes y le invitaron. Aunque estaba muy aliviado porque había terminado y sabía que salir le divertiría mucho, se percató de que debido a su estado mental, estaría más susceptible a caer en alguna debilidad. Les dijo que no a sus amigos y ni siquiera se permitió ser tentado. Actuaba con sabiduría y evaluó su susceptibilidad a la tentación en base a su situación actual.

La vida cambia repentinamente. Lo que es bueno hoy puede ser dañino mañana. Y entonces puede estar bien pasado mañana. Hay muy pocas cosas grabadas en roca. Dios nos ama y dirige nuestras vidas de acuerdo con lo que sucede a nuestro derredor. Por eso es tan importante que seamos sensibles a los impulsos del Espíritu Santo.

3. ¿Cuál es la decisión más sabia que puedo tomar con vista a mis sueños y planes futuros?

Hay gran cantidad de jóvenes solteros en nuestra iglesia. Una de las preguntas más frecuentes cuando conversamos tiene que ver con las relaciones románticas con los inconversos. Por lo general me preguntan:

—¿Qué dice la Biblia en cuanto a citarse con inconversos?

—Eso es fácil —les digo—. Nada. Es más, no dice absolutamente nada en cuanto a citarse, ¡así que a lo mejor no deberías hacerlo!

Luego de una mirada de pánico, se percatan de que

bromeo. Entonces respondo a su pregunta con una serie de preguntas.

—¿Crees que te casarás con alguien a quien amas? —es la primera.

—Seguro —dicen.

—¿Crees que vas a amar a alguien con quien habrás de citarte por algún tiempo? —continúo.

—Probablemente.

—¿Quieres casarte con un cristiano?

—¡Por supuesto!

—Bueno, si habrás de casarte con quien amas, y piensas que lo amarás luego de citarte con esa persona por algún tiempo, y si estás comprometido a casarte sólo con alguien cristiano, ¿es realmente sabio que salgas con un inconverso?

Las reacciones son por lo general mixtas. Alguien casi siempre pregunta:

—Pero, ¿dónde dice eso en la Biblia?

—La Biblia —respondo— nos instruye a caminar con sabiduría. En ese contexto, la Biblia tiene algo que decir en cuanto a citarse con incrédulos. Es poco sabio.

Sé cuidadoso

Cuando Pablo dijo: «Mirad, pues, con diligencia cómo andéis, no como necios sino como sabios» (Efesios 5.15), nos instruía a examinar con cuidado todo lo que enfrentamos: toda oportunidad, invitación, cita, relación, viaje, etc. ¿Por qué? «Porque», dice él, «los días son malos». Vivimos en una era de maldad. Es como si cada organización e institución se propusiera destruir las cosas que los cristianos consideran sagradas. Casi nada en nuestra sociedad ayuda al fortalecimiento de la familia.

A nadie parece importarle si las parejas se mantienen unidas o no. Casi todo en los medios de difusión enseña una filosofía de vida diametralmente opuesta a la que sostenemos como cristianos. Para ser como el mundo no hace falta esfuerzo alguno. Sólo salir afuera y vivir. Tarde o temprano será como ellos.

¡Para sobrevivir debemos ser sabios! No podemos darnos el lujo de caminar a ciegas a través de la vida enfrentando las cosas tal y como nos llegan. Desarrollemos el hábito de anticiparnos a los problemas. Fomentemos el hábito de tomar acciones evasivas. Y, lo más importante de todo, debemos mantenernos a una prudente distancia de la línea que separa el bien del mal.

¡Entiende!

Justo antes de amonestar a sus lectores a llenarse del Espíritu, Pablo les manda a hacer una cosa:

> Por tanto, no seáis insensatos, sino entendidos de cuál sea la voluntad del Señor.
>
> —*Efesios 5.17*

Este versículo me confundió por mucho tiempo. ¿Cómo puede mandarle a alguien que entienda algo? A medida que estudiaba este versículo, me percaté de que Pablo decía: «¡Dale la cara a lo que sabes que Dios quiere que hagas!» Este es un poderoso mandamiento, específicamente en vista de lo que habrá de decir en cuanto a la plenitud del Espíritu.

Todos tenemos una sorprendente habilidad para evitar la voluntad divina para nuestras vidas cuando está en conflicto con la *nuestra*. Podemos justificar casi cualquier cosa, si se nos da suficiente tiempo. Pero hacer eso es ignorar al Espíritu Santo y prepararnos para el desastre. Cuando sabemos en nuestros corazones que algo no anda bien, debemos enfrentarlo. Mientas más tiempo andemos con jueguitos, racionalizaciones y justificaciones, mayor será el riesgo.

Ya que el Espíritu Santo se mueve en el dominio de la sabiduría, su obra de convicción con frecuecia comienza a cierta distancia de lo que tradicionalmente consideramos como pecado. Tome, por ejemplo, a la persona que mencioné antes que había abandonado el ocultismo. Cuando alcanza el teléfono para llamar a sus amistades, el Espíritu Santo le susurra: «No lo hagas». Él podría razonar y decir: «No hay nada malo con llamarlos. ¿Cómo podría afectarme? No hay nada en la Biblia en cuanto a llamar a viejas amistades».

Por una parte estaría en lo correcto. Pero por otra desobedecería el impulso del Espíritu Santo. Sin embargo, note que el Espíritu Santo no le culpará de algo que normalmente sería considerado un pecado. Después de todo, podría llegar el día cuando no haya nada malo en llamar a sus amistades. Y no habría problema alguno con eso. Pero ese no es el asunto. El Espíritu Santo haría su obra de convicción al nivel de la sabiduría: «No es sabio que los llames».

Supongamos que ignora las advertencias del Espíritu Santo y los llama de todas formas. ¿Ha pecado? Seguro que sí. Dios le encomendó que fuera sabio. Actuar neciamente, cuando de modo particular ha sido advertido por el Espíritu Santo, es pecado. Santiago dijo:

> Y al que sabe hacer lo bueno, y no lo hace, le es pecado.
> —*Santiago 4.17*

La madre de John Wesley se lo explicó a su hijo de la siguiente forma: «Cualquier cosa que debilite tu razón, destruya la ternura de tu conciencia, oscurezca tu sentido de Dios, elimine tu deseo por las cosas espirituales, todo lo que aumente la autoridad del cuerpo sobre la mente será pecado para ti, no importa cuán inocente parezca».

La sabiduría no es opcional. No está reservada para una clase especial de creyentes. Es para todos nosotros. Cuando el Espíritu Santo los convence al nivel de la sabiduría, es fácil racionalizar las cosas. Después de todo, lo que estamos tentados a hacer usualmente no es pecado en el sentido común del término. Pero una vez advertido por el Espíritu Santo, en ese momento se ha convertido en pecado para nosotros.

No creo haber orientado a alguien que no haya admitido que sus problemas comenzaron con una serie de decisiones necias. No necesariamente fue el pecado. Pero las cosas que llevaron al mismo con el tiempo dejaron su marca emocional, financiera o física. He hablado con cientos de cristianos que han admitido que en medio de tomar decisiones necias, tenían el persistente sentimiento de que estaban cometiendo un error. Pero al no poder encontrar un versículo en cuanto a su situación en particular, o no poder apreciar qué era lo que estaba mal, prosiguieron de todas formas. Ahora admiten que fueron advertidos por el Espíritu Santo.

Cuando Andy tenía trece años caminamos hasta el fondo del Gran Cañón del Colorado. A mitad del camino encontramos un grupo de personas, cabalgando en mulas. En ese punto, el sendero no era muy ancho. El cañón bajaba directamente al lado del sendero. Nos apartamos mientras pasaban las mulas. Noté algo extraño. Las mulas no caminaban una tras la otra en fila. Caminaban casi de lado. Sus narices estaban sobre el borde del desfiladero. Sus jinetes parecían espantados. La mayoría de ellos se recostaba en la parte trasera de sus sillas de montar.

Muchos cristianos son como esas mulas. Caminan justo en la línea: con sus narices de lado. No pueden notar nada malo en lo que hacen. Y tampoco están conscientes del ministerio de convicción del Espíritu Santo. No en balde Él está parado a una corta distancia susurrando: «Oye, acá. Retrocede un poco. Desde aquí se puede ver mejor».

El Espíritu Santo no traza su línea en el punto que separa el bien del mal. Siempre la dibuja a una distancia segura del punto de desastre. El ministerio de convicción del Espíritu Santo comienza una vez que nos movemos fuera de los límites de lo que es sabio para nosotros. Si una opción yace fuera del ámbito de la sabiduría no es voluntad de Dios. El Espíritu Santo dice: «¡NO!» Él nos ama. No aguarda hasta que estamos al borde del abismo para alertarnos. Comienza tan pronto como discierne que vamos en esa dirección. ¡En ocasiones creo que empieza a convencernos desde el mismo momento en que pensamos por primera a meditar en el desfiladero!

Por favor no evite la convicción del Espíritu Santo. Como dice el apóstol Pablo: dale la cara a lo que sabes en tu corazón que Dios quiere que hagas. No juegues. No evites el asunto. Préstale atención al escritor de Proverbios cuando dice: «El que confía en su propio corazón es un necio». Es decir, aquel que ignora las advertencias del Espíritu Santo simplemente porque ella o él no pueden ver nada malo con respecto a algo, es un necio.

También dice: «Mas el que camina en sabiduría será librado» (Proverbios 28.26). Aquel que presta atención a los impulsos iniciales del Espíritu Santo, tengan sentido o no, será librado del dolor, la culpabilidad, el remordimiento, y las relaciones quebrantadas ocasionadas por el pecado.

──────── **Para meditar** ────────

Ore por sabiduría.

Pruebe cada oportunidad, invitación, negocio, decisión financiera, e interacción social con estas preguntas:

- ¿Es esto algo sabio?
- ¿Es esto algo sabio en vista de mi pasada experiencia?
- ¿Es esto algo sabio en vista de mi situación actual?
- ¿Es esto algo sabio en vista de mis sueños y planes futuros?

De no ser así, apártese. Al hacer esto mantendrá el paso con el Espíritu Santo. Elegir el sendero de la sabiduría es sólo otra forma de asegurarse que experimentará la maravillosa vida en el Espíritu.

Conclusión

Han ocurrido muchas cosas en mi vida desde aquella memorable ocasión en el piso de mi estudio, en 1964: unas buenas y otras malas. A través de todas ellas, Dios ha continuado iluminando mis ojos y mi corazón a la verdad acerca de quién es Él y quién es Él en mí (véase Efesios 1.18). He caminado a través de valles en los cuales me fue difícil permanecer en Él, y he pasado meses con poco o ningún fruto en mi vida.

Dios ha sido fiel en dirigirme una y otra vez de vuelta a la verdad que descubrí en aquel suelo de concreto frío hace veintiocho años. Las lecciones no siempre han sido fáciles. No he estado en todo momento presto a responder. Pero nunca olvidaré. Y jamás seré la misma persona.

La vida llena del Espíritu es una vida de dependencia y sensibilidad a los dictados de conciencia del Espíritu Santo. Distinguirle entre los mensajes que nos rodean no es cosa fácil. Pero es esencial para nuestra supervivencia. Y es esencial para la supervivencia de la iglesia.

Dentro de usted reside el poder necesario para confrontar cualquier situación en la vida, porque es recipiente de la vida misma de Cristo. Mediante la persona del Espíritu Santo, Él anhela expresar su vida a través de su personalidad, sus labios y sus manos. A usted se le ha concedido el increíble privilegio de ser su representante en la tierra. Es cierto, usted puede ser el único Jesús que algunas personas jamás conocerán.

Usted es una mezcla única de dones y talentos. Hay un lugar especial en la familia de Dios que sólo usted puede ocupar. Ejerza su don cada vez que pueda. Manténgase envuelto con el cuerpo de Cristo. A medida que ejerza su don en conjunción con los del resto del cuerpo, experimentará el poder de Dios.

More en Él. Usted es un pobre productor. Todos somos iguales. Pero, a medida que more en Él, le sorprenderá la calidad del fruto que Él producirá en su vida. Será el tipo de fruto que atraiga a sus amistades y vecinos incrédulos al reino de Dios. El fruto que lleve le ayudará a mantener el cuerpo de Cristo funcionando en armonía. Mediante las virtudes de la fidelidad y el control propio, estará protegido de los esquemas del enemigo.

Comience cada día con el compromiso de andar en el Espíritu. Coloque —y mantenga— su mente en las cosas de arriba. La mente puesta en las cosas del Espíritu resultará en vida y paz. La mente puesta en las cosas de la carne, bueno... usted ya sabe hacia dónde lleva eso. Medite durante el día. Anímese y reclame victoria sobre las batallas que anticipa. La fe activa el poder del Espíritu en su vida. Comience lo más pronto posible.

El Espíritu Santo llegará a ser tan importante para usted como se lo permita. No le obligará. Se sentará a esperar en silencio. Permítale el control. No le pide una rededicación. Le pide que se *rinda*.

Sólo cuando levante la bandera blanca podrá asumir el control. Sólo entonces ocupará el asiento del conductor en su vida. Es en el momento de rendirse que comenzará a experimentar —y disfrutar— la calidad de vida que he llegado a conocer como la maravillosa vida llena del Espíritu.

Los dones espirituales

En el Nuevo Testamento aparecen seis listas distintas en relación a los dones:

1 Corintios 12.8-10
Palabra de sabiduría
Palabra de ciencia
Fe
Dones de sanidades
Milagros
Profecía
Discernimiento de espíritus
Diversos géneros de lenguas
Interpretación de lenguas

1 Corintios 12.29-30
Apóstol
Profetas
Maestros
Milagros
Sanidad
Lenguas
Interpretación de lenguas

Efesios 4.11
Apóstoles
Profetas
Evangelistas

Pastores/Maestros

1 Corintios 12.28
Apóstoles
Profetas
Maestros
Milagros
Sanidad
Ayudar
Administración
Don de lenguas

Romanos 12.6-8
Profecía
Servicio
Enseñanza
Exhortación
Repartición
Dirección
Misericordia

1 Pedro 4.11
Hablar
Servir

Los dones en estas listas pueden subdividirse en dos categorías y dos subcategorías:

Dones de motivación: Estos dones son la motivación primordial para el servicio del recipiente. Hay dos categorías de dones de motivación.

> *Dones de capacitación.* Estos dones se presentan en Efesios 4.11. Son dados a ciertos creyentes para capacitarles a realizar la labor del ministerio.

> *Dones de servicio.* Estos dones están primordialmente orientados hacia el servicio.

Dones que sirven como señal: Estos dones validan la autenticidad de los mensajeros de Dios junto con su mensaje.

Los dones de motivación

Dones de capacitación

Apóstol
Profecía
Evangelismo
Pastor/Maestro

Dones de servicio

Administración
Fe
Servicio
Exhortación
Ayuda
Dirección
Misericordia
Liderazgo

Dones que sirven como señal

Milagros
Sanidad
Lenguas
Interpretación de lenguas

Un enfoque acerca de los dones como señales

Los dones que sirven como señal aún son una fuente de conflicto y desacuerdo entre los creyentes. Aunque no reclamo tener la solución a estas divisiones, tengo algunas sugerencias y observaciones que podrían ayudar a clarificar un tanto la neblina.

1. ¿A qué se debe que tanta gente *busca* el don de lenguas cuando el apóstol Pablo claramente aseveró que deberíamos procurar los dones más excelentes? Cuando Pablo enumeró los dones en orden de importancia, las lenguas era el último (véase 1 Corintios 12.28).

2. ¿Por qué algunas personas se esfuerzan tanto en recibir el don de lenguas pero no el don del servicio o el de la misericordia?

3. ¿Por qué la gente con el don de la sanidad no va a los hospitales?

4. ¿Por qué la gente que reclama tener el don de sanidad dice que el éxito en el ejercicio de ese don depende de la fe del recipiente de la sanidad? Un creyente con el don de la misericordia puede mostrarla a una persona inconversa. ¿Por qué el don de la sanidad requiere algo del recipiente? Y, ¿en qué parte de la Escritura encon-

tramos que este don en particular requiere la asistencia especial del que recibe este ministerio?

5. En nuestra experiencia, el ejercicio de los dones de lenguas y de los de sanidad, ¿ha validado o invalidado el mensaje de aquellos que reclaman tener estos dones? En el Nuevo Testamento el despliegue *público* de estos dones le dio autenticidad al que realizaba estas maravillas como mensajero de Dios. Usó la palabra *público* debido al contraste que existe entre la manera en que Jesús y sus discípulos realizaban milagros y la forma en la cual se realizan hoy día.

6. ¿Puede una mujer o un hombre, cuya vida no esta caracterizada por el fruto del Espíritu, realizar milagros y señales por el poder del Espíritu Santo?

7. ¿Cuál es un testimonio mayor al poder de Dios: la instantánea sanidad de una persona enferma o el ejercicio de la templanza a través de toda una vida de tentaciones?

8. ¿A qué se debe que tanta gente desee saber si hablo o no en lenguas? ¿Por qué no me preguntan qué tipo de padre o esposo (¡o mejor aún abuelo!) soy? ¿Por qué es tan importante para cierta gente que hable en lenguas? ¿Por qué tengo la impresión de que me menosprecian cuando les informo que no lo hago, no lo he hecho, ni tengo planes de hacerlo? Después de todo, Dios me ha dotado para cumplir con una tarea en particular en el reino. ¿Por qué habría de insultarle pidiéndole otro don?

9. ¿Que si creo que Dios todavía sana? Sí. ¿Que si creo que sana milagrosamente? Sí. ¿He visto a alguna persona ser sanada milagrosamente? Sí. ¿He puesto mis manos sobre alguien para sanarle? Sí. ¿Tengo el don de la sanidad? No. Nunca he conocido ni escuchado a nadie que tenga el don de la sanidad. Lo que quiero decir con esto es que jamás he sabido de nadie capaz de sanar a voluntad tal y como lo hicieron Jesús y sus discípulos.

Para continuar sus estudios

Los dones del Espíritu
- Hechos 8.20
- Romanos 1.11
- Romanos 11.29
- Romanos 12.6
- 1 Corintios 12.1-31
- 1 Corintios 13.2
- 1 Corintios 13.8
- 1 Corintios 14.1
- 1 Corintios 14.12
- Efesios 4.7-8
- 1 Timoteo 4.14
- 2 Timoteo 1.6
- Hebreos 2.4
- 1 Pedro 4.10

El bautismo del Espíritu
- Mateo 3.11
- Mateo 3.16
- Marcos 1.8
- Lucas 3.16
- Juan 1.33
- Hechos 1.5
- Hechos 11.16
- Romanos 6.3
- 1 Corintios 12.13

- Gálatas 3.27

Llenarse del Espíritu
- Lucas 1.15
- Lucas 1.41
- Lucas 1.67
- Hechos 2.4
- Hechos 4.8
- Hechos 4.31
- Hechos 9.17
- Hechos 13.9
- Hechos 13.52
- Efesios 5.18

La plenitud del Espíritu
- Lucas 1.15
- Lucas 4.1
- Lucas 10.21
- Hechos 6.3-5
- Hechos 7.55
- Hechos 11.24

Vivir o andar en el Espíritu
- Romanos 8.5-13
- Gálatas 5.16
- Gálatas 5.25

Para continuar sus estudios

Los dones del Espíritu
- Hechos 8:20
- Romanos 1:11
- Romanos 15:29
- Romanos 11:6
- 1 Corintios 12:1-31
- 1 Corintios 13:2
- 1 Corintios 12:4
- 1 Corintios 14:1
- 1 Corintios 14:12
- Efesios 4:7-8
- 1 Timoteo 4:14
- 2 Timoteo 1:6
- Hebreos 2:4
- 1 Pedro 4:10

El bautismo del Espíritu
- Mateo 3:11
- Marcos 3:1b
- Marcos 1:8
- Lucas 3:16
- Juan 1:33
- Hechos 1:5
- Hechos 11:16
- Romanos 6:3
- 1 Corintios 12:13

- Gálatas 3:27

Llenarse del Espíritu
- Lucas 1:15
- Lucas 1:41
- Lucas 1:67
- Hechos 2:4
- Hechos 4:8
- Hechos 4:31
- Hechos 9:17
- Hechos 13:9
- Hechos 13:52
- Efesios 5:18

La plenitud del Espíritu
- Lucas 1:15
- Lucas 4:1
- Lucas 10:21
- Hechos 6:3,5
- Hechos 7:55
- Hechos 11:24

Vivir o andar en el Espíritu
- Romanos 8:1-13
- Gálatas 5:16
- Gálatas 5:25